U0455411

2018年第1卷　总第16期

文化发展论丛

CULTURE DEVELOPMENT REVIEW (2018 No.1) Vol.16

湖北大学高等人文研究院
中华文化发展湖北省协同创新中心／编
湖北文化建设研究院

主　　编／江　畅
执行主编／聂运伟
副 主 编／强以华　吴成国　周海春

社会科学文献出版社
SOCIAL SCIENCES ACADEMIC PRESS (CHINA)

《文化发展论丛》编辑委员会

卷首语

本辑从组稿到编出样稿有大半年的时间，其间得到各位撰稿人的鼎力相助，编者在此谨表谢意！

《文化发展论丛》2017 年开设了“高端访谈”栏目，意在邀请海内外著名学者从各自研究领域就文化发展问题发表高论。纵观人类文明史，文化发展如同五大洲无数长河大川，从荒凉的高原奔泻而下，历经艰难曲折，却“奔流到海不复回”。人类文明一往无前的态势从根本上确立了文化发展的总主题：曲折与发展。曲折既是矛盾冲突的过程，又是多样化的丰富展开与发展。联合国教育、科学及文化组织第 31 届会议将每年的 5 月 21 日定为“世界文化多样性促进对话和发展日”（World Day for Cultural Diversity for Dialogue and Development），简称“世界文化发展日”，同时通过了《世界文化多样性宣言》。这个宣言传递出一个共识：每种文化都会在世界文化中留下自己的印记，它们汇聚共存，构成了多层面的人类文明。面对当今世界经济和人类发展方面的重大挑战，各种文化的机遇和命运是不平等的。世界文化发展日使人们有机会关注所有文化固有的生命力和活力，关注保护文化多样性以及将其作为发展战略核心的紧迫性。每一个人都应该思考，如何从历史和现实的角度，以宽容之心对待全世界所有的文化。本辑邀请到中山大学哲学系陈少明教授、清华大学万俊人教授做客本刊编辑部，他们以自己数十年的研究心得，集中阐述中国经典文化的解释路径和现代转化的种种问题和迷思，他们开阔的论说视野、严谨的逻辑思路，还有渗透学术话语之中的人文情怀，给人诸多启迪。编者期盼有更多的著名学者来到本刊编辑部，为读者奉上睿智的文化之思。

本辑的“本刊特稿”“人文思潮”“热点聚焦”三个栏目分别由武汉大学资深教授冯天瑜先生、武汉大学教授李建中、湖北大学教授江畅领衔，围绕各自关注和正在研究的课题，或组稿，或亲自撰文，形成三组各具特色且议题集中的学术论文。因每个专栏都加有编者按，对栏目内容做了提纲挈领的介绍，故在此不赘述。

2017年底，编者应邀参加中山大学哲学系“四书”系统下的儒家经学与政教秩序学术研讨会，颇有收获，并与会议组织者周春健教授商议“经典阐释”栏目的基本内容：一篇会议的学术综述，两篇与会文章。全广秀博士的会议综述具体介绍了学术研讨会的丰富内容，从先秦诸子到近现代思想家，从晚周、宋末到晚明、晚清，几乎每一个重大的历史转折时期和重要人物，会议均有讨论，展现出整全的学术视野和融贯的历史纵深感。特别感谢陈静、毛国民两位先生把与会文章赐予本刊。陈静教授以《论语·先进》“参也鲁”句为着眼点，通过对比汉儒和宋儒对此句的不同解释，以小见大地展示了学术转型的发生与“四书”学的基本特征。他指出：儒学史上的这场转型与宋儒建构道统的努力，对今天仍旧处在转型期的中国文化来说，具有积极的借鉴意义。毛国民教授指出，作为宋代礼学代表作的《朱子家礼》中，也蕴含着诸多“四书”学理念，由此实现了礼学与理学的交融，使得《家礼》伴随着“四书”学一并对后世产生了久远影响。

“七纵八横”栏目里的四篇文章话题各异：或历史，或现实；或理论反思，或现象考据辨析。各位作者都是所论领域里的专家，为本辑贡献了丰富的具体文化门类研究，从不同维度展现出文化的多重面向。

编　者

2018年4月

高端访谈

本刊特稿：东亚同文书院中国调查考析

人文思潮

经典阐释

热点聚焦

七纵八横

Spotlight Interview

Feature Essays

Thoughts on Humanity

The Interpretation of Classics

Hot Cultural Topics

Other Cultural Issues

高端访谈

思想史与哲学张力中的经典解释学

——陈少明先生访谈录

陈少明*

【摘　要】晚清民初以来，中国传统文化与当下文化进展间的张力关系一直是思想史、学术史的重要课题。一方面，中国近代文化变革的根本原因乃是近代社会发展的需要；另一方面，中国传统文化所包孕的丰富的因时而变的活力因素，亦是当下文化发展不可或缺的内源性动力。以经学为例，虽然随着时代的变迁与外来学问的冲击，传统经学在“五四”新文化运动后基本终结，但它依然是我们庞大的思想遗产。现代人文学科中的文史哲虽然从不同方向或在不同程度上从中吸收部分的思想资料，但远没穷尽其可能的意义。从思想史的高度，以新的经典解释学的方法阐明这一点，无疑具有重大的学术意义。中山大学哲学系教授陈少明先生是中国哲学史研究的名家，成果丰硕，卓有创见，目前正在主持国家社科基金重大项目——“‘四书’学与中国思想传统研究”（15ZDBOO5）。陈先生独

* 陈少明（1958～），哲学博士，中山大学哲学系教授，哲学系学术委员会主任。先后任广东省“珠江学者”中国哲学特聘教授，教育部“长江学者”特聘教授，并任中国哲学史学会副会长，国务院学位委员会学科评议组（哲学）成员。主要研究方向为中国哲学、人文学科方法论。主要著述有《儒学的现代转折》《汉宋学术与现代思想》《等待刺猬》《〈齐物论〉及其影响》《经典世界中的人、事、物》《做中国哲学：一些方法论的思考》《仁义之间》等。电子邮箱：hsscsm@ mail. sysu. edu. cn。

特的问学路径既有思想史的深层叩问，亦有方法论方面的执着开新。《文化发展论丛》编辑部有幸约请陈少明先生就我们所关注的问题发表真知灼见，辑以访谈形式，经陈少明先生审阅，刊发如下，以飨读者。

【关键词】 “四书”学　中国思想传统　经典解释学　哲学史方法论

编辑部： 陈老师，您好！《文化发展论丛》是湖北大学高等人文学院主办的学术刊物，很高兴您能接受本刊编辑部的访谈。“高端访谈”栏目是本刊的一个重要窗口，我们希望通过这个窗口，就文化发展的理论与实践问题，请国内外著名学者从自己学术研究的角度，发表见解。您和您的工作团队目前正在做“‘四书’学与中国思想传统研究”的课题研究，取得了很多令人瞩目的研究成果。2017 年底，中山大学召开了“‘四书’系统下的儒家经学与政教秩序”学术研讨会，会议邀请函上有一段话：“自宋代‘四书’学确立以来，儒家经学发展的格局发生了重要变化，从过去的以《五经》为主演变为以《四书》为主。这一经典系统的更易，不仅意味着思想和义理层面的变化，而且还带来了基于经典系统的政教秩序的转变。讨论这一转变，对于深入认识‘四书’学与中国思想传统的关联，具有重要学术意义。”这段话言简意赅，阐明了会议议题的学术主旨，其中所言的“重要学术意义”，便是我们这次访谈的主要话题，还请陈老师谈谈您的构想。

陈少明： “四书”学与中国思想传统研究，其总体问题包括：“四书”系统的义理结构，“五经”与“四书”两个系统的对比及其影响消长的历史与思想原因，“四书”对宋以后中国思想学术面貌的塑造作用，以及它在近代中国的式微。研究对象包括三个层次：通过宋儒完成的“四书”系统，四个经典文本与“四书”系统的关系，“四书”系统与“五经”及其社会文化的关系。从逻辑上讲，第一层次“四书”系统是研究对象的核心，第二、第三层次则是对问题的依次展开。课题排列则是通过“四书”系统的产生、问题及影响与消亡，呈现它与中国思想传统的关系，展示儒学对塑造中国文化的根本意义。

编辑部：据我们所知，"'四书'学与中国思想传统研究"的主要内容由五个子课题组成：一是四书与经、子之学；二是《四书》与宋明理学的建构；三是"四书"系统下的儒家经学与政教秩序；四是《四书》与宗教；五是近代思想变迁中的"四书"学。请您谈谈五个子课题的大致内容及关系。

陈少明：一是四书与经、子之学。这是《四书》前的四书研究，探讨四个经典文本在传承"五经"过程中的作用；同时，探讨这些作为诸子学重要组成部分的儒学作品，同道、墨、法甚至同儒家的荀学相比，所具有的不同思想取向；思孟学派也属于考察的范围。它是"四书"学与中国思想传统关系研究的首章，原因不仅在于时间排序上的优先，还在于这也是理解文本特质的切入点。二是《四书》与宋明理学之建构。如何理解"四书"系统（新经典系统）与理学（新义理系统）之间的关系，是整个研究的核心课题。它包括：探究宋儒是如何借助经典注疏的方式，把原本产生于不同时代的文本建构成一个思想系统的；在新的义理系统中，宋儒提供哪些新的思想要素，儒学的新、旧义理形成什么样的结构关系；等等。这项研究的实质，是为宋明儒学建构一个理论图式，并把它作为观察前后阶段思想传统的重要坐标。三是"四书"系统下的儒家经学与政教秩序。"四书"系统建立后，经学的重点便从"五经"向"四书"转移。如此一来，探讨基于"四书"系统的经学解释范式便成为一个亟须解决的学理问题；同时，基于"四书"系统而产生的新的政教秩序，则可以成为我们进一步理解"四书"和"五经"两个经典系统之区别的重要切入点。四是《四书》与宗教。儒家经学涵盖传统文化的诸多重大领域，除伦理、哲学之外，特别需要提出的是它的宗教性问题。而从《四书》入手，正是解答问题的一种重要途径。它也包括若干层次的问题，首先是"四书"系统自身的宗教性是如何建构起来的；其次是《四书》在儒释道三教交涉史中所起的作用；再次是与儒家文化相遇的回、耶二教，如何借对《四书》的诠释，开启各自的本土化历程。这项研究对回应当代宗教思潮，具有现实意义。五是近代思想变迁中的"四书"学。延续两千多年的儒家经学，因西学的冲击而式微。值得关注的是，各个阶段或各种形式的保守主义思想家，如何借助对《四书》的重新诠释，回应中国的现代性问题。具体内容包括：汉学复兴背景下的“四书”学；西学与“四书”系统的关系；经学瓦解过程中的“四书”系统。它既是经学时代的终结，也是后经学时代的先声。从研究思路上看，子课题 1 是问题产生的历史前提，提供一个背景性的观察；子课题 2 是整项研究的核心部分，它将提取一个“四书”系统与宋明儒学同构的理论框架，成为评判前后期儒学及整个思想传统的参照系。子课题 3 与子课题 4 是由子课题 2 衍生的课题，子课题 3 包含哲学与伦理秩序，子课题 4 则是宗教，后者也是今日重大思想学术问题，故两者并列。子课题 5 是借“四书”系统与“四书”学的走向，观察儒家以至整个思想传统的现代命运，也是问题的终结。这一安排，照顾历史与逻辑的关联，就课题的编序而言，大致纳入时间的序列；而就每个课题的主题而论，则从背景、成果、影响到终结，覆盖“四书”与中国思想传统相关的最重要的问题。

编辑部：如此庞大复杂的一个课题，您认为关键问题是什么？

陈少明：关键在于研究对象的层次上的分辨与方法论视角的确立两个方面。研究对象上，我们区分四书、《四书》与“四书”三者的区别与联系。以朱熹的《四书章句集注》为坐标，四书是对《论语》《孟子》《大学》《中庸》在朱熹《四书章句集注》之前，处于离散状态的四种文本的一般讲法；“四书”则是以《四书章句集注》为代表的宋明儒学以注经的形式建构的思想系统，它依附于元典，但思想取向上超越元典，为后期儒学最重要之成就；而《四书》则是《四书章句集注》之后作为整体的四部经书的称谓。在宋儒那里，《四书》与“四书”是统一的，但对后来儒者特别是某些清代儒者而言，其《四书》（或其中一书）的注释，则不必是“四书”系统的发展，相反，很可能是对它的疏离或反叛。把握这三者的相互关系，对于区分对象的层次，突出“四书”系统的思想意义，并由此衡量儒学以至整个思想史的前后变化，将有切实的门径可循。方法论上，着重点从“史”向“论”转移，也是一大关键。课题研究四书学与中国思想传统的关系，后者包含历史的向度。因此，如何在照顾对象的历史性，把子课题的程序安排同对象在历史上的起承转合有机结合，同时，又在每个子课题中有针对性地提炼不同的思想或学术论题，是我们用心处理的问题。子课题排列以“四书与经、子之学”为开端，又以“近代思想变迁中的‘四书’学”作结，便是基于历史性考虑。而各子课题的具体思路，则致力于具有学理潜质的论题的发掘。

基于上述两点，本课题的重点自然是“四书”学与“四书”系统的研究。它包含若干层次的问题。首先是把四书当《四书》，作为一个整体所做的注疏，它所处理的是诠释学问题。这是学术层次的问题，从中可以考察宋儒思想系统的建构方式。其次是从《四书》导出的“四书”系统，其义理内容与结构，同原本分散的四书比，增加了新的要素。此属思想性的问题，它是我们判断宋明儒学作为儒学的新阶段，到底新在哪里的基本依据。再次是对“四书”系统义理内容的评估与重建。评估是对其义理原则提供的基本理据的考察，判断它的得与失，并对其重要而有价值的原则予以新的论证。这项工作以现代学术（或哲学）认知规范为标准，实质是导向儒家哲学的重建。其意义不仅在于衡量传统，还在于观照未来。

编辑部：在一个课题的设计中，确定研究的重点和难点问题，并合理选择和灵活应用各种有效的研究方法，对研究的重点和难点做出创新性的阐释，是课题研究做出高质量成果的关键。在这一点上，请问您是如何思考的？

陈少明：我们课题的难点是一个理论问题，即如何处理或论述经学与哲学、宗教的关系。当然，这不只是本课题才会面对的问题。经学是儒学的基本形态，儒学纳入现代学术视野后，除了伦理及政治话题少有争议外，儒学是不是哲学，儒学是不是宗教，都是聚讼不已的问题。原因当然在于中西传统学问形态差别太大，难以用其中一方衡量另外一方。但由于通过直观的比较，我们的确能从儒家经典中发现那些在西学中被称作“哲学”和“宗教”的因素；同时，哲学与宗教又是现代人文学术中的显学，因此，我们依然不能回避对三者关系的探讨。适当的方式是避免作整体的归类，而关注其中的相关因素起作用的方式或条件，或者把问题分解处理。例如，儒学或儒教不是佛教或基督教形态的宗教，但其价值取向及社会影响却有某种宗教意义上的功能。又如，儒家经典不是西学意义的理论哲学系统，却不能否定它的问题具有重要的哲学意义。采取有节制的分析与判断，是一种稳妥的策略。

编辑部：一般而论，科研的本质应当具有创造性，评审科研成果质量的最重要原则也就是看成果有无创新点。从思想史的角度看，人文社科研究中的创新性，并非完全言前人之所未言，而是聚焦于各种各样的矛盾，尤其是新旧事物之间的矛盾点。比如新事实与旧理论的矛盾，新理论与旧理论的矛盾，不同学科之间的矛盾等。对此，您的体会是什么？

陈少明：此问题不好泛泛而论，以我们课题为例谈谈吧。本课题有自己特点的地方主要有两点。一是在问题选择上，改变把《四书》或“四书”学当作《四书》学史的思维定式，以提炼重要思想学术问题为主旨，力图建立理解传统的思想坐标。它的核心课题，便是从《四书》到“四书”的生成关系中，寻找、总结其诠释机制，展示经典诠释的创造性。同时，揭示并阐明新的义理系统的内涵与意义。内涵包括新旧义理原则及在新系统中的结构关系，而意义或者解释的效力，则通过现代学术思想规则的评断去获取。后者实质是试图赋予古典思想系统以现代哲学形态。它可能会不同于现代新儒家如冯友兰依托于新实在论，或者牟宗三依托于康德哲学所描述的系统。二是在学术观点上，在中心论题上致力于对文本论说方式的特殊性同特定观念系统表达相关性的分析。四个经典文本分三种体裁，其中《论语》是会话选录，《孟子》更像以会话形式展开的著述，而《大学》《中庸》则类似两篇关于立场或原则的宣言。这些差别意味着各自说理的目标与方式有所区分。朱熹《四书章句集注》分章句与集注，显然有见于其中差别。而他的编纂与注解方式，又是一种叠加起来的论说。这种研究将揭示它同现代理论系统的巨大差别。语录体也是宋明儒者扩展《四书》影响的重要途径，其精粹易于掌握，出现在言谈交流之中，具有强烈的实践性。这意味着，“四书”系统不仅是儒家的世界图式，而且成为他们日常生活的行为原则。此外，南宋至元，伴随着朱子学术地位的提高和“四书”学的北传，产生了

“集疏体”“笺释体”“辨疑体”“经问经疑体”“年谱传记体”等不同的著述体式，也反映出“四书”学独特的学术特征。简言之，“四书”学中文本体裁、论说方式与观念意义之间，存在一定的结构关系。对它的深入分析将为掌握学术与思想传播的内在联系提供独特的认识途径。

总之，我们把经学理解为传统儒学表达具有哲学、伦理、宗教、政治观点的融贯而变化的学问系统。虽然随着时代的变迁与外来学问的冲击，传统经学在五四新文化运动后基本终结，但它依然是我们庞大的思想遗产。现代人文学科中的文史哲虽然从不同方向或不同程度上从中吸收思想资料，但远没穷尽其可能的意义。我们深信，从根本上讲，它是现代中国文化维持其中国性的根。

编辑部：“‘四书’学与中国思想传统研究”拟采用的具体研究方法有哪些？或者说，具有适用性和可操作性的研究手段和技术路线是什么？

陈少明：作为人文学术领域的课题，我们的研究对象是经典及相关思想学术文献。一般的研究方法，可以是历史描述，也可以是理论分析。两者不能完全分离，但侧重点可以不同。相对于“四书”学史或《四书》诠释史而言，本课题以文本分析与理论建构为主，具体表现为对诠释学、观念史、思想史以及文献学的分别或综合运用。

诠释学（或解释学）是晚近从西学翻译介绍进来的带有浓厚哲学色彩的人文学研究理论，具有较强的方法论意识。它涉及文本解释的目标、解释有效性的标准、解释者的主观作用，以及由解释而来的意义的生成问题。中国古典的注疏之学，也有知人论世、得意妄言、辨名析理，以及由考据通义理之类的多种诠释原则或主张。把中西诠释理论或方法运用到以经典为对象的研究上来，包含两个层次的工作。第一，研究《四书》诠释，尤其是通过它建立“四书”系统的朱熹，如何把不同作者不同体裁的文本，建构成一个完整的观念系统。分辨其中哪些是传统方法的运用，哪些是朱熹的创造性贡献。第二，当我们研究《四书》与朱熹的“四书”学的关系时，实质是在对解释进行解释，同样需要运用特定的解释方法或技巧，以揭示解释者没有明言的东西，更好地理解宋儒的解释成果。

观念史是年轻的学科，按照观念史家的说法，这是一种从研究哲学理论系统转向研究哲学观念要素的构造关系，以及这些观念的流动、变迁的学问方法。它还注意观念与词语之间的错位关系，如同一观念可以用不同的词表达，而同一词在不同的语境下，则可能表达不同的观念。中国哲学很少如西方哲学那样，表现为逻辑构造的理论形态，往往是在注疏中透露其创造性的观念。这一特点，使得观念史的方法大有用武之地。例如，道、德，性、命，理、气这些词，本身都很古老，但放在不同的文本中，意义有很大差别。揭示同一词语的观念变迁，与揭示相同词语在不同文本中结构关系的变化，都可借助观念史的方法。

思想史方法则比较宽泛，这里并不是指按年代按人物编排教科书的方式，而是指探究思想与历史关系的方法。这里的“历史”有两个层面：一个是思想表达者心目中特定的时代问题，按知识社会学的观点，它可能涉及民族、阶级或阶层的利益结构；另一个是思想表达者直接面对的其他相关或对立的思想内容，它往往是对这些内容的直接或间接的反映。在四书与经、子之学与近代变迁中的“四书”学两个子课题中，前者需要在更长的历史时段中，从经学与子学的相互关系中对四书文本在思想学术传承中的意义进行定位；后者则可以借助清学的兴起，汉宋之争及西学的冲击，观察“四书”与“四书”学的衰落同社会变迁的相互关系。这也是揭示“四书”与中国思想传统主题的必要步骤。

编辑部：在思想史的视野里，您认为“每一篇论文，都可以描绘一道思想的风景线”。（陈少明，2015a：6）一个学者能够在自己的研究领域里发现独特的“思想的风景线”，往往离不开方法的更新。从知识性的学术史向思辨性的思想史的跃进，是经典学术向现代转型的过程，其间必然包含方法的革故鼎新。诚如您所说，学术史“有两个含义，一个是指任何发生在学术领域中的现象，另一个是指对历史上的学问所做的研究。前者包括不分时间或学科限制的任何学术领域，后者则指历史学特别是经典思想学术的研究。在这一区分的前提下，前者可能有学术与思想之争，而后者会有考据与思想之争。因为考据是指对历史文献知识的确定性研究，它包括文献问题，相关论述所涉的具体历史真相，如人物、事件或制度的深入探究。有时候，古典语文的训诂也被视为考据。而思想一般是指相关历史知识背后的意义问题”。(陈少明，2015b）关于思想史与学术史的差别，能否请您再多谈几句？

陈少明：讨论这个问题，应该把视野放大到“五四”以来的现代学术界。以胡适、傅斯年为代表的经验主义学者，就是以重考据为特色的。胡适说自己有“考据癖”，无论是做中国哲学，还是做《红楼梦》甚至是禅宗研究，基本方法都是考据。傅斯年为历史语言研究所确立了“上穷碧落下黄泉，动手动脚找东西”的学问宗旨。这种学风在20世纪40年代从大陆带到台湾，并引起现代新儒家的抵制。新儒家中以思想史见长的徐复观，便讥讽其为西洋经验主义末梢与乾嘉考据学末流结合的洋汉学。为了抵制这一思潮，徐氏写了很多方法论的文章，揭露清代考据学的弱点，强调思想史的“思想”意义。我们也可以把这种对立看作考据与思想之争在经典学术向现代转型过程中的表现。现在大家都知道，作为一个学科的“中国哲学史”不是传统文史或经子之学的自然延伸，典籍中连“哲学”这个字眼都很难找到。它是在西学东渐的背景下，近代中国学者在西方哲学（特别是其近代哲学）的示范下，对中国传统的经子之学进行剪辑、改写的产物。其作用在于，从深层次上找到比较或沟通中西文化的学术途径，以及在现代性的条件下为中国文化的前景进行定位提供论说的方式。至于如何通过哲学史的学习来推动哲学创作，则不是它的初衷。结果是，在以认识论为主题的“自然之镜”的对照下，中国传统中没多少值得称道的东西。从胡适、侯外庐到任继愈等的著述，很难让人感受到古典中精彩的一面。任何读流行教科书的人，再读原著时都一定会有对不上号的感觉。这导致“中国有哲学吗”的疑问重新出现。从哲学史研究走向经典解释学的人，具有摆脱上述困境的意图。两者的差别，不是体现在阅读对象上，而是体现在思考方式上。

编辑部：近些年，您对儒家经典有许多精彩而深刻的阐释，这或许体现出您对哲学史的一种独到见解。我们想请教的是，如何理解经典解释学和传统经学的区别？

陈少明：我所提倡并身体力行的经典解释学，并不是回到传统经学。

传统经学指关于儒家经典的学问，范围不包括在中国文化中影响深远的道家思想与佛教以及诸子之学。其研究方式依历史的发展而形成三种不同的学术或形态，分别为经世、考据及义理之学。在“五四”之后的后经学时代，以今文经学为代表的对传统政治进行合法性论证的经世之学急剧衰落，而以乾嘉汉学为代表的考据之学同以讲义理为专长的宋明理学，则分别汇入现代史学中的古典文献学及现代新儒家哲学。

今日兴起的经典解释学，从视野上看自然不应局限在儒家经学的“围墙”之内，儒道释及诸子都是这个传统不可或缺的精神资源。在方法上当然包括但又不应停留在古典文献学上。如果经典解释学只是古典文献学，那“五四”以来，在胡适派的影响下，又得益于考古学的不断发现，这一方向从未中断，从而也就无须专门提供。同时，古典文献学以经典为文献、史料，不一定需要回答经典的思想意义问题。现代新儒家如牟宗三致力于诠释儒家经典文本的思想内涵，方法是借助于西方哲学尤其是康德哲学框架对之作新的表述。这是把经典解释同哲学研究结合的重要创获，但是，这也只是心性论的一种新表现。我们提倡经典解释学也不是排除哲学，而是放宽哲学的视野。从西方哲学史看，哲学从来都没有固定的研究对象，也未必有一套各家各派都首肯的知识系统。用近代理论哲学的眼光衡量古希腊哲学，也可能很成问题。哲学的灵魂在于寻根问底的态度及相应的理智探索的思想方法。一种学问是不是哲学，不在于它是否使用现成的哲学概念或讨论了既有的哲学理论，而在于它是否具有深刻透视经验现象、激发思想的热情的作用。现代西方哲学中的许多流派，其实就是心理学、社会学、政治学、文学、历史学以及自然科学中的某些新学说激发产生的。如弗洛伊德的精神分析、福柯的知识考古学、托马斯·库恩的科学史观点等。如果我们对经典解释的传统、对古典生活方式有足够深刻的反思，同时展现出足够精深的分析、论证能力，也有机会在此开辟新的哲学论域。如此看待哲学，既表达了哲学在经典解释学中扮演重要角色的信心，也意味着哲学不能垄断经典解释学。在古代文史不分的传统中，文载道，史也载道，如果道也是现代哲学关切的目标，那么这样的经典解释学正是提供恢复文史哲对话、协作，从而激发人文学术新的活力的途径。所以，用经典解释学代替传统的“中国哲学史”研究，不是（或不应）疏离哲学，相反，如果出发点在于从中挖掘新的思想，那更需要哲学。不过，那得在另外的层次上理解哲学的含义。我们可以从外部与内部两个层次，观照经学的思想蕴含。从外部看，要把经典解释作为一种文化形态来反思；进入内部，则可以研究经典文本所体现的生活方式。

编辑部： 您在哲学史方面的独到理解，已在《经典世界中的人、事、物》《做中国哲学：一些方法论的思考》《仁义之间》等著作中得到集中展现。您的哲学创作是对“有思想价值的事件”的敞开与呈现，在人、事、物的复杂关联中识人、说事、观物，并在创新的阐释视野里，唤醒那些具体、生动的古典生活经验，“挖掘事物的深层意义”“从不同角度进入经典的意义世界”（陈少明，2015a：自序5），既有对经典的尊重，亦有对经典不断进行创造性解读的重视。在您看来，这两者之间的关联是什么呢？

陈少明： 经典文本是那种提出人类精神生活中某些根本性的问题，同时给予某种原创性的论述，从而启发后人不断去领会或讨论其思想含义，由此形成重要的思想传统的作品。但是，单有原创性论述的文本，并不一定能成为经典，只有不断被解释特别是被进行同样有原创性的解释，由此而被传播、被尊奉，才有经典的地位。如果没有被讨论与解释，无论是《论语》还是《老子》，都不会是多少人顶礼膜拜的经书。中国思想史上许多重要的思想创获，都是通过对经典的解释而实现的。而对经典进行原创性解释的作品，本身也可能成为经典，如魏晋玄学中王弼的《老子注》、郭象的《庄子注》，宋明理学中朱熹的《四书章句集注》，皆是例证。中国文化中，经典不是单数，而是群经，经与经的功能不一样，地位也有差别。但这种关系不是固定不变的，汉人重五经，宋人则重四书，经典地位的变化，正是解释的力量造成的。因此，研究经典解释的传统，注意力不能只集中在对元典的诠释上。解释这一现象，包括经书与解释的关系，解释的创造性如何体现，解释对文化传统形成的影响等，更是值得探讨的问题。中国文化中，儒道释经典，不仅不是单数，而且体裁多样，有诗、有史，有言、有论。从解释学的观点看，不同的文本类型需要不同的解释方式。诗、史有别大家都知道，言、论之分则得分说。言指对话体，如《论语》（包括各种语类或传习录之类）；论则指论说体，如《大学》《中庸》《荀子》。区别在于，论是作者观点的系列表述，同时没有特定的受众；而言则是对话者之间的问答或辩难，对话者的身份与语境是理解语义的重要条件。从言语行动的观点来看，对话就是处事。故言与史相通，都有人物、有情节，都是“事”。经典所记述的事，就是古典生活方式的直接呈现。把言归入事而非归入论，从表面上看，是移离哲学的视野，其实不然，这是对哲学的古典形态的一种贴近。平心而论，如果以近代西方哲学那种系统论说的眼光来读《论语》，其感觉即使不是不成体统，也是卑之无甚高论，但这种读法当然不得要领。《论语》作为儒门第一经，其要义在于“教”，它是孔子与学生对话的记录。经验告诉我们，教养的形成不是理论学习的结果，而是尊者、贤者言传身教影响的结果。而教养的目标，有深度的、高尚的，或有魅力的人格所包括的各种道德特质，也不是从一个原则中演绎出来的，无法形成像当代规范伦理学那样的理论，而规范伦理学并不能代替传统德性伦理的思想功能。因此，研究《论语》的思想意义，同研究其中所体现的生活方式是分不开的。对其他立言经典作品的研究也一样。从记事经典中研究生活方式的哲学问题，是另一层次的哲学研究。

编辑部： 最后再请您谈谈您对经典解释学的期盼。

陈少明： 研究经典解释的传统与作为生活方式的经典，是我在展望经典解释学的前景时特别想提出的。不是说传统的经史之学就完全没有这方面的内容，而是因为它缺乏一种系统的论说，从哲学的立场上也可以说，没有完整的理论。严格的学理说明，当在对它有充分的研究之后，但先把它提出来，以示努力有自觉的方向很重要。值得注意的是，今日经典解释学的兴起，有西方哲学特别是解释学近 20 年传入中国的背景。西方也有它的经典解释传统，包括宗教与哲学两方面。怀特海就说，一部西方思想史也是柏拉图观念的注释史。与中学相比，西学不仅同样有经典解释的实践，更有丰富的解释理论。西学有深厚的述理的传统，解释理论本是为解释实践服务的，不但有方法论，而且有本体论，哲学解释学即循此而来。西方解释学是多种多样的，以西方解释学为参照而发展着的中国经典解释学，究竟要发展到哪个层次，现在无从断定。也许不同的学者有不同的心愿，不过有一点需要我们警觉，就是已经出现的望文生义侈谈解释学的现象。弄不好，它也会成为一个新的大箩筐，什么东西都可以往里面装。就我自己而言，做中国哲学，做经典解释学，其目的“不是要证明它与西学的关系，不是为了与国际接轨，也不必在意是否能在国际登场，而是向现代中国人首先是知识界，揭示经典与现代生活的关联，让它的仁爱、智慧与优雅的品质，在我们的精神生活中发挥力量。这才是我们经典哲学工作者应该首先致力的事业”（陈少明，2015a：自序）。

编辑部：谢谢陈老师！

参考文献

陈少明（2015a）：《做中国哲学：一些方法论的思考》，三联书店。

——（2015b）：《考据与思想需完美结合》，中国社会科学网（http：//www.cssn.cn/xr/xr_xrf/xr_xgdlycc/201509/t20150908_2151024.shtml），09－08。

Classical Hermeneutics in the Tension of Ideological History and Philosophy：An Interview with Prof. Chen Shaoming

Chen Shaoming

Abstract：Since the early years of the late Qing Dynasty and the Republic of China, the tension between traditional Chinese culture and current cultural progress has always been an important issue in the history of thought and academic history. On the one hand, the fundamental reason for the cultural changes in modern China is the need for the development of modern society; on the other hand, the abundant vitality factors which change with time, contained in

Chinese traditional culture, are also intrinsic motivations for the current cultural development. Take the study of Confucian classics as an example: although traditional Confucian classics basically ended after the May 4th New Culture Movement with the changes of the times and the impact of foreign learning, it is still our vast ideological heritage. Although the literature, history, and philosophy of the modern humanities discipline absorb some of the ideological materials from different directions or to varying degrees, it is far from exhausting its possible meaning. It is undoubtedly of great academic significance to elucidate this point from the height of the history of thought and the method of the new classical hermeneutics. Chen Shaoming, Professor at Department of Philosophy, Sun Yat-sen University. He is a famous Chinese researcher on the history of Chinese philosophy. He has achieved fruitful results and is innovative. He is currently presiding over the important project of the National Social Science Fund—The Study of "the Four Books" and the traditional Chinese ideology (15ZDBOO5). Prof. Chen's unique approach to learning is a profound inquiry into the history of thought and a new approach to methodology. The Editorial Department of *Cultural Development Review* had the honor to invite Prof. Chen to express his insights on issues of our concerns. This interview has been reviewed by Prof. Chen and has been published as follows for readers.

Keywords: The Study of *The Four Books*; Chinese Ideological Tradition; Classical Hermeneutics; Methodology of the History of Philosophy

About the Author: Chen Shaoming (1958 –), Ph. D., Professor at Department of Philosophy in Sun Yat-sen University, Director at Department of Philosophy Academic Committee. He has been a distinguished professor of Chinese Philosophy of the "Pearl River Scholar" in Guangdong province, a distinguished professor of the "Yangtze River Scholar" of the ministry of education, and a vice chairman of the Chinese philosophical history society, and a member of the discipline appraisal group of the State Academic Degree Committee (philosophy). Research interests and specialties: Chinese Philosophy, the methodology of humanities. Magnum opuses: *The Modern Turning of Confucianism*; *The Han and the Song studies and Modern Thought*; *Waiting for the Hedgehog*; *On the Equality of Things and Its Influence*; *Men, Events and Things in the Classical World*; *Do Philosophy: Some Methodological Reflections*; *Between Benevolence and Righteousness*, etc. E-mail: hsscsm@ mail. sysu. edu. cn.

儒家伦理的现代转化

——万俊人先生访谈录

万俊人*

【摘　要】儒家伦理传统的现代转化问题是五四以来学术研究和学界争论的重要课题，本刊“高端访谈”栏目特邀清华大学哲学系教授、教育部长江学者特聘教授、中国伦理学会会长万俊人先生就此发表高论。万俊人先生在梳理百年来中国伦理学研究史的基础上，对全球现代性迷局及价值重建的历程逐一分析，集数十年研究之心得指出：儒家伦理文化传统不仅具有迎接和应付现代挑战的能力，而且已经开始了自身的现代转换。而迎接这一挑战和自觉实行现代转换的过程，实际上也是它逐步超越其传统本土性、特殊地域性而赢得现代普遍性的基本标志。本稿经万俊人先生审阅，刊发如下，以飨读者。

【关键词】儒家伦理　现代转化　传统本土性　现代普遍性

编辑部：万老师，您好！非常感谢您接受《文化发展论丛》编辑部

* 万俊人（1958～）博士，清华大学哲学系教授，教育部长江学者特聘教授，中国伦理学会会长。1986年9月留北京大学哲学系任教，1992年9月破格晋升为教授。1999年5月受聘于清华大学，主持清华大学哲学系复建事宜，2000～2011年任清华大学哲学系主任，2012年任清华大学人文学院院长，2018年1月入选清华大学首批文科资深教授。主要研究方向为伦理学、政治哲学等。著有《现代西方伦理学史》（上、下卷）等18部，译有《政治自由主义》等20余部（卷），在海内外用中、英文发表学术论文200余篇。电子邮箱：junrenwan58@163.com。

的采访。传统文化的现代转化是本刊“高端访谈”栏目持续关注的话题。马克思说：“人们自己创造自己的历史，但是他们并不是随心所欲地创造，并不是在他们自己选定的条件下创造，而是在直接碰到的、既定的、从过去继承下来的条件下创造。一切已死的先辈们的传统，像梦魔一样纠缠着活人的头脑。”（《马克思恩格斯选集》第 1 卷，1995：585）清末民初以来，中国传统文化与现代化运动之间一直呈现一种紧张的关系。您曾经对此发问：“为什么作为新文化运动领袖之一的陈独秀将道德革命视为近代中国和中国人走出传统文明和文化的‘最后觉悟’，而五四新文化运动以降，中国文化思想界和学术界启动了对传统道德文化的反省批判，并以西方自由、民主、平等的现代价值理念启蒙国民、驱逐传统旧道德。道德文化及其理论研究始终难以进入正常而纯粹的学术进程，直到改革开放多年以后才能得到有限改变？”（万俊人，2012）我们以为，如此发问，既是对百年来伦理学研究学术史的梳理，也是对百年来中国文化发展历程的反思。显然，传统文化的现代转化，正是逻辑梳理和哲学反思的中心议题。

万俊人：近些年，我多次来湖北大学做学术讲座和进行学术交流，很高兴能通过《文化发展论丛》这个平台谈谈我对伦理学研究的一些体会和感想。为什么我们今天要讨论传统文化的现代转化？因为人类社会发展到 21 世纪，却似乎仍在遭遇原始人的困境：生存还是毁灭？这当然不是哈姆雷特意义上的道德困境，而是人类存在论意义上的现代社会困境，只不过这种存在论困境的背后也有深刻的道德伦理根源，其根源是：经过了几千年的文明发展，人类社会却仿佛突然迷失了它自身的发展目标，如同一艘横冲直撞的巨轮漂泊在汪洋大海上，没有了方向，甚至也看不见地平线，只有眼前的滔天巨浪和那些或许更为险恶的、看不见的汹涌暗潮。就中国而言，近代百年的中国历史是一部充满内外压力、多重矛盾紧张和急遽变化的风云春秋史，冲决传统、抢步现代、摆脱落后、争求先进便是其中最为重要的社会变革动力。这一社会变革取向使得近代百年的社会变化不仅集中表现在社会“物器”和“政制”的显形层面，也最终反映在社会文化、道德和精神心理的隐形层面。其中，文化

（语言）和道德成为近代中国文化变革的首要对象，即所谓用新文化取代旧文化，用新道德取代旧道德。这便是我们了解近代百年中国伦理学研究所必须首先正视的历史前提，它表明，作为伦理学研究对象的道德文化自近代伊始便处在革命对象的位置上。近代社会变革之初，道德已然被置于一种被解构的地位，具有典型的否定辩证法的特征。在很大程度上，百年中国的伦理学研究同百年中国社会及其道德文化的递嬗流变是一致的。进而言之，近代以降的中国学术与中国社会文化几乎有着同样的命运，只不过由于伦理学研究的主题即道德文化自身所具有的日常生活世界之独特的价值相关性，或曰仅仅因为道德伦理之于国民和民族的精神——心理影响的终极性，百年中国的伦理学研究显得格外严峻和沉重，对于这段学术史的回忆和反思也因之变得分外艰难。重温作为百年哲学史研究内容之一的伦理学研究，仍使人感慨唏嘘。

编辑部：面对数千年未有的大变局，传统文化的深刻嬗变已成必然之势，如黑格尔所说："传统并不仅仅是一个管家婆，只是把它所接受过来的忠实地保存着，然后毫不改变地保持着并传给后代。它也不像自然的过程那样，在它的形态和形式的无限变化与活动里，永远保持其原始的规律，没有进步。"（黑格尔，1959：8）但怎么变？如何更合理地变，反观历史进程，确有许多值得反思的问题。

万俊人：世界现代化实践进程表明，文化大变局下的现代社会的道德问题虽然林林总总，但最基本的是现代社会道德的合理性基础问题。现代社会的道德合理性之所以成为一个问题，正在于现代社会始终没有真正解决好现代文化价值观念的多元化与现代道德的"无公度性"（incommensurability）之间的矛盾。如果说，现代人以其非凡的科学探究和技术开发能力不断地创造出空前的物质文明，因而较好地解决了现代社会的技术合理性（工具理性）和经济合理性（效率）问题的话，那么，对于文化价值观念的多元化整合却还没有表现出这种能力。而如果说，现代人类社会对其政治合理性（稳定与秩序）的寻求尚且能够达到某种程度的成功把握的话，那么，对于现代道德的无公度分歧事实则长期表现出无能为力的困惑，以至于当代美国著名的道德哲学家罗尔斯也不得不感叹："我们假定，在各民主社会中发现的诸种合理的宗教学说、哲学学说和道德学说，乃是公共文化的一个永久特征，而非一种能很快消失的纯历史状态。"（Rawls，1993：216－217）对于一个后发的、被植入现代化发展模式的前现代民族国家来说，这一"变局"的确前所未有，却也具有相当大程度的实际合理性和必然性。然而，这种现实合理性和必然性是否同时具有文化正当性，确实是值得重新反思的。五四前后的文化保守主义（如"学衡派"）曾经提出过疑问，但在当时，这种质疑只是被看作某种不合时宜的杂音，并未引起人们足够的重视。与之相对，各种各样的新式"主义"或新式"学说"倒是颇具"你方唱罢我登场，各领风骚三五年"的"时尚景象"。在情绪躁动的时代，要想真正从容地进行伦理学研究其实已经非常困难。事实上，这一时期能够真正凝聚成学术形式的伦理学研究成果并不多见，更多的是时论时评、挞伐论战，或是启蒙宣传、旧学新解之类。像蔡元培先生那样潜心撰写《中国伦理学史》并躬身于国民修养、德育和劳工道德普及教化的伦理学学术努力，即使不是绝无仅有，也十分罕见。当然，吴宓、冯友兰等能够在大学课堂坚持开设"道德哲学"或"伦理学"一类的课程，也算得上近代伦理学研究的中坚力量。只是总体而论，蔡、吴、冯等诸先生的学术努力最多也只是那个特殊时代的"空谷足音"，远非时代学术的基调和主流。一个值得留意和反思的道德文化事件是，20 世纪 30 年代国民政府曾经主导过一次具有明显复古意向的国民道德教育运动，儒家伦理被当作根本性的道德伦理资源诉诸社会道德改善运动，梁漱溟先生在山东乡村所做的道德文化建设试验堪称这一道德教化努力的重要尝试。可惜，这一切都因为日本侵略所引起的民族外患而被迫中断。在某种意义上可以说，20 世纪前中期的民族外患与国家内忧是影响近代中国伦理学术展开的主要原因，而这种历史的境况本身又凸显了中国道德文化精神之现代建构的极端重要性和紧迫性。

编辑部：中国道德文化精神之现代建构的历史过程确实是一个充满挫折、历经多面向反复的过程，从社会层面伦理学问题的争论、讨论，到学科层面伦理学教育研究的有序发展，莫不如此。1949 年后中国伦理学的发展态势又是一种什么样的状况呢？请您给我们描述一下。

万俊人：20 世纪 60 年代初，以吴晗、冯友兰等人为代表的学者开始思考社会主义新道德的建设及其与中国传统道德之间的关系等问题，道德的批判性与继承性问题开始进入学术探讨的视野并逐渐形成一场颇具影响和规模的学术争鸣。应该说，这场学术争鸣最初还是非常严肃而有效的，讨论和争鸣有较高的学术平台和理论起点（作为党中央最高理论刊物的《新建设》杂志成为主要学术探讨平台），不仅发起者和参与者学望高、范围广，而且探讨本身符合时代主脉和社会急需：对于一个基本完成社会主义改造的新社会主义国家来说，在以政治行动或实践证明了自身的政治合法性之后，如何从文化和道德上进一步证明自身的“国家伦理”（黑格尔语）的正当性和合理性，以及在逐步建立社会主义国家法制秩序之后，如何建构新的社会主义道德伦理规范体系和基本价值观，自然而然地成为当时的社会文化主题和时代课题。然而，要充分有效地展开这一课题的探究，首先需要解答的问题便是：如何看待和处理社会主义新道德与中国传统道德文化之间的关系。换言之，只有首先确认和处理好革命道德与传统道德的关系问题，才可能进一步解决如何把革命道德转化为社会主义建设新型道德这一根本课题。殊为可惜的是，由于极左思潮的影响，这场原本极其重要的学术讨论尚未深入展开便戛然而止，“道德继承性”的主张为“道德批判性”的过度诉求所压倒。其后不久，“文化大革命”爆发，不仅传统道德文化，而且连道德文化本身都受到了强烈的冲击，成为“文化大革命”的主要对象。十年“文革”是中国伦理学学术史上一段令人悲痛的空白。

进入改革开放新时代以后，中国的伦理学研究真正迎来“浴火重生”的时刻。自 20 世纪 70 年代末开始，伦理学研究经过长时间的冰冻蛰伏终于苏醒萌动。首先开展的关于“实践是检验真理的唯一标准”的大讨论虽然没有直接触及道德伦理问题，但是它所关注的实践问题实际上为基于实践理性的伦理学探讨营造了必要的思想氛围、提供了良好的学术条件。其时，北京大学、中国人民大学、中国社会科学院研究生院和华东师范大学先后开设“伦理学原理”“马克思主义伦理学”等大学课程，周辅成、周原冰、李奇和罗国杰等先生成为这一大学课程创制的先行者，他们和他们各自所领导的学术团队开始了各具特色和风格的伦理学学术研究。周原冰先生继续了他早年的共产主义道德理论研究；李奇、罗国杰两位先生开展了马克思主义伦理学的理论研究；周辅成先生则恢复了他在“文革”前经年积累的西方伦理学史、中国伦理学史和与之相关的西方人道主义史研究。1982 年，罗国杰先生主编的《马克思主义伦理学》率先出版，成为我国第一部完整意义上的马克思主义伦理学教科书。不仅如此，罗国杰先生还迅速组织起一支较为强大的伦理学学术团队，根据当时伦理学教学科研的需要，仰仗《马克思主义伦理学》的教材，先后组织了多批次伦理学研究生班或伦理学培训班。可以毫不夸张地说，罗国杰先生及其学术团队所做的这些努力，促进了改革开放之初中国马克思主义伦理学研究的快速发展，也为现代中国马克思主义伦理学的教学科研培养了大批新生的学术力量，学术贡献重大。

编辑部：古希腊人曾说“物理学是血肉，逻辑学是骨骼，伦理学是灵魂”，伦理学研究在西学里一直是显学。今天，人类公共性的道德问题日益凸显，如民族间的正义问题、现代社会的公共伦理问题以及生态环境伦理、生命伦理、科技伦理、信息网络伦理等问题。毕竟，像公共伦理问题、政治社会的制度伦理问题、环境污染、地球沙漠化速度加快、克隆人和器官移植的伦理正当性、网络黑客等道德伦理问题，已经超越了国界而成为当代人类社会面临的共同问题。它们即使不是前所未有的，也肯定是空前凸显的。这无疑给伦理学本身提出了崭新的研究课题。与国外的研究状况相比较，您认为国内伦理学研究亟待解决的问题是什么？

万俊人：与我国现时代的社会道德文化建设之实际需求相比，与国际伦理学界的整体发展相比，我们的伦理学研究仍然存在以下几个方面的不足。第一，总体上，我们的伦理学理论研究还落后于我们的道德文化发展现实，不足以应对当代中国社会所面临的各种道德挑战，甚至于缺乏足够有说服力和解释力的伦理学理论分析和理论论证。例如，对当代中国社会之道德状况的基本分析和评估；对一些前沿领域的应用伦理学疑难（如生命医学伦理问题、国际政治伦理问题、网络伦理问题等）的解答和应对。第二，我们尚未形成自身独特系统的道德话语体系，简单的道德拿来主义和伦理复古主义问题还没有得到真正解决。即使是马克思主义伦理学研究本身也还存在一定的教条主义和本本主义。这一缺陷直接影响了我们的理论和观点参与国际伦理学对话或交流。第三，一些基本的学理问题还缺乏深入的研究，更缺乏较高的学术共识和理论支持，这也是阻碍我们的伦理学研究达到较高学术发展水平的重要原因之一。第四，伦理学的知识体系仍然较为陈旧、封闭，以至于出现缺乏学术吸引力、文化感召力和实践有效性等的理论与实践的困境。第五，真正具有时代价值的高水平学术成果严重不足，学术商业化的现象比较严重。第六，一些重要而紧迫的、时代性的道德伦理课题尚未真正进入伦理学研究的视野，或者研究严重不足。譬如，现代文化多元化的情形下如何凝练社会核心价值理念和基本道德规范；制度伦理及其与现代法制体系的相互关联问题；宗教信仰伦理和信念伦理研究；社会转型伦理研究；乡村伦理研究；当代中国新型城市化进程的道德伦理（比如农民工问题）；慈善伦理和财富伦理；等等。这些问题中，有的是我国当代社会特有的问题，如一种无宗教信仰支撑的现代世俗主义伦理如何可能，当前信念伦理的重建问题等；有的则是人类社会所共同面临的普遍的道德伦理问题，如新型（单子）家庭问题和单亲家庭伦理问题，网络信息伦理和新型科技伦理挑战等。总之，现代社会结构和社会生活分化日趋复杂。许多新的道德伦理疑难问题日益突出和复杂，一些崭新的道德伦理问题不断涌现，急需我们的理论创新和理论研究提供更多更好的道德文化资源和支持。

编辑部：20 年前，您在《普世伦理及其方法问题》一文中说："当代宗教学、伦理学、哲学学者和政治家们之所以不约而同地提出普世伦理问题，有一个基本的事实判断作为他们共同的价值判断前提，这一基本的事实判断是：现代社会和现代人已经陷入一场深刻的道德危机；这一危机既是整个人类现代性危机的集中反映，也极大地预制着人类未来的生活前景。其危机之深已使得普世伦理成为人们必须重新思考的一个时代性课题，因为现实越来越清楚地表明，大量的社会问题和全球问题，都在不同程度上、以不同的方式纠缠于现代人类的价值判断，而现有的各种伦理观念——无论是西方现代性的，还是东方传统的；也无论是宗教的，还是世俗的，都已无法单独满足现时代的道德文化需要。”（万俊人，1999a）“普世伦理”可能是一个理想的概念，表达了人类最基本的共同愿望，除此之外，“普世伦理”既反对任何形式的文化独白和话语霸权，也反对任何形式的文化封闭或道德怀疑论。就像麦金太尔在为《谁之正义？何种合理性》一书所写的中译本序言中指出的：即使像东西方道德文化传统这样有着极不相同的文化价值内涵和话语规则的不同传统，也应该相互学习，通过学习对方的文化，包括语言和语言习惯、哲学旨趣和道德伦理，不同文化传统间的相互理解和对话才有可能，不同文化叙述之间的话语翻译才有可能。

万俊人：“普世伦理”作为一种当代全球伦理的可能模式，必须基于人类多元文化的对话和道德共识，绝不能基于任何绝对主义的或一元化意识形态的权威诉求。相对于每一种特殊的道德文化传统，“普世伦理”只能是（至少在现阶段）一种低限度的道德共识，一种共享的全球性道德价值理想，一种不可取消却又必须得到现代人类共同认可和接受的道德行为规范系统。而相对于这样一种道德共识或一套普遍性道德规范，每一种特殊的道德文化传统，虽然都必须接受人类价值的共同性和优先性，但并不需要也不意味着它们必须牺牲各自的差异性和独特性。在这里，我们需要转变一种习惯性的两分性或两极化思维方式，即认为，我们只能在要么选择“普世伦理”，要么固执于各自道德文化的特殊传统这两者之间做出抉择。两分性或两极化的思维方式，曾经是西方哲学的基本思维方式之一，而冷战时期的国际政治格局和由此带来的长时间的东西方关系紧张，又使得这一思维方式更为强化，以至于人们更多的是习惯它而不是改变它。实际上，我们的“普世伦理”思考还可以有另外一种方式，也就是中国传统哲学所提倡的“和而不同”。该思维方式所强调的是，在保持多元差异的前提下，努力寻求相互间的和谐对话和观念共享。当人们主张文化对话而不是文化冲突时，本身就意味着人们已经有了“存异求同”的愿望。这种“存异求同”的文化交流过程，实际上也是每种特殊的“地方性知识”（local knowledge）或“地方性文化”（local culture）寻求普遍性理解的过程。我们所主张的多元文化论基础上的“普世伦理”，正是在各种特殊的或地方性道德文化传统之间寻求相互性普遍理解的基础上达成的。历史上，曾经出现过多次“地方性知识（或文化）”普遍化的实例。诸如，基督教进入古罗马社会并逐渐获得罗马社会的普遍承认；印度大乘佛教传入中国并最终与儒家学说相融合；现代“维也纳学派”的哲学知识、巴黎的社会学和社会哲学知识、伦敦的经济学知识、美国康桥地区的政治哲学知识（“新自由主义”）对现代分析哲学、社会哲学和政治哲学的世界性影响，都先后在不同程度上获得过或者仍然在继续获得普遍化的理解，被当代学界和社会视为普遍合理的知识解释系统而予以接受，甚至成为现代人类共享的知识或文化样式。

编辑部：如果说在全球经济一体化的情势下，“普世伦理”的确已然成为一个有意义的道德文化主题，那么，对这一主题的探究究竟该从何处开始？是在文化多元论基础上寻求某种程度的道德共识？还是从某一地域性（无论是西方还是东方；也无论这一区域多么强势或广大）文化价值理念出发，来强求一种单一的地域性文化价值观念的绝对“普世化”？进一步而言，儒家伦理作为一种“普世伦理”资源的意义是什么？

万俊人：我的基本文化立场是文化多元论，我的伦理学研究，不只是为多元论的道德文化立场提供理论辩护，而是以一种文化多元与文化间平等对话的姿态，思考中国道德文化传统——具体地说是儒家主导的中国伦理传统——对“普世伦理”的探究所可能具有的文化资源意义和这种资源意义的理解限度，并由此引申出有关特殊道德文化传统的“地方性知识”特征及其所包含的可普遍化知识潜能的讨论。我相信，真正具有普遍意义的现代“全球伦理”（“普世伦理”的另一种说法）只能建立在多元道德文化传统的相互对话和重叠共识之基础上，而不能建立在任何单一的既定原则上。也就是说，一种能够为现代人类世界所普遍认可并实际承诺的“普世伦理”，只能是各民族国家或地区平等参与和对话的“契约性”产物，绝不可能是任何普遍形式掩盖下的文化帝国主义甚至政治霸权主义的结果。因而，有关“普世伦理”的探讨应该从人类文化的多元差异出发，通过平等对话，在多元差异中寻找道德共识，亦即所谓“异中求同”；而不是从任何单一的文化传统或政治立场——无论其如何强势和“先进”——出发，凭借任何非道德的手段或优势条件，强制性地推行或扩张某种文化价值主张，或者凭借强势行为，使某种民族性或区域性的特殊主义文化价值诉求普遍合法化。我们因此还相信，如同许多其他民族或区域性道德文化传统一样，儒家传统伦理也能作为人类建构“普世伦理”的重要文化资源。

编辑部：您认为儒家传统伦理也能作为人类建构“普世伦理”的重要文化资源，其具体内容有哪些呢？

万俊人：我说儒家主导的中国传统伦理之于“普世伦理”的积极意义是完全可以期待的，可以从如下几个方面予以关注。其一，儒家关于个人心性美德及其修养之道或“成德之道”的理论，为现代人自身德性生活的改善和内在精神需要，贡献了可以分享的珍贵资源。比如，孔子的“忠恕之道”或“仁爱之方”；思孟学派和宋明心学的“良知”学说；先秦儒家所倡导的以义取利价值观；以及儒家一贯坚持的修身养性、智德双修的人生哲学等：都是值得现代人吸收的个人美德滋养源泉。其二，儒家伦理作为一种具有强烈人文主义精神的德育理论，可以为现代人类提供一种可资参照的智德双修的文化教育图式，以帮助人们辨识和矫正现代社会中过于强势的唯科学主义价值偏向和单纯知识论的教育偏颇。在儒家思想中，“大学之道”在于造就一种既有完善美德的内在“修养”，又具“齐、治、平”之才能的“贤能”、“君子”或“仁人”，这就是所谓“内圣外王”，亦即《大学》所说的“格物、致知、诚意、正心、修身、齐家、治国、平天下”的“八条目”。撇开儒家对“圣王之道”的具体解释内容，其“大学之道”的设计和体制本身，无疑有着一种真正的完备综合性特征，而这一点，也是人类在现代化之初曾经设想的一种理想的教育图式。其三，在“普世伦理”的全球一体化层面，儒家传统的人与自然关系伦理为当代日益凸显的生态伦理或环境伦理提供了一种“天”（自然世界）“人”（人文生活世界和社会世界）合道的伦理提示。从儒家传统伦理中“天人合一”的一贯之道到老庄哲学的“常道”、“常德”和“见素抱朴”之“道”“德”生存智慧，从汉儒董仲舒“天人合类”的宇宙本体论到宋儒张载“民胞物与”的人与自然伦理体会，无一不提示着一个朴素而明晰的生态伦理原理，这就是天人合一的宇宙本体论命题、物我一体的价值生存命题、人与自然和谐互动的人自伦理命题。

编辑部：1935 年 1 月 10 日，王新命、何炳松、武堉干、孙寒冰、黄文山、陶希圣、章益、陈高傭、樊仲云、萨孟武十位教授发表《中国本位的文化建设宣言》；1958 年，活跃在港台的学者牟宗三、徐复观、张君劢、唐君毅联名发表《为中国文化敬告世界人士宣言》；20 世纪 70 年代以降，一些海外华裔学者力倡“儒学复兴”，国内不少学者起而响应。“儒学复兴论”坚守中国文化的“本位”立场，对西学持开放态度，目光朝向现代文明的构建，试图从儒家的“内圣”之学开出现代化的新“外王”。这批学者大都对中华传统文化怀着真挚感情，并有相当深入的研究，同时，对西方文化也有切身的观察和体验，其视野是开阔的，见解是有深度的。他们目睹西方工业文明的巨大成就，又洞悉其中包藏的危机，并力图从文化上寻找救治的良方。他们根据东亚一些国家（如日本、韩国、新加坡）和地区（如中国台湾、中国香港）近几十年来经济高速发展的事实，推断其成功的“秘诀”在于儒家文化功能的发挥。他们进而认为，继先秦两汉和宋明以后，现在儒学进入了发展的第三期。“儒学复兴论”在发掘中国传统文化的积极因素方面做出了可贵的努力，尤其是他们看到当前西方工业文明面临一系列新问题，人际关系和人与自然的关系都有重新调整的必要。如资本主义社会利己主义、拜金主义的极度发展，造成一系列严重的社会问题；工业革命以来强调人类能够征服自然，固然促进了生产力的发展，却又造成生态平衡的破坏，以及环境污染、能源危机等。站在后工业社会的高度，这些华裔学者敏锐地洞察到，以宏观把握、讲究总体协调为特征的农业文明（中国传统文化便是其代表）中的若干遗产，可作为救治工业文明病端的参考。

“儒学复兴论”的上述构想显然包含着合理成分，然其对作为自然经济和宗法制产物的儒学与现代化之间存在的矛盾性是否认识不足，对此，您怎么看？

万俊人：在某种意义上说，儒家伦理的确缺乏目的价值与工具性价值、道德人格与公共社会化、世俗主义与宗教超越等“内在紧张”。从社会思想与现代文化的创造性转化视角来看，这些“内在紧张”也的确是传统社会和文化之现代转化所需要的“必要张力”。由是而观，我们可以看出儒家伦理及其人文精神之现代意义的局限性。然而，必须记住：在人类多元文化传统中，并不存在任何自然生成的现代性文化，任何一种文化传统都必须经过创造性转化才能进入现代社会从而获得自我延伸。而且，现代性的标准也并不是我们用以评判任何一种传统文化的绝对价值圭臬。真正有生命力的文化传统是连续性的，一如流水；而所谓现代化或现代性是一个具有相对性的历史概念。因此，应有的结论是，重要的并非用某种现代性概念来“透视”（在尼采的语义上）儒家伦理的人文精神，而是了解其传统本色，并由之揭示它在现代生活中可能产生的精神资源意义。我想强调指出的是，那种简单本土化或特殊论与那种带有强烈现代心态的普世化或普遍论的文化价值立场，都是不可取的，也是难以获得正当合理性证明的。一些持简单本土化或特殊论文化价值立场的人认为，文化传统越具有民族性、地方性或地域性的特征，则越具有世界性或普遍性文化价值意义。这实际上不过是某种封闭性文化心态的反映而已。如果说，这一判断对于某些具体的文学艺术作品而言具有某种表面意义的话，那么，对于道德文化或伦理价值而言，这一判断和立场就显得毫无实际意义了。事实上，当某种具有特殊本土色彩或民族特性的文学艺术作品获得文化他者的欣赏时，人们也不能把这种欣赏理解为某种基于普遍理解之上的文化价值评价，而只能将之看作文化他者对某种异域或异己文化的新奇感，最多也只能看作一种审美意义上的文化敬意和艺术欣赏。在这种情形下，艺术审美的新奇感受远远多于思想内容的普遍理解。或者说，由艺术差异而产生的美感远远多于文化价值认同基础上的相互理解。思想内容的普遍理解或文化价值的相互认同虽然并不排斥差异性，但必须超越差异，否则就谈不上普遍理解或相互认同。西方人可以从东西方服饰文化的差异中感受到中国长袍马褂或旗袍披肩的新奇与特色，但这绝不意味着他们与中国人（具体来说，是传统社会里的中国人）共同分享着一种普遍的关于美好生活的价值标准。后者需要的不仅是辨识差异，更是超越差异，去寻求某种相互理解和价值共享。而接近这一目标，需要一个漫长的文化沟通过程，需要逻辑的贯通，需要理性知识层面上的相互了解和认同。与之相对，持有过于强烈的现代文化心态或文化价值普遍论立场的人们则以为，真理和价值标准是唯一的和普遍不变的，而且这种唯一普遍的真理和价值标准只能建立在对西方现代性理解的基础之上。诚如许多后现代主义思想家所批评的那样，这种现代心态不过是近代以来所形成的一种西方启蒙心态。它相信进步，却将这种进步限定在西方式的文化价值取向之内，认为这种进步必然朝向一个唯一正确的方向，亦即西方现代性的方向。因此，这种文化价值的普遍论立场往往具有过于明显的西方色彩，甚至是某种文化霸权主义的宰制特征。实际上，这种普遍论的文化价值立场并不具有真正的普遍性质，相反，它仍然只是一种强势扩张的地域文化，或文化价值的特殊主义霸权的合理化而已。

编辑部：您曾指出："一种地域性的文化能否转化为可普遍化的文化价值观念或知识，取决于三个方面的因素：其一，该特殊文化所具有的可普遍化的内在资源与潜能；其二，有利于知识普遍化的外在文化条件或知识氛围；其三，多元文化传统之间充分有效的相互了解和对话。一般说来，某一特殊文化的传统资源愈深厚、愈持久连贯，或者说，它愈具有地域文化的权威性或轴心意义，则该特殊文化的可普遍化潜能就愈大、其自我资源的普遍性意义就愈强。但这只是一种特殊文化的内在可能性。要使这一内在可能成为现实，还需要外在的文化和知识交往条件，尤其有赖于该特殊文化传统与其他多元文化传统之间的相互了解和对话。这种文化传统之间的对话与相互了解，是使该特殊文化传统得以转化成普遍性文化观念或普遍性知识的必要条件。当然，这些必要条件的获得，还涉及文化话语、对话空间、对话语境、概念通约以及各对话方的宽容姿态等方面的因素。”（万俊人，1999b）按此理论指向，您认为儒家伦理现代转化的向度有哪些？

万俊人：可将儒家伦理的现代转化问题分三个基本层次来讨论。第一，社会伦理精神或价值的观念转化。社会伦理观念层面的转化方式至少包括以下三个方面。一是社会道德意识范式的更新和与之相应的新伦理观念的培育。二是对传统伦理的基本理念、概念、文本的重新诠释和论证，包括：文化的和哲学的；理论形式的和实质内容的；理论方法的和话语方式的等。三是多元文化沟通基础上的文化对话。第二，社会伦理生活传统的经验变化。当我们说儒家伦理是中国传统社会的主导伦理时，不只是就社会道德意识形态而论的，儒家传统伦理的主导地位不单表现为它对中国传统社会文化价值观念系统的支配性，更重要的是它促使我们思考这样几个问题。首先，是什么原因使得儒家传统伦理对人们日常道德生活和社会伦理秩序的影响能够跨越传统与现代两种不同物质的社会形态。其次，这种影响力的跨越是否意味着儒家传统伦理本身具有实现其自身现代转化的潜力和机制。最后，如果前两个问题的答案是肯定的，那么，应该作何解释才是合乎理性的。倘若能够对这三个问题做出有意义的解释，有关儒家传统伦理的现代转化问题也就获得了较为充分的解答。第三，社会伦理秩序的整体转化。现代社会的伦理秩序，在根本上必须与现代民主社会的结构性或制度化要求相适应。然而，所谓现代民主或现代社会伦理秩序，并不是只有一种模式，更不能将之化约为西方民主模式。可以初步确定的结论是：现代经济制度和运作方式的国际化，必然要求儒家伦理吸纳新的价值资源，在经济制度或秩序的层面创造新的儒家式的经济伦理。在社会政治和文化的层面，儒家伦理更为迫切要做的则是开掘新的文化价值资源，以现代公共理性的方式，消解诸如等级结构、亲缘关系和人情优先等陈旧的传统社会伦理观念，创造性地重建具有中国特色的社会制度伦理秩序。

编辑部：谢谢您对我们提出的诸多问题的解答，我们相信本刊读者，会从这些解答中看到一位学者的广博胸怀和充满启迪的睿智。在结束此次访谈时，您最想说的话是什么？

万俊人： 回顾百年中国的伦理学研究史，如同观察一个变化多端的万花筒，全面清晰地透视它的确非常困难，而且由于时间距离不够，当代学者的自我观察和分析也或多或少地具有“身在庐山中，不识真面目”的遮蔽或模糊局限。但是，所有这些都不能成为当代中国伦理学者回避挑战、减轻学术责任、躲避社会道德“负担”的正当理由。相反，今天的中国伦理学人应当以积极的姿态和心态，把这些问题当作各自的探究课题，创造性地开展学术研究和理论探索，使我们用尽可能短的时间建设具有中国特色的社会主义新道德文化和新伦理学理论。中华民族以“道德文明古国”著称于世，道德文化是我们文化传统的基本底色，建构与中国特色社会主义实践相适应的道德文化和伦理规范秩序应该成为头等重要的理论任务和学术志向。在此意义上可以说，对百年来伦理学研究的学术回顾，同时也是一种新的理论期待，这期待不单来自当代中国的伦理学人，而且更多地来自我们这个时代和我们这个伟大民族的内在要求。

参考文献

Rawls, John (1993): *Political Liberalism*, Columbia University Press.

〔德〕黑格尔（1959）：《哲学史讲演录》，第1卷，贺麟、王太庆译，商务印书馆。

〔德〕马克思、恩格斯（1995）：《马克思恩格斯选集》，第1卷，人民出版社。

万俊人（1999a）：《普世伦理及其方法问题》，《哲学研究》，(2)。

—— (1999b)：《儒家伦理：一种普世伦理资源的意义》，《社会科学论坛》，(5/6)。

—— (2012)：《百年中国的伦理学研究》，《高校理论战线》，(12)。

Modern Transformation of Confucian Ethics: An Interview with Prof. Wan Junren

Wan Junren

Abstract: Modern transformation of Confucian ethics has always been an important issue discussed in the academic research and academic circles. The column of Spotlight Interview has specially invited the The Yangtze River Scholar Professor and Director of China Association for Ethical Studies, Prof. Wan Junren at Department of Philosophy in Tsinghua University to share some of his opinions. Based on the research history of Chinese ethics in the last one hundred years, Prof. Wan Junren has pointed out the global modern confusion and the process of value construction. He suggests that the cultural tradition of Confucian ethics not only is able to welcome and deal with modern challenges, but also starts its own modern transformation. This process virtually is the basic sign of gradually transcending the traditional and special locality to win modern universality. This article has been reviewed by Prof. Wan Junren, and is published as follows for the readers.

Keywords: Confucian Ethics; Modern Transformation; Traditional Locality; Modern Universality

About the Author: Wan Junren (1958 –), Ph. D., Professor at Department of Philosophy in Tsinghua University, The Yangtze River Scholar Professor, Director of China Association for Ethical Studies. Research specialties and interests: ethics, political philosophy, etc. Magnum opuses: *History of Modern Western Ethics*, *Political Liberalism* (translation), etc. He has published more than 200 essays in Chinese or English. E-mail: Junrenwan58@163.com.

本刊特稿：东亚同文书院中国调查考析

编者按：近代日本从侵华的“大陆政策”出发，长期开展大规模中国调查，除学者、军人、浪人、商贾的私家踏访外，军部、外务省、各实业团体相继建立调查机构，广泛搜集中国情报，其中尤以南满铁道株式会社调查部1907～1945年的东北、华北、华东考察最为有名，其文献已为中外学者广为使用。而在日本的诸多中国调查系统中，上海东亚同文书院的“禹域踏查”持续时间最长（1900～1945年，其前身汉口乐善堂的调查活动开始于1886年、上海日清贸易研究所的调查活动开始于1890年），涉及地域最广（除西藏外的全部省份，并远至东南亚和俄国西伯利亚），留下卷帙浩繁的“大旅行记”、“调查报告”及相关论著（原始文本藏于中国国家图书馆和日本丰桥的爱知大学图书馆）。然因乏于整理、推介，以往世人对东亚同文书院中国调查的关注度和采用度远不及满铁调查部的中国调查，基本处于“藏在深闺无人知”的状态。武汉大学冯天瑜先生于20世纪与21世纪之交被聘为爱知大学（东亚同文书院后身）专任教授，后又在京都的国际日本文化研究中心作研究员，得以考察包括东亚同文书院中国调查在内的相关文献，具体地知晓日本明治、大正、昭和年间侵华“用心之深”“用力之勤”，并了解到这批文献的学术价值。冯先生认为，发掘、考析东亚同文书院规模浩大的中国调查，有两方面意义：其一，可引起国人警觉，加大对国情调查、外域（如日本）调查的重视；其二，这批调查材料可以为研究清末民初经济、政治、文化、社会提供丰富的实证性材料和方法论借鉴，故理当整理、公布这批文献（国家图书馆出版社近年出版《东亚同文书院中国调查手稿丛刊》200卷，东亚同文书院编《中国省别全志》38卷）。冯先生从事东亚同文书院中国调查之考析已有20余年，撰写评介文章，选编出版东亚同文书院旅行记、调查报告数种，近年参与中国国家图书馆上述文献的系统整理出版工作，撰写长篇前言、解说，并与长期执教爱知大学的刘柏林教授联手著述《警觉与借镜——东亚同文书院中国调查的启示》一书。征得冯先生同意，本刊将冯先生为《警觉与借镜——东亚同文书院中国调查的启示》一书撰写的《弁言》预先刊出，为帮助读者更全面地了解冯先生此项研究的整体构想，本刊亦将冯先生为《东亚同文书院中国调查手稿丛刊（1）》撰写的《解说》，为《中国省别全志》（影印版）撰写的《序言》一并刊出。《“五四运动”后上海东亚同文书院学生眼中的中国》一文是日本爱知大学刘柏林教授特为本刊撰写的文章，从另一个角度让我们看到“东亚同文书院中国调查”重要的史料价值。

《中国省别全志》（影印版）序言

冯天瑜*

一

“国有史，方有志”。与国史并称的地方志，是全面记述某一地域（或省、州、县、乡，或山、水、楼、寺等）的自然、社会、政治、经济、文化、风俗诸方面故实的文献，系“一方之全志”，简称“方志”。

广土众民的中国，有着悠久深厚的修志传统。早在周代，朝廷及各诸侯国便设外史“掌四方之志”，设内史“掌邦国之志”。中央集权的秦汉专修地志、地记，《汉书·地理志》是第一部分区地理总志。成书于东晋的《华阳国志》与《越绝书》是较早的传世志书。隋唐有图经类志书（如隋炀帝时的《宇区图志》，唐代李吉甫撰的《元和郡县图志》），宋以降修地方志更成定制，涌现名志《太平寰宇记》。明代永乐年间颁布《纂修志书凡例》，规定志书须记二十四类，包括建置沿革、分野、疆域、城池、里至，直到经济生活、文化教育、民情风俗诸方面。明清

* 冯天瑜（1942～），武汉大学人文社会科学资深教授，武汉大学中国传统文化研究中心主任。著有《明清文化史散论》《辛亥武昌首义史》《张之洞评传》《晚清经世实学》《解构专制——明末清初“新民本”思想研究》《“千岁丸”上海行——日本人1862年的中国观察》《新语探源——中西日文化互动与近代术语生成》《中华元典精神》《“封建”考论》《中国文化生成史》等。论著曾获中国图书奖、教育部人文社会科学优秀成果奖、湖北省哲学社会科学优秀成果奖，多本论著被译为英文、日文、西班牙文、韩文。电子邮箱：tyfeng@ whu. edu. cn。

两代编修的省志、州志、县志皆沿此规制，遂有洋洋大观的《大明一统志》《大清一统志》的纂集，此外还涌现山志、江河志、楼志、寺志等种种专志。

时至清末民国，接受科学文明洗礼的近代意义的中国地方志初萌，民国十七年（1928）行政院通令全国各省、县修志，并颁布《修志事例概要》22 条，各地成立方志馆，省、县方志陆续修纂。然而，近代中国内忧外患、积贫积弱，方志修纂难以系统展开，各省方志合集更属稀缺，除白眉初主编的并不完善的《中华民国省区全集》外，并无二例。一个引人注目、发人深省的情形是——建立在周密的实证调查基础上的完整的中国各省志书丛编，是日本人于 20 世纪上半叶修纂、出版的，这便是《支那省别全志》与《新修支那省别全志》。

今次国家图书馆出版社将两种全志以《中国省别全志》（见图 1）之总名重新印行面世，展现传统方志向近代方志转变的状貌。

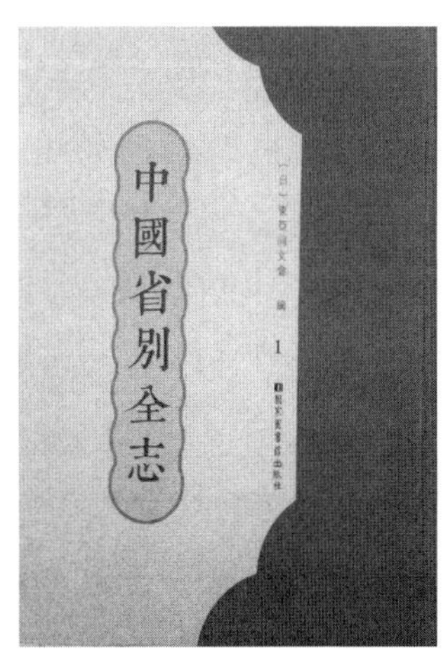

图 1

二

欧美率先完成工业革命并掌握近代科学方法，采用实地勘察手段，对掠占对象国作周详调查，以掌握对象国国情诸方面的第一手材料，这是西方列强为推行殖民主义，建立世界统一市场而从事的一项长期活动。日本作为后起的资本主义国家，深悉此一玄机，并身体力行之。而日本的域外踏查，又以东亚特别是中国为首要对象，这是与其侵略范围相一致的。

中日两国是“一衣带水”“一苇可航”的近邻，有着深刻的历史文化渊源，近代初期又都受到西方列强的殖民侵略，遭遇相似。日本自幕末“开国”之际，即十分关注在中国发生的鸦片战争、太平天国诸事态，以之作为日本决定国策的参考，并于19世纪60年代初中期，四次遣使到上海等地，对中国社情作现地调查（参见冯天瑜《“千岁丸”上海行——日本人1862年的中国观察》，商务印书馆，2001）。明治维新以后，日本国势骤强，确立“经略中国”“雄飞海外”战略，制定以独占中国为目标的“大陆政策”。由此出发，依凭地近、文近、人种相近之利，日本对中国调查的深度、规模和系统性，较之欧美诸国颇有后来居上之势。

自19世纪80年代始，日本已开始对中国作系统调查。哲学家三宅雪岭在《真善美日本人》一书中宣称，“日本人系有为种族”，“亚细亚诸国相继败亡，而蕞尔岛国的日本却作为帝国屹立在绝海之东”。三宅雪岭指出，面对白种人的东侵，日本人肩负真、善、美三方面的使命，其中“真”的使命是：进行史迹调查，向亚洲大陆派遣学术探险队，开展东洋文化、生物、地质学、人类学的研究。可见，近代日本把对以中国为主体的亚洲大陆的实证性探查，以掌握亚洲大陆的真实情状，视作日本与欧美列强竞争高下的“使命”。日本官方、军方、商界，出于军事、政治、经济目的，不断派出浪人、军人、商人、记者，潜入中国各地，对清朝国情作周密踏查，甲午战争前夕，日本根据这些踏查绘制出包括朝鲜、中国东北和渤海湾在内的军用详图，上面细致标明这些地区的每座山丘、每条道路、每条河流、每个渡口，为发动战争做了精到的调查准备。反观清朝军队使用的地图，则大而化之，不仅粗略，而且讹误百出，以之策划战事，清军溃败实属必然。甲午战争以后，日本以掠夺、侵占中国为目的的中国调查，更成为日本政府、军方、民间有计划的、长期延续的行动。

近代日本的中国调查，留下卷帙浩繁的文献材料，较成系统的有如下几类。

一是学者、官员、商人、军人、浪人的个人踏访记录。如19世纪中叶以来，高杉晋作、名仓予何人、竹添光鸿、冈千仞、安东不二雄、宇野哲人、内藤湖南等的中国旅行日记、随笔，日本尤玛尼书房于平成9年（1997）出版小岛晋治监修的《幕末明治中国见闻录集成》20卷本，平成11年（1999）出版小岛晋治监修的《大正中国见闻录集成》10卷本，即为这批纪行文的精选本，从中可以得见近代日本武士、学者、商人、军人、记者中国旅行见闻、评述的范围与深度。

二是日本驻华领事对中国商情、工农业、政治、社会、文化所作的分区调查。日本外务省从明治14年（1881）起，将领事报告编为《通商汇编》年刊，继而改为半年刊。农商务省还于明治18~21年（1885~1888）办《农商工公报》（月刊），每号都载有“领事报告”。明治19年（1886）以后外务省下属的《通商汇编》更名《通商报告》，明治22年（1889）底停刊，明治27年（1894）以《通商汇纂》复刊。汉口总领事水野幸吉著《汉口》、内田左和吉著《武汉港史》之类书籍，则是领事系统调查的副产品。笔者在日本的爱知大学图书馆所见《特调班月报》（1941），是上海日本总领事馆特别调查班的调查报告汇编，与侵华战争关系密切。

三是满铁调查。1906年组建南满铁道株式会社，建立规模庞大的“满铁调查部”，在沈阳、吉林、哈尔滨、北京、上海等地设事务所，从事中国社会调查工作。1939年4月，为适应扩大的侵略战争的需要，满铁调查部改组、扩充，从事“支那抗战力调查”“支那惯行调查”“日满支工业立地条件调查”“东亚重要物资自给力调查”“世界情势调查”等工作。满铁调查部始于20世纪初终于1945年的中国调查，历时近40年，调查范围是东北、华北、华东。已出版的满铁调查资料汗牛充栋。

四是兴亚院的中国调查。1938年成立的兴亚院，由日本首相兼任总裁，陆军大臣、海军大臣、外务大臣、大藏大臣兼任副总裁，具体事务由总务长官负责。本院总部在东京，在中国的北京、上海等地设联络部，开展对中国的政治、经济、文化的“实态调查”，包括中国工业调查、重要国防资源调查、流通关系调查、社会调查等，发表2000份调查报告。

五是“末次情报资料”。这是日本侵华军北平情报机关对中外报刊以剪报形式作的中国调查，累积数千万言，广西师范大学出版社1994年将该资料的中文部分出版。

六是日本各实业团体作的中国经济、商情调查。笔者曾翻阅日本兴亚银行1942年、1943年、1944年的《调查月报》，以及南亚海运株式会社的《调查内报》16卷，其关于中国经贸及交通的调查十分详细。类似的以“商战”为目标的调查报告甚多。

七是东亚同文会在中国兴办的东亚同文书院（1901～1945）及其前身、荒尾精主持的“汉口乐善堂”（1886～1889）、荒尾精与根津一先后主持的上海“日清贸易研究所”（1890～1893），在中国从事长达半个多世纪的旅行调查。

三

东亚同文会1898年在东京成立，会长为亚洲主义者、日本贵族院议长近卫笃麿公爵（1863～1904，二战时期日本首相近卫文麿之父）。1899年，近卫笃麿访华，在南京拜会两江总督刘坤一，商定东亚同文会在南京设校，1900年5月，南京同文书院开办，院长根津一（1860～1927）。因义和团事起，1901年初书院迁上海，更名为东亚同文书院，首任院长根津一。学生从日本各府县招考，每府县两名，学生享受公费待遇，修业3年，教授汉语以及中国历史、政治、经济、文化等课程，以培养“中国通”为目标。1939年，东亚同文书院由专科学校升格为大学，更名为东亚同文书院大学。

东亚同文书院学生接受严格的社会调查训练，每届学生于毕业前的一学期，组成调查队（晋蒙队、蜀汉队等），至中国某地作周密的专题考察，撰写“大旅行记”和“调查报告”，作为结业文本。自 1901 年至 1945 年的 40 余年间，46 届近 5000 名东亚同文书院学生，对中国各省区作地毯式立体调查，线路达 700 多条，“入吾内地，狼顾而鹰睨”（《鲁迅全集》第 8 卷，人民文学出版社，1981，第 4 页），留下卷帙浩繁的调查材料（材料上交军部或外务省）。如果把东亚同文书院的前身“汉口乐善堂”（19 世纪 80 年代中后期）、上海“日清贸易研究所”（19 世纪 90 年代前中期）的踏查活动计算进来，此一由日本军部、外务省支持的中国调查进行了 60 年。

此一系统在大规模开展社会调查的基础上，还致力于做综合整理工作，如 1892 年根津一利用汉口乐善堂、上海日清贸易研究所的调查材料，编纂《清国通商总览——日清贸易必携》2 编 3 册共 2300 余页，分地理、交通、运输、金融、产业、惯习等项，成为当时日本从事对华各项活动的百科辞典，也是今人研究清末社会（特别是经济生活）的系统文献。东亚同文会更组织专家（主要是东亚同文书院的教授），对书院学生的巨量调查报告作综合研究，编纂各种专题论著（如《清国商业惯习及金融事情》、《支那经济全书》12 卷等），其中最重要的是《支那省别全志》与《新修支那省别全志》。

四

大正六年至九年（1917 ~ 1920）东亚同文会在日本东京出版《支那省别全志》，共 18 卷：第 1 卷 广东省（附香港、澳门），第 2 卷 广西省，第 3 卷 云南省（附海防），第 4 卷 山东省，第 5 卷 四川省，第 6 卷 甘肃省（附新疆省），第 7 卷 陕西省，第 8 卷 河南省，第 9 卷 湖北省，第 10 卷 湖南省，第 11 卷 江西省，第 12 卷 安徽省，第 13 卷 浙江省，第 14 卷 福建省，第 15 卷 江苏省，第 16 卷 贵州省，第 17 卷 山西省，第 18 卷 直隶省。

各卷大体包括以下内容：一、总论：各地沿革、面积、人口、气候、民俗、军事概况、对外关系等，二、都市：通商口岸、主要城市及各县城，三、贸易，四、交通：铁路、公路、船运、邮政与电信，五、农林渔牧，六、工矿，七、商业与金融，八、度量衡。每卷1000余页，图、表、文兼具，并附有地图。

东亚同文书院干事长小川平吉1917年撰《支那省别全志序》，概述“全志”修纂过程：“上海东亚同文书院成立于明治33年，迄今已18载。在此期间，各府县选拔优秀分子到上海接受培养教育，迄今已逾千人。每年夏秋分派即将毕业的学生到支那各省作实地考察。从山川城邑到人情风俗，从物资特产到农牧收成、水陆交通等，巨细靡漏，无所不包。彼等北渡黄河，逾阴山；西越秦岭、履蜀道、攀峨眉；南踏滇粤之区、历苗瑶之野，栉风沐雨，勇往迈进，足迹几乎遍布支那各省，调查稿件达20万页余。本书即以此调查报告为主，在旧方志基础上加以新的内容修订而成。”以中国固有旧方志为基础，又大量补充东亚同文书院调查材料，并部勒以近代地方志体例，是《支那省别全志》的修纂特色。

从昭和16年（1941）起，东亚同文会又编纂《新修支那省别全志》，东亚同文书院大学名誉教授马场锹太郎任总编。至1945年日本战败，共出9卷：第一卷四川省（上），第二卷四川省（下），第三卷云南省，第四卷贵州省（上），第五卷贵州省（下），第六卷陕西省，第七卷甘肃省宁夏省，第八卷新疆省，第九卷青海省。各卷述及自然环境、人文、都市、矿产资源、工业、商贸、财政金融、度量衡、交通运输附邮政及名胜古迹。值得注意的是，新修本所涉省区皆为尚未被日本侵占的国统区，此志书显然是为日本攻略大西南、大西北作资料准备。

五

近代日本从其对外扩张的战略出发开展的长时期、巨细无遗的中国调查，以满铁调查部所作的东北、华北、华东“惯行调查”最著声名，也较为广泛地被世界各国研究中国问题的机构和专家所使用。然而，在近代日本关于中国调查的诸多系统中，东亚同文书院及其前身汉口乐善堂、上海日清贸易研究所的中国旅行调查，持续时间最长（从19世纪

80年代中期至20世纪40年代中期，长达60年，而满铁调查不足40年)，调查地域分布最广(除西藏、台湾之外的全部中国省份，还涉及邻近中国的西伯利亚、东南亚地区，满铁调查则限于东北、华北、华东)，调查材料(主要是旅行记和调查报告两大类)又基本保存完好，而且相对集中(原件现分别藏于日本丰桥的爱知大学图书馆和中国国家图书馆)。但是，对于东亚同文书院及其前身在中国长达半世纪以上的办学活动，特别是其开展的持续、系统的中国旅行调查，较少为世人注意，相关的资料搜集整理、研究、利用尚未充分展开。

笔者1996年初访东亚同文书院后身——日本的爱知大学(1945年日本战败，在上海的东亚同文书院大学撤回日本，吸收自中国台湾“帝国大学”和韩国“帝国大学”撤回的人员，在爱知县丰桥市组建爱知大学)，开始接触这批材料，当即著文《日本“中国学”的启示》(《江汉论坛》1996年第10期)加以介绍，以引起学界对东亚同文书院及其中国调查的关注。1998~2001年笔者在爱知大学讲学期间，与同事刘柏林教授在名古屋、东京等处访问东亚同文书院在世老人，在爱知大学图书馆、北京图书馆(今中国国家图书馆)广泛查阅相关原始材料，并着手介绍、评析这一广涉晚清、民国的社会调查的资料渊薮，先后整理出版《上海东亚同文书院大旅行记录》(商务印书馆，2000)，《东亚同文书院中国调查资料选译》上中下册(社会科学文献出版社，2012)。然因力量单薄，其间还遭遇意料之外的坎坷，故进展有限。但这一介绍评析工作的正当性与必要性毋庸置疑——它让我们具体了解近代日本从事中国踏查的广度与深度，认识其侵占中国的“用心之深”“用力之切”，从而激发国人警醒；同时，通过展示日本的中国调查材料及其加工成品，也为晚清民国研究打开一个鲜为人知的资料库，并从方法论上提供若干研究国情、地情的启发。这项工作既然有益于学术发展，有益于对近代中国、近代日本的认识，便应当坚持下去。令人欣慰的是，国家图书馆出版社高瞻远瞩，决定系统整理出版东亚同文书院的中国调查材料，首先从再版《支那省别全志》与《新修支那省别全志》入手，这是颇有学术价值的工作，我们乐观其成。

Preface for *The History of Provinces in China* (the Reprinted Edition.)

About the Author: Feng Tianyu (1942 –), Senior Professor of Humanity and Social Sciences in Wuhan University, Head of Research Center of Traditional Chinese Cultural Studies in Wuhan University. Magnum opuses: *The Cultural History of Ming and Qing Dynasty*, *The History of Wuchang Revolt in the* 1911 *Revolution*, *Critical Biography of Zhang Zhidong*, *Practical Ideology in Late Qing Dynasty*, *Deconstructing Autarchy: A Study of the "New People-first" Idea in Late Ming and Early Qing Dynasty*, *Qian Suiwan's Tour in Shanghai: Observing China in* 1962 *from Japanese's Eyes*, *The Origins of the New Expressions: the Cultural Interaction among China, Japan and Western Countries and the Terminology in Modern Times*, *The Spirits of Chinese Ancient Classics*, *A Study on Feudalism*, *Outline of Chinese Cultural History*, etc. The published works have been awarded China's National Book Award, Outstanding Achievement Award of Humanity and Social Sciences by the Ministry of Education, Outstanding Achievement Award of Philosophy and Social Sciences by Hubei Provincial Department of Education. Besides, many his published works have been translated into English, Japanese, Spanish and Korean. E-mail: tyfeng@ whu. edu. cn.

《东亚同文书院中国调查手稿丛刊(1)》解说

冯天瑜

东亚同文书院——日本明治末年至大正、昭和时期（1901～1945）在中国上海兴建的一所招收日本各府县学生的名校，其办学宗旨名为“讲中外之实学，育中日之英才”（东亚同文书院，1901），实为培养掌握汉字文化、熟悉华人社情的“中国通”，系统调查中国，为日本经略东亚的“大陆政策”服务。该书院最突出的行为是，组织学生前往中国各地作专题实证考察。经40余年积淀，其踏访线路密如蛛网，遍及中国南北东西。参加踏查的学生撰写游记性旅行日志和专题性调查报告，共同构成卷帙浩繁的文本系统，而书院方及相关机构利用这些调查获得的一、二手材料，编纂出版了大量研究论著和刊物，周详记述并解析中国经济、政治、文化、社会、风俗诸方面实态。

第二次世界大战日本败降后，东亚同文书院大学在中国被取缔，撤回到日本的最后一任校长本间喜一和部分教员在爱知县丰桥市，会同从台北、汉城（今首尔）撤回的两所“帝国大学”的部分教员，于1946年11月组建了日本中部地区唯一的旧制法、文科大学——爱知大学。书院当年的调查报告、旅行日志等原始文本和编纂出版的书刊文献，几经转徙，现分别收藏于中国国家图书馆和日本的爱知大学丰桥校舍图书馆。笔者1998年至2001年在爱知大学讲学期间及其前后近十年，浏览这批文献并作初步研究[①]，获得两层认知：一者，近代日本所做中国调查的巨细无遗、切入底里，应引起国人警醒；二者，这批文献提供的具体材料，是研究清末民国社会的文献渊薮，理当加以议论，其展示的实证主义调查研究方法，也可供参酌借鉴。令人欣慰的是，国家图书馆深谋远虑，将该馆有关东亚同文书院中国调查的巨量藏本整编条贯，影印出版（见图 1），这确乎是有益当下、惠泽来世的恢宏举措。

图 1　国家图书馆编东亚同文书院中国调查系列图书

一

近邻日本注重研考中国，自古已然，近代尤烈。

古代中国曾长期雄踞文化高势位，物质文化、制度文化和观念文化领先于包括日本在内的周边诸国，三千年间一直是文化输出源地。秦汉间中华文化即传往日本。隋唐（日本推古至平安时期）以降，作为文化受容国的日本，摄取中华文化更成为自觉国策。受天皇政府派遣，阿倍

① 1996 年，笔者初访爱知大学后，撰《日本“中国学”的启示——访问爱知大学有感》（《江汉论坛》1996 年第 10 期），后又出版《上海东亚同文书院上海大旅行记录》（商务印书馆，2002）、《东亚同文书院中国调查资料选译》（社会科学文献出版社，2012）。

仲麻吕（？～770）、吉备真备（695～775）、藤原清河（706～778）、玄昉（？～746）、空海（774～835）、圆珍（814～891）、荣西（1141～1215）等数以百计的官员、游学生、游学僧竞相前往唐宋踏访，结交华夏士子，研习汉字汉文、生产技术、典章制度、宗教教义教仪、艺文哲思等多方面文明成果，并留下不少目击记、闻见录。仅以入华高僧的纪行文而论，著名者便有入唐日僧最澄大师（767～822）的《历行钞》，谥号慈觉大师的圆仁（794～867）的《入唐求法巡礼行记》，入宋日僧成寻阿阇梨的《参天台五台山记》，入明日僧瑞䜣和尚的《入唐记》，策彦和尚的《初渡记》《再渡记》。古代日本人的中国踏访，是求教于先进文化的学习性考察。日本推古三十一年（623），入唐学问僧给天皇的奏本说："大唐国者，法式备定，珍国也，常须达"（《日本书纪》卷22，推古天皇三十一年七月条）。表达了向文化先进的大唐学习的强烈愿望。

这种运行达两千年之久的中国向日本传输文化的趋势，到明治维新以后发生逆转——原来是汉字文化圈外缘和文化输入国的日本，因学习西洋、建设近代工业文明有成，社会发展走到中国前头。逐渐强盛起来的近代日本，踏查中国的热情较之古时有增无减，而其目的，则由学习、师法变为觊觎、侵略中国。

明治维新展开的日本近代化进程，于资本原始积累、实现产业革命的初始阶段，适逢世界资本主义向帝国主义转化时期，而日本古来即自视"神国"，素有"八纮一宇"雄心，在近代条件下，迫不及待地乘上帝国主义战车，参与瓜分乃至独占邻邦的恶行中。鉴于地缘特点，日本的矛头直指东亚，朝鲜半岛首当其冲，中国则是主要目标。而多方面考察作为侵略对象的中国，遂成为近代日本持久的战略工程。这既是日本研习中国的两千年传统之近代转型，也是对欧美考察殖民地做法的直接仿效。

欧美列强率先完成工业革命并掌握近代科学方法，其殖民扩张总是伴以对掠占国家的周密考察。采取实地勘察手段，沿着文化人类学等近代学术理路，周详调查对象国的自然资源与社会、人文状况，是西方列强从事的一项长期活动。鲁迅留学日本之际，对外国人“入吾内地，狼顾而鹰睨”，觊觎中国主权的踏查活动深怀忧虑，他于1903年作《中国地质略论》一文，列举了德国人利忒何芬（通译李希霍芬）的七次中国踏查，匈牙利伯爵式西尼的中国西部及西南踏查，俄国人阿布佉夫（通译奥勃鲁契夫）的华北踏查，法国里昂商业会议所的云贵川踏查。（鲁迅，1981：4～6）此外，史学界熟知的英国斯坦因、瑞典斯文赫定、德国格林韦德尔、法国伯希和等人前往中国西北考古，并将高昌、敦煌等处文物西传，也为此类显例。这些外人深入中国“堂奥”，都留有游记性或研究性著述，成为外国人考察中国的范本。

日本作为后起的资本主义国家，深感欧美列强此一旨趣，并身体力行，在有些方面较欧美更有过之而无不及。日本的域外踏查，以东亚特别是中国为首要对象，这是与其侵略范围相一致的。中日两国是“一衣带水”“一苇可航”的近邻，有着深刻的历史文化渊源，近代初期又都受到西方列强的殖民侵略，遭遇相似。日本自幕末“开国”之际，即十分关注在中国发生的鸦片战争、太平天国诸事态，以之作为日本决定国策的参考系数，遂于19世纪60年代初中期，四次遣使到上海等地，对中国情状作现地调查。（冯天瑜，2001）幕末日本的中国踏查，主要是试图汲取清朝衰败的教训，对中国受西洋凌辱尚有唇亡齿寒、惺惺相惜之慨，这在1862年访沪的高杉晋作（1839～1867）的《游清五录》等日本藩士纪行文中有所体现；然而，幕末踏查中国的某些藩士，面对清朝的衰朽，已流露出蔑华情绪，如与高杉晋作同行的峰洁甚至发出“若给我一万骑，率之征战，可纵横清国”的狂言。（冯天瑜，2001：283）这正是日本自丰臣秀吉以来对外扩张传统在近代早期的初步彰显。明治维新以后，日本国势骤强，正式确立“经略中国”“雄飞海外”的战略，形成以独占中国为目标的“大陆政策”。日本又有地近、文近、人种相近之利，其对中国调查的强度、规模和系统性，较之欧美诸国颇有后来居上之势。

早在19世纪80年代，日本便已开始对中国作系统调查，以地质矿藏考察为例，便有神保、巨智部、铃木的辽东踏查，西和田的热河踏查，平林、井上、斋藤的南方踏查。在文物考古领域，与英国人斯坦因、瑞典人斯文赫定同时，20 世纪初年，有日本伊东忠太的云冈石窟调查、大谷考察队的新疆考古并窃取壁画文书（著名的“大谷文书”，即由此而来）。

二

近代日本把对以中国为主体的亚洲大陆的实证性探察，视作日本与欧美列强一较高下的“使命”。日本官方、军方、商界出于军事、政治、经济目的，不断派出浪人、军人、商人、记者潜入中国各地作周密踏查，留下卷帙浩繁的文献材料，较成系统的有如下几类。

（一）学者、官员、商人、军人、浪人的个人踏访

19 世纪中叶以来，高杉晋作、名仓予何人、竹添光鸿、冈千仞、安东不二雄、宇野哲人等人相继作“禹域踏查”（日本人习称中国为“禹域”，即“大禹的国度”），留下大量纪行日记、随笔，竹添光鸿的《栈云峡雨日记》、冈千仞的《观光纪游》、内藤湖南的《燕山楚水》、德富苏峰的《中国漫游记》为传世名篇，日本尤玛尼书房于平成 9 年（1997）出版小岛晋治监修的《幕末明治中国见闻录集成》20 卷本，平成 11 年（1999）出版小岛晋治监修的《大正中国见闻录集成》10 卷本，即为这批纪行文的精选本，从中可以得见近代日本武士、学者、商人、军人、记者中国旅行见闻、评述的范围与深度。

（二）驻华领事的分区调查

日本外务省从明治 14 年（1881）起，将领事报告编为《通商汇编》年刊，继而改为半年刊。农商务省还于明治 18 ~ 21 年（1885 ~ 1888）创办《农商工公报》（月刊），每号都载有“领事报告”。明治 19 年（1886）以后外务省下属的《通商汇编》更名为《通商报告》，明治 22 年（1889）底停刊，明治 27 年（1894）以《通商汇纂》复刊。汉

口总领事水野幸吉著《汉口》、内田佐和吉著《武汉港史》之类书籍，则是领事系统调查的副产品。上海日本总领事馆特别调查班的调查报告汇编《特调班月报》（1941），与侵华战争关系密切。

（三）满铁调查

1906年组建的南满铁道株式会社，建立了规模庞大的“南满铁道株式会社调查部”，在沈阳、吉林、哈尔滨、北京、上海等地设事务所，集中大批专家，从事中国社会调查工作。1939年4月，为适应扩大的侵略战争的需要，满铁调查部改组、扩充，从事“支那抗战力调查”“支那惯行调查”“日满支工业立地条件调查”“东亚重要物资自给力调查”“世界情势调查”等工作。30余年间，满铁调查部搜集的各种情报、档案、书籍、杂志、剪报等达二三十万件，并有数千种资料汇编、论著、刊物出版。

（四）兴亚院调查

1938年成立的兴亚院，由日本首相兼任总裁，陆军大臣、海军大臣、外务大臣、大藏大臣兼任副总裁，具体事务由总务长官负责。兴亚院的总部在东京，在中国的北京、上海等地设联络部，开展对中国的政治、经济、文化的“实态调查”，包括中国工业调查、重要国防资源调查、流通关系调查、社会调查等，发表两千份调查报告。

（五）“末次情报资料”

侵华日军北平情报机关“末次研究所”（负责人末次政太郎）对中外报刊以剪报形式作的中国调查，累积数千万言，2亿字，分755辑，广西师范大学出版社1994年将该资料的中文部分出版。

（六）各实业团体的经济、商情调查

日本兴亚银行1942年、1943年、1944年的《调查月报》，以及南亚海运株式会社的《调查内报》16卷，关于中国经贸及交通的调查十分详

细。类似的以“商战”为目标的调查报告甚多，如汉口商工会议所编的《汉口经济事情》(1936)。

(七)东亚同文书院的旅行调查

近代日本的中国调查，以满铁调查部所作的东北、华北、华东“惯行调查”最有名，自20世纪50年代开始，中国学术界开始整理满铁调查材料，已出版的满铁调查资料汗牛充栋。20世纪70年代以降，满铁调查材料逐渐为世界各国研究中国问题的机构和专家所使用。美籍华裔社会学家黄宗智关于华北小农经济研究（黄宗智，1986)，关于长江三角洲小农家庭研究（黄宗智，1992)，即依凭满铁调查材料。美国社会学家杜赞奇研究华北地区村级结构的论著（杜赞奇，2003)，马若孟关于近代华北小农经济之研究（马若孟，1999)，主要材料亦取自满铁调查。近年来，中国的近代史及社会史、经济史研究者也开始注意对满铁调查的研究。[①]

在近代日本关于中国调查的诸多系统中，踏访历时最长、覆盖面最广的并非满铁调查部，而是“东亚同文书会”组建的“东亚同文书院”。该书院及其前身汉口乐善堂、上海日清贸易研究所的中国踏查始于19世纪80年代中期，大体未间断地延续到20世纪40年代中期，近60年，满铁调查则不足40年。其调查地域遍及除西藏、台湾之外的全部中国省份的若干市、县、乡、镇乃至关隘、码头（虽未直接踏查西

① 苏崇民：《满铁史概述》，《历史研究》1982年第5期；刘永祥：《满铁情报调查机构述论》，《辽宁大学学报》1991年第3期；解学诗：《从史学博士白鸟库吉到右翼狂人大川周明——满铁的“满鲜”历史地理调查和“满蒙狂”煽动》，《社会科学战线》2003年第3期；郭洪茂：《“九一八”事变中的满铁》，《社会科学战线》2005年第5期；王珍仁：《满铁——日本侵华扩张的桥头堡、先锋队》，《东北史地》2006年第4期；解学诗：《论满铁“综合调查”与日本战争国策》，《社会科学战线》2007年第5期；丁海斌、陈楠：《“满铁”档案资料的构成研究》，《兰台世界》2008年第20期；解学诗：《满铁研究的现实意义和学术价值》，《中国社会科学院院报》2008年9月11日；李娜：《满铁对中国东北的文化侵略》，吉林大学东北亚研究院世界史专业2009年博士学位论文；庞喜海：《试论“满铁”的情报工作》，《江南社会学院学报》2009年第3期；徐志民：《“满铁”为害中国始末》，《世界知识》2011年第19期；李淑娟：《“满铁资料”研究的历史价值与现实意义》，《中国社会科学报》2013年2月20日。

藏，东亚同文书院也有多种研究西藏的论著），还涉足俄罗斯西伯利亚及远东、法属印度支那半岛、南洋群岛（满铁调查限于东北、华北、华东）。东亚同文书院的调查材料和著述基本保存完整，然而却“藏在深闺少人识”，被利用的程度远低于满铁调查。时下中国国家图书馆系统整理出版相关文献，或许将开创利用东亚同文书院中国调查材料的局面。

三

东亚同文书院的源头，可追溯到企图以日本为盟主对抗西方列强的兴亚论者荒尾精（1858～1897）于1886年创办的汉口乐善堂。该堂是日本明治时期“经略中国”的传奇人物岸田吟香（1833～1905）所办上海乐善堂的支店，以行销药材、书籍等为名并提供经费，开展“中国调查的试行调查”，范围重点在中国西北、西南地区。汉口乐善堂《外员探查须知》规定，访查对象包括“君子、豪杰、长者、侠客、富豪”，并将其姓名、住址、年龄、行踪详加记载。调查内容则包括各地“山川土地形状、人口疏密、风俗良否、民生贫富、被服粮秣”等。荒尾精于1889年返回日本，向日本参谋本部提交26000字的《受命书》，对中国的朝廷、内政、人物、军事、欧洲四大国（英、法、德、俄）的对华策略做了详细分析。（井上雅二，1910）

1890年荒尾精与当年在陆军士官学校的同学根津一在上海创设日清贸易研究所，该所招收150名日本学生，研习中国官话（北京话）、了解中国商事习惯及社会状况。学生修业四年，前三年为学科，最后一年为实地调查与实习。这种方式为日后东亚同文书院的课程设置奠定了基础。因运营资金枯竭，日清贸易研究所于1893年8月停办。荒尾精1897年在台湾染鼠疫去世。

1898年，“东亚同文会”在东京成立，会长为亚洲主义者、日本贵族院议长近卫笃磨公爵（号霞山，1863～1904，二战时期日本首相近卫文磨之父）。东亚同文会受到日本政界、军方、新闻界、工商界的支持，势头盛炽。

东亚同文书院及其前身的创始人荒尾精、根津一、近卫笃麿等，皆是日本“兴亚论”的倡导者和力行者。“兴亚论”又称“亚洲主义”，是明治至昭和时期重要的政治及思想流派，在朝野颇能呼风唤雨。“兴亚论”与蔑视亚洲邻国的“脱亚论”貌似相悖（前者反西方，后者亲西方），其实却互为补充，二者共同构成日本向东亚扩张之“大陆政策”的基础。“兴亚论”以日本的“国权主义”为核心理念，力主以日本为盟主，与中国“合纵”，与朝鲜“合邦”，使日本“指导”下的东亚组成“足恃”的力量，以阻遏欧美势力的东进。“兴亚论”还强调中日“同种同文”，汉字文化、儒家伦理是东亚诸国“亲和”的基础，日、中、朝赖此以“协力分劳”，实现“一体化”，在日本统领下抗衡西方。“兴亚论”的这一套构想，深刻影响了后来日本的各项政策。

东亚同文书院，其校名标示“东亚”，昭显“同文”，正暗藏着“兴亚论”玄机。

1899 年，近卫笃麿访华，在南京拜会两江总督刘坤一，鼓吹东亚同文会的亚洲主义宗旨，进而与刘商定东亚同文会在南京设立学校。1900 年 5 月，南京同文书院开办，院长为根津一（1860～1927）。因义和团事起，1901 年初书院迁往上海，更名为东亚同文书院，是日本在中国设立最早、最具规模的大学，首任院长根津一。学生从日本各府县招考，一届每府县两名，学生享受公费待遇，修业 3 年，教授汉语以及中国历史、政治、经济、文化等课程，并研习社会调查方法。书院在日本有“梦幻的名门校”之称，吸引了一批家道清贫、学业优异的青年入学。1939 年，东亚同文书院由 3 年制专科学校升格为 4 年制大学，更名东亚同文书院大学。

东亚同文会历任会长

第一任会长（1898～1904）：近卫笃麿（公爵，贵族院议长）

第二任会长（1904～1907）：青木周藏（子爵，日本外相）

第三任会长（1907～1908）：锅岛直大（侯爵，第十一代佐贺藩主）

第四任会长（1908～1936）：牧野伸显（伯爵，大久保利通之子，

日本政坛元老）

第五任会长（1936～1945）：近卫文麿（公爵，贵族院议臣，三次任日本首相）

东亚同文书院（大学）历任院长（校长）

第一任院长（1901～1902）：根津一（汉口乐善堂创始人之一）

第二任院长（1902～1903）：杉浦重刚（众议员，国粹主义者，裕仁天皇的老师）

第三任院长（1903～1923）：根津一

第四任院长（1923～1926）：大津麟平（台湾总督府官僚，岩手县知事，德岛县知事）

第五任院长（1926～1931）：近卫文麿（贵族院议长，东亚同文会副会长）

第六任院长（1931～1940）：大内畅三（众议员，1939 年升格为东亚同文书院大学后的首任校长）

第二任校长（1940～1944）：矢田七太郎（日本驻上海总领事，曾参加 1927 年东方会议）

第三任校长（1944～1945）：本间喜一（末代校长，爱知大学创始人）

东亚同文书院接受日本政府的财政援助，并在行政上接受日本文部省和外务省的管辖和监督。书院院长的任命、系科的置废、学制的变更等事务，大都由政府决定。该书院初设政治科和商务科，课程多与中国有关，以商业和经济为重点。从 1920 年 9 月起，该院设立中华学生部，招收中国学生。同时，东亚同文会开办天津同文书院（后更名为中日书院）和汉口同文书院，两校专门招收中国学生。日本官方 1921 年颁布的“238 号敕令”规定，该院毕业生的资格与日本国内专门学校相同。

东亚同文书院最具特色的举措，是历届学生作中国社会状况实地踏访，为此，书院设调查部、调查编纂部、“支那”研究部、东亚研究部，具体组织踏访实施和相关研究的展开。书院获得清政府及后来的北洋政府的承认，并领有中国当局颁发的通行许可证（民国要人孙中山、黎元洪、段祺瑞、汤化龙等皆为东亚同文书院的中国踏查题词），可以畅行无阻地到各省区访查，而学生通过长期的汉语及中国文化学习，又接受严格的社会调查训练，在各地活动较少语言障碍和习俗扞格。

东亚同文书院每届学生于高年级的一个学期（三至六个月），数人组成调查队（如晋蒙队、蜀汉队、云南事情调查班、胶济调查班、北满间岛经济调查班、长江流域调查班、南洋班等），乘船坐车，骑马徒步，至中国某地作周密的专题考察。其调查内容涉及各地经济状况、经商习惯、地理形势、民情风俗、多样方言、农村实态、地方行政等，愈往后期，调查愈趋于专业化，1901 年至 1945 年的 40 余年间，46 届 4922 名东亚同文书院学生，对中国各省区作地毯式立体调查，线路 700 多条。调查旅行历时最长的一次，是二期生林出贤次郎 1905 年的新疆考察，共 274 天，跋涉天山北路，直抵中俄边境伊犁。“汉口乐善堂”（1886～1889）—“日清贸易研究所”（1890～1893）—“南京同文书院”（1900）—上海“东亚同文书院”（1901～1939）—上海“东亚同文书院大学”（1939～1945）是日本开展中国调查历时最久、涉及地域最广的系统。

东亚同文书院测址在上海高昌庙桂墅里，1917 年迁至徐家汇虹桥路。1937 年抗日战争全面爆发，虹桥校舍被战火烧毁，书院一度迁至日本长崎。日军占领上海后，书院又返回上海，1938 年 4 月侵占交通大学闵行东川路校舍（交大已于 1937 年内迁），1945 年 8 月日本败降，东亚同文书院大学撤回日本。

爱知大学文学部藤田佳久教授将东亚同文书院的中国旅行调查分为 1901 年至 1905 年的肇始期（此间主要有山东调查和武汉调查），1906 年至 1919 年的扩大期（其标志是日本外务省 1907 年给旅行调查提供 30000 日元补助金，旅行调查扩及中国各省份），1920 年至 1930 年的圆熟期（调查专业化、细密化，调查材料整理颇见成效，突出者为 1921 年出齐的 18 卷本《支那省别全志》，马场锹太郎陆续出版《支那经济地理志》《支那主要商品志》等），1931 年至 1937 年的制约期（“九一八”事变后，中国政府不再支持东亚同文书院的中国调查，其调查活动限制在日军占领区）。

“七七”事变后中日战争全面展开，1937～1945年的调查活动因战争大受影响，故藤田佳久没有为这一阶段设定名称。而就笔者从文献材料所见及对尚健在的东亚同文书院大学后期校友采访得知，此间的旅行调查时断时续，但一直维持到1945年夏，其地域当然限于日军占领区。所以可将这8年称为严重制约期。四十四期生土门义男（1943年入学）于1998年5月9日在爱知大学接受笔者与刘柏林采访时说，他于1945年初夏参加旅行调查，线路是上海—青岛—热河—东北。三十六期生春名和雄1999年7月12日在东京霞山会馆接受笔者与刘柏林采访时说，他所参加的旅行组于1939年到江苏南通作社会调查，住在日军营房，并为日军作临时翻译。四十期生贺来扬子郎、四十二期生小崎昌业1999年7月12日在东京霞山会馆接受笔者与刘柏林采访时说，他们所在的两届因受战争影响，旅行调查开展得很不正规。四十五期生松山昭治于1998年5月9日在爱知大学接受笔者与刘柏林采访时说，他1944年春从日本长崎乘“吉林丸”出航，避过美军潜水艇，从朝鲜半岛西海岸转经山东半岛沿岸，到上海登陆，入东亚同文书院大学就读，只在1945年初夏为高年级同学旅行调查出发送行，自己这一届未及作旅行调查，1945年12月从上海返回日本。可见，东亚同文书院大学的旅行调查一直持续到日本败降。

四

东亚同文书院中国踏查类文献，约略分为以下几类。

（一）历届学生的旅行日志及调查报告原本或复写本

东亚同文书院历届学生在旅行踏查后，皆须撰写两种文字允作结业书。一为见闻性旅行日志，称《大旅行记》；二为专题调查报告，称《大旅行报告书》。这两种原件交书院图书馆保存，书院组织职员复写四份，分别呈送东亚同文会、外务省、农商务省。

东亚同文书院第十三期至三十二期学生的《大旅行记》《大旅行报

告书》(即 1935 年以前的部分),皆为十六开纸(美浓纸)本,以日文草书写就,共 707 册,现藏爱知大学丰桥校舍图书馆,笔者与刘柏林教授曾于 1998 ~2001 年多次前往阅览(当然只读到很少一部分),因存放多年,纸张色变、草书字迹模糊,日文水准甚高的刘柏林君及日本学者也极难识读。

东亚同文书院 1938 ~1943 年的《大旅行记》《大旅行报告书》现藏于中国国家图书馆(国图另藏有 1917 ~1935 年的部分,与爱知大学所藏有交叉),笔者与刘柏林于 1999 年曾在时称北京图书馆的专藏室观其大貌。

中国国家图书馆和爱知大学图书馆大体完整保存了东亚同文书院中国调查的原始文本。

(二)从旅行日志选编整理而成的年度旅行记

书院学生个人及班队留下数量颇多的“旅行记”“旅行志”“大旅行日记”“大旅行日志”,多由书院印行。此外,书院自第七期开始,历届多编有旅行记年度选本,时下得见的有如下数十种。

《一日一信》(第 7 期),明治 43 年(1910),上海东亚同文书院出版。

《旅行纪念志》(第 8 期),明治 44 年(1911),上海东亚同文书院出版。

《孤帆双蹄》(第 9 期),明治 45 年、大正元年(1912),上海东亚同文书院出版。

《乐此行》(第 10 期),大正 2 年(1913),上海东亚同文书院出版。

《沐雨种风》(第 11 期),大正 3 年(1914),上海东亚同文书院出版。

《同舟渡江》(第 12 期),大正 4 年(1915),上海东亚同文书院出版。

《暮云晓色》(第 13 期),大正 5 年(1916),上海东亚同文书院出版。

《风餐露宿》（第14期），大正6年（1917），上海东亚同文书院出版。

《利涉大川》（第15期），大正7年（1918），上海东亚同文书院出版。

《虎风龙云》（第16期），大正8年（1919），上海东亚同文书院出版。

《粤射陇游》（第18期），大正10年（1921），上海东亚同文书院出版。

《虎穴龙颌》（第19期），大正11年（1922），上海东亚同文书院出版。

《金声玉振》（第20期），大正12年（1923），上海东亚同文书院出版。

《彩云光霞》（第21期），大正13年（1924），上海东亚同文书院出版。

《乘云骑月》（第22期），昭和元年（1926），上海东亚同文书院出版。

《黄尘行》（第23期），昭和2年（1927），上海东亚同文书院出版。

《汉华》（第24期），昭和3年（1928），上海东亚同文书院出版。

《描线》（第25期），昭和4年（1929），上海东亚同文书院出版。

《足迹》（第26期），昭和5年（1930），上海东亚同文书院出版。

《东南西北》（第27期），昭和6年（1931），上海东亚同文书院出版。

《千山万里》（第28期），昭和7年（1932），上海东亚同文书院出版。

《北斗之光》（第29期），昭和8年（1933），上海东亚同文书院出版。

《亚细亚基础》（第30期），昭和9年（1934），上海东亚同文书院出版。

《出庐征雁》（第31期），昭和10年（1935），上海东亚同文书院出版。

《翔阳谱》（第32期），昭和11年（1936），上海东亚同文书院出版。

《南腔北调》（第33期），昭和12年（1937），上海东亚同文书院出版。

《风啊吹呀吹》（第34期），昭和13年（1938），长崎东亚同文书院三十四期生旅行志编纂委员会出版。

《靖亚行》（第35期），昭和14年（1939），东京东亚同文会业务部出版。

《大旅行记》（第36期），昭和15年（1940），东京东亚同文会业务部出版。

《大陆遍路》（第38期），昭和17年（1942），上海东亚同文书院大学出版。

《大陆纪行》（第39期），昭和18年（1943），上海大陆新报社出版。

二战以后，上海东亚同文书院校友又续编当年旅行记，如昭和45年（1970）出版《续千山万里》，昭和55年（1980）出版《续风啊吹呀吹》，昭和59年（1984）出版《续靖亚行》。

近年来，日本方面继续整理出版东亚同文书院材料，如藤田佳久编《东亚同文书院中国调查旅行记录》（第1~3卷，爱知大学刊），谷光隆编《东亚同文书院大运河调查报告书》，沪友会编《东亚同文书院大旅行记录》等。

（三）调查报告专题选本

调查报告是东亚同文书院历届学生旅行踏查留下的主要文本成果。中国国家图书馆、爱知大学丰桥校舍图书馆藏有大批调查报告原本和复写本，亦藏有由东亚同文书院调查编纂部整理出版的多种《调查报告书》，下举“圆熟期”数年之例，可见一斑。

《山东省石炭调查》（1927）

《上海附近食料品市场》（1927）

《南洋华侨之现状》（1927）

《北满间岛金融》（1927）

《山东的劳动者》（1927）

《以上海为中心的船舶业》（1927）

《上海的同业团体（附同乡团体）》（1927）

《华南滇越的劳动状况》（1928）

《佛领印度支那东京华侨调查》（1928）（“佛”即法国）

《比律宾教育调查》（1928）（“比律宾”即菲律宾）

《民国十七年四川各军概况及裁兵事情》（1928）

《东三省铁道调查报告》（1928）

《南支那海运调查》（1928）

《阿片调查》（1928）（“阿片”即鸦片）

《广东地方的丝业调查》（1929）

《南支沿岸都市调查》（1929）

《青岛港之调查》（1929）

《满蒙农家经济状况》（1929）

《北京书业调查》（1930）

《羊毛调查》（1930）

《武汉英人企业大势》（1930）

《南满农民生活状况》（1930）

《粤汉铁路沿线经济调查班贸易调查》（1930）

东亚同文书院整理出版的此类调查报告现存数百种，笔者等编的《东亚同文书院中国调查资料选译》3卷本可见其若干侧面。

五

东亚同文书院及其前身在大规模开展社会调查的基础上，致力于调查素材的综合整理工作，如1892年根津一利用“汉口乐善堂”、上海

“日清贸易研究所”的调查材料，编纂出版《清国通商总览——日清贸易必携》。该书2编3册2300余页，分地理、交通、运输、金融、产业、惯习等项，成为当时日本从事对华各项活动的百科辞典，也是今人研究清末社会（特别是经济）的系统文献。

1901年以后，东亚同文书院、东亚同文会更组织专家，对书院学生的巨量调查报告作综合研究，编纂了一系列的出版物。

（一）专题论著

《清国商业惯习及金融事情》，东亚同文书院编，东亚同文书院1904年出版。

《支那经济全书》，东亚同文会编，第1～7辑东亚同文会1907～1908年出版；第8～12辑东亚同文会1908～1909年出版。

《支那省别全志》18卷，东亚同文会1917～1920年在东京编纂出版。第1卷广东省（附香港、澳门），第2卷广西省，第3卷云南省，第4卷山东省，第5卷四川省，第6卷甘肃省（附新疆省），第7卷陕西省，第8卷河南省，第9卷湖北省，第10卷湖南省，第11卷江西省，第12卷安徽省，第13卷浙江省，第14卷福建省，第15卷江苏省，第16卷贵州省，第17卷山西省，第18卷直隶省。

《新修支那省别全志》9卷，东亚同文会1941～1945年在东京编纂出版。第1卷四川省（上），第2卷四川省（下），第3卷云南省，第4卷贵州省（上），第5卷贵州省（下），第6卷陕西省，第7卷甘肃省、宁夏省，第8卷新疆省，第9卷青海省、西康省。新修本所涉省份皆为尚未被日本侵占的国统区，此志书显然是为日本攻略大西南、大西北作资料准备。

《以上海为中心的学生运动》，曾根喜久男编著，东亚同文书院1929年出版。

《扬子江流域各省农村经济与农民运动》，镰田龙男编著，东亚同文书院1929年出版。

《农村自治》，泽登誉编著，东亚同文书院1930年出版。

《中国领事裁判论》，东亚同文书院大学东亚研究部编著（1932）。

《日本殖民政策的台湾实施及影响》，藤次博编著，东亚同文书院1933年出版。

《支那经济的地理背景》，马场锹太郎著，东亚同文书院支那研究部1938年出版。

《支那水运论（附满洲国水运）》，马场锹太郎著，东亚同文书院支那研究部1938年出版。

《对支文化工作论》，东亚同文书院支那研究部编著（1939）。

《蒋政权非常时期难民对策立法》，东亚同文书院支那研究部编著（1940）。

《湖北省省政调查》，井上俊一郎编著，东亚同文书院1941年出版。

（二）研究中国的刊物及语言研究书刊

《支那研究》（1～58号），东亚同文书院支那研究部编。

《沪友学报》，东亚同文书院大学沪友同窗会编。

《华语萃编》（1～15集），东亚同文书院编。

《旅行用语：北京官话》，东亚同文书院编。

《沪语津梁》，御幡雅文著，东亚同文书院1926年出版。

《华语月刊》，东亚同文书院华语研究会编。

六

对东亚同文书院中国调查作历史观照，可以获得两重认识。其一，近代日本进行的中国调查，系“大陆政策”的产物，是为日本侵略中国的战略服务的。在这种调查开展之际，青年鲁迅便指出：“中国者，中国人之中国。可容外族之研究，不容外族之探检；可容外族之赞叹，不容外族之觊觎者也。”（鲁迅，1981：4）清末湖北留日学生也有类似评议：“彼碧眼儿之入吾室以窥伺吾长短”，“包藏祸心”。（张枬、王忍之，1960）而清末民初，“觊觎”中国，“入吾室以窥伺吾长短”的不仅是

"碧眼儿"（欧美人），近邻日本怀着更强烈的独占中国之心，在中国展开调查，窥探中国内里。这一历史真实，国人不可忘却。其二，日本的官方与民间，在一个相当长的时间内运用近代实证科学方法开展周详细密的中国社会调查，有些是对当时中国官方及民间零散资料的集中与整理，有些是运用社会学的实证调查方法采集第一手材料。经数十年积累，日本人掌握了关于中国经济、政治、社会、文化方面的翔实信息，留下卷帙浩繁的见闻录、考察报告，以及在此基础上编纂的志书、类书、研究专著等文献，为从事晚清民国政治史、经济史、文化史、社会史研究提供了直接或间接的资料，其调查方法的精密、系统，也足可借鉴。

毛泽东 1941 年在《农村调查》的序言和跋中，强调社会调查的重要性，并指出："中国幼稚的资产阶级还没有来得及也永远不可能替我们预备关于社会情况的较完备的甚至起码的材料，如同欧美日本的资产阶级那样，所以我们自已非做搜集材料的工作不可。"（毛泽东，1998：467）这里对"中国幼稚的资产阶级"来不及作较完备的社会调查的估量，大体符合历史实情，但需要补充说明的是，自晚清以降，一些有识之士已开始重视并亲自进行社会调查，如清末的湖北留日学生鉴于"各国人之于其国也，无一事不有调查会，或政府提创之，或人民自组织"，在 1903 年成立"湖北调查部"，对在本国、本省开展社会调查有所规划，列举了"政法上之调查""教育上之调查""经济上之调查""实业上之调查""军事上之调查""历史上之调查""地理上之调查""民族上之调查""出产上之调查""交通上之调查""外人势力上之调查"诸方面的调查细目。（张枬、王忍之，1960：443～452）限于条件，这一计划无法在晚清实现，民国时期，国民政府的某些部门，如地政局，曾组织力量作专题社会调查，留下一批宝贵材料，某些从西方学习社会学、民族学的中国学者，作过高水平的社会调查研究，并整理成书，如陈达的《南洋华侨与闽粤社会》（英文版 1939 年出版），费孝通的《江村经济》（英文版 1938 年出版），至今仍闪耀着光辉，被视作社会学范本。20 世纪 30 年代出版的"社会调查丛书"（中华平民教育促进会出版）也不乏佳作，如李景汉的《定县社会概况调查》（1932 年出版）便颇有价值。此后，各类调查研究报告陆续面世，如费孝通的《乡土中国》（1945年出版）、杨懋春的《一个中国村庄：山东台头》（1945年出版）、林耀华的《金翼——中国家族制度的社会学研究》（英文版1947年出版）、许烺光等人的《祖荫下：中国文化与人格》（1948年出版）等。这批在艰苦的条件下完成的社会调查论著，达到了令国际学术界肃然起敬的水准，足证中国人完全有能力在社会调查研究领域攀登高峰，当然，就整体而言，清末民国积贫积弱，战乱频仍，国家与民间无力作大规模、长时段、成系统的社会调查，而日本当年以强势国力为依托，以侵霸中国为矢的，对大江南北、黄河上下、白山黑水、西域大漠进行周密的社会调查，其积累的调查资料、研究著述及运用的调查方法，经过批判性辨析，可以为我所用，也理当为我所用。这正是中国国家图书馆影印出版东亚同文书院中国调查文献的宗旨所在。

参考文献

〔日〕井上雅二（1910）：《臣人荒尾精》，佐久良书房。

东亚同文书院（1901）：《东亚同文书院兴学要旨》，东亚同文书院。

〔美〕杜赞奇（2003）：《文化、权力与国家——1900～1942年的华北农村》，王福明译，江苏人民出版社。

鲁迅（1981）：《鲁迅全集》，第8卷，人民文学出版社。

冯天瑜（2001）：《“千岁丸”上海行——日本人1862年的中国观察》，商务印书馆。

黄宗智（1986）：《华北的小农经济与社会变迁》，中华书局。

——（1992）：《长江三角洲小农家庭与乡村发展》，中华书局。

〔美〕马若孟（1999）：《中国农民经济：河北和山东的农民发展（1890～1949）》，史建云译，江苏人民出版社。

毛泽东（1998）：《毛泽东著作选读》，下册，人民出版社。

张枬、王忍之（1960）：《辛亥革命前十年间时论选集》，第1卷上册，三联书店。

《警觉与借镜——东亚同文书院中国调查的启示》弁言

冯天瑜

> 中国者，中国人之中国。可容外族之研究，不容外族之探检；可容外族之赞叹，不容外族之觊觎者也。
>
> ——鲁迅：《中国地质略论》（1903）

中日两国“一衣带水”“一苇可航”，日本自古深受中国影响，形成了高度注意和重视研究中国状况的传统。日本人是一个勤于学习、善于学习的民族，尤其注意作实地踏查，通过掌握大量实证材料，求取对自然、社会、人文领域的确切认知。自古以来，文明相对后起的日本始终用心于外域调查，而作为其近邻和文化母邦的中国，一直是日本人考察研习的主要对象。在古代，日本的遣隋使、遣唐使、遣宋使，以及入华学者和佛徒，实地考察中国，其观照之深入细致，记述之详尽，返国后推介中华文化之真切，皆令人赞叹。而古时日本考察之目的十分明确——学习先进的中华文化（包括农业、手工业技艺，汉字、汉籍、律令制、儒学、华化佛教，乃至礼仪、风俗等），以滋养日本自身、赢得前行的参照，著名的大化改新便是以唐文化为模型的变革。有人统计，自两汉魏晋至唐宋元（即日本的弥生时期至平成、平安时期乃至镰仓幕府时期），日本与中国的文明水平差距逐步缩小，至明清时期（即日本的室町幕府、江户幕府时期）已大体相当，这正是日本勤于调查、善于学习的结果。截至近世，日本虽自认“中华”，并有侵略中国的计划乃至行动（如日本战国末期军事强人丰臣秀吉发动侵朝战争，矛头直指万历时的明朝），但近代前夜日本人的主流意识还是“师事中华”。拙著《日本对外侵略的文化渊源》（高等教育出版社，2017）第二章对此有详细论述，现不赘述。

然而，近代情势发生根本性转化：明治维新以降，日本“富国强兵”“文明开化”“殖产兴业”进程迅疾，师法对象由中国转至工业化的欧美（所谓“脱亚入欧”），但值得注意的是，此际日本对中国的考察之勤，并未稍减，甚或更加广泛、深入、精密，不过其调查目的，已发生质变——从古代的仿效中国，转变成为掠占中国作准备。

近代日本制定以侵吞中国乃至整个东亚为目标的“大陆政策”，为实施此一战略，日本官方和民间长期开展大规模中国调查，学者、军人、浪人、商贾多有私家踏访（留下诸种纪行文字），而军部、外务省、通产省乃至皇族，更以国家之力，组建强劲的调查机构，而各实业团体、重要报刊，也不甘于后，相继成立调查团体，开展各种专题考察。

16 世纪以来，西方殖民主义国家（从西班牙、葡萄牙，到荷兰、英国、法国，以至德国、俄国、美国）为掠占并统治亚、非、拉美诸殖民地、半殖民地，对其地其民作系统调查，逐渐涉及不同的调查领域（包括地质学－地理学考察、社会学考察、文化人类学考察等），中国亦为其考察对象。鲁迅 1903 年撰《中国地质略论》，列举德国人利忒何芬（今译李希霍芬）长达三年行程两万里的中国踏查，匈牙利（时为奥匈帝国一部分）人式西尼的长达三年的中国踏查，俄国人阿布佉夫（今译奥勃鲁契夫）的中国踏查，法国里昂商业会议所（今译里昂商会）的中国踏查。19 世纪末跻身列强行列的日本效法欧美，将这种在殖民地、半殖民地开展实证调查的活动推到极致，系统而持续地搜集中国情报，鲁迅同文举出日本人神保、巨智部、铃木的辽东调查，西和田的热河调查，平林、井上、斋藤的中国南方调查，递和田、小川、细井、岩浦的复勘。青年鲁迅揭露这些西洋人及东洋人“入吾内地，狼顾而鹰睨”，觊觎并掠占中国的用意。（鲁迅，1981：4）清末湖北留日学生在《湖北学生界》第一期（1903）中也指出东西洋人“入吾室以窥伺吾长短”，包藏祸心。

近代日本确立对华扩张的国策，在1871年中日建立近代邦交之后的70多年间，通过各种来华人士（官员、海陆军人、工商业者、新闻记者、学者、学生、浪人等），进入中国社会，开展实地踏查。天长日久，这些资料积累数量之多，仅就现在还留存于两国的来说，便难以计数。

在日本的中国调查中，尤以南满铁道株式会社调查部1907~1945年的东北、华北、华东考察最为有名，近大半个世纪，满铁文献已为研究清末民国社会的中外学者广为使用（美籍华裔社会学家黄宗智所撰《华北的小农经济与社会变迁》《长江三角洲小农家庭与乡村发展》，美国社会学家杜赞奇所撰《文化、权力与国家——1900~1942年的华北农村》等学术名著，主要资料来源便是满铁调查报告。近40年来，中国学者以满铁调查为资料，也做了卓有成效的研究工作）。包括满铁调查在内的近代日本的中国调查，已成为研究近代中国不可或缺的资料渊薮之一。

在日本诸多中国调查系统中，上海东亚同文书院的“禹域踏查”持续时间最长（1900~1945年，其前身汉口乐善堂的调查活动更开始于1886年、上海日清贸易研究所的调查活动开始于1890年），涉及地域超过仅限于东北、华北、华东的满铁调查——东亚同文书院的踏访抵达了除西藏、台湾外的全部省区（西藏虽未入直接踏查范围，东亚同文书院也利用间接材料做出了调查报告），其观照范围甚或延伸至东南亚（中印半岛及南洋群岛）和俄国西伯利亚及远东（这恰与二战前夜日本制定的“南进”和“北进”方案所涉地域相吻合）。东亚同文书院的“卷地毯式”调查，运用近代西方实证性专题考察方法，时空分布周到，细节详尽，留下卷帙浩繁的“大旅行记”“调查报告”，且文本保存完整：昭和二年（1927）二十四期生至昭和十八年（1942）四十期生的原始文本藏于中国国家图书馆，大正五年（1916）十三期生至昭和十年（1935）三十二期生的原始文本藏于日本丰桥的爱知大学图书馆，两者略相交叉，另有零星材料在台北与大连。当年东亚同文书院及日本外务省、通产省利用这些调查材料印行期刊，编纂若干专题论著和中国各省地方志。然而，相较于满铁调查的系统整理、大规模刊印、广被各国研究者采用，东亚同文书院的中国调查仍属乏于推介，以往世人对其关注度和采用度，远不及满铁调查的中国调查，其文献基本处于“藏在深闺无人识”的状态。这当然是一种缺憾，却也为今人留下“创榛辟莽”的广阔空间。

笔者于20世纪与21世纪之交被聘为爱知大学（东亚同文书院后身）专任教授，几年后又在京都的国际日本文化研究中心作研究员，得以考察包括东亚同文书院中国调查在内的诸相关文献，并与吾之挚友、充满爱国主义激情的刘柏林教授一起于1998～2001年在东京、名古屋、丰桥等地采访尚健在的东亚同文书院大学老校友多人（近年获悉他们纷纷谢世，当年的访谈确乎是“抢救”口述史料），了解关于东亚同文书院中国调查的实施状况。经阅览、查访、研究，较具体地知晓日本明治、大正、昭和年间为侵华作准备的中国调查“用心之深”“用力之勤”，并真切地认识到这批文献对于清末民国研究所具有的重要资料价值，以为任其闲置，实在大不应该，遂不顾己力之单弱，不计某种谤议，于20年间勉力介绍、评析此一文献系统，以期引起国人重视并利用此一封存已久的文献系统。

笔者以为，发掘、考析东亚同文书院规模浩大的中国调查文献，至少具有两方面意义。

其一，可引起国人警觉——勿忘昔年日本侵华用心之深切、用力之坚实，勿忘应当向强敌学习，认真作国情调查、外域调查。笔者有感于此，多年来除一再建议整理、研究东亚同文书院中国调查文献外，还呼吁我们自己开展系统社会调查，约六年前，湖北省社会科学界联合会采纳吾之建议，组织全省社会科学工作者深入诸领域作实证考察，成果汇为《中国调查丛书》（已出《湖北省籍企业农民工生存状况调查》《汉水文化调查》《混合所有制经济发展调查》等十余种。调查仍在进行中，可谓方兴未艾），有关方面初尝专题社会调查的益处。

其二，东亚同文书院中国调查，无疑是服务于日本的侵华战略的，然其调查材料的存史价值不可忽视。参与调查的历届书院师生受过近代专业训练，从事有周密规划的分地域、分专题的实证考察，故调查材料包蕴的信息量巨大，而且较为精确，积贫积弱的清民之际散漫的国情收集工作难以与之相比。而且，日本与中国文近、种近，较欧美人士更易于深入中国社会内部作具体考查，故东亚同文书院的海量调查材料可弥补近代中国社会调查资料之短缺、零散的不足，经审慎考析，可为研究清末民国经济、政治、文化、社会结构、风俗习惯，提供较系统的实证性材料和方法论借鉴，故理当整理、公布这批文献。值得庆幸的是，国家图书馆出版社于2015年影印出版东亚同文书院编的《中国省别全志》50册，2017年出版《东亚同文书院中国调查手稿丛刊》第一辑124册，第二辑百册左右在整理出版过程中，此乃高瞻远瞩之举。而利用这批文献开展研究的工作，正在启动，吾辈乐观其成。

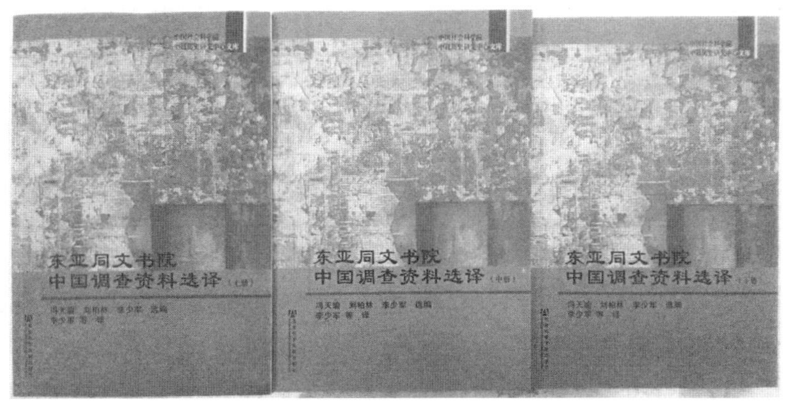

图1 《东亚同文书院中国调查资料选择》上、中、下册

本人主业研习中国文化史（以明清及近代为重点），与之相关联，业余从事东亚同文书院中国调查之考析，已历20余年，自1996年起，陆续撰写评介文章，继而选译出版东亚同文书院旅行记、调查报告数种，以《东亚同文书院中国调查资料选译》上、中、下册（社会科学文献出版社，2012）较为详备、适于采用（见图1）。近年获邀参与国家图书馆东亚同文书院中国调查文献的整理出版工作，充任顾问或主编，撰写长篇前言、解说，对此一文献系统的原委及价值略作辨析与推介，并相约与长期执教爱知大学的刘柏林教授、湖北大学聂运伟教授联手撰述《警觉与借镜——东亚同文书院中国调查的启示》，试图借评介东亚同文书院中国调查之契机，加深国人对近代日本侵华谋略的认识，激发向强劲对手学习的志趣，以为推动中国社会调查事业及晚清民国史研究略尽绵薄之力。

参考文献

鲁迅（1981）：《鲁迅全集》第 8 卷，人民文学出版社。

"五四运动"后上海东亚同文书院学生眼中的中国

刘柏林[*]

【摘　要】 中国"五四运动"的爆发与邻国日本有着直接的因果关系。所以，日本对"五四运动"后中国社会变化的关注度不言而喻。"五四运动"后的第一年（1920），上海东亚同文书院立即恢复了因"五四运动"爆发而中断了一年的中国踏查。书院立即组织应届毕业生（第十六期生）①，开展在中国的第13次大旅行调查。此次调查分成14个调查组，从3月开始，历经2个月，先后踏查了东北、华北、华东、西南等近百个市、县、村，把耳闻目睹的中国实况记录下来，并于同年4月汇总整理出一共31卷的调查报告书。此次调查报告书中第31卷的题目是《在"支那"（中国）内地排日、排货之状况》，较详细地记述了"五四运动"后，中国社会各阶层人士对这次运动的反响，特别是对待日本的态度。通过这个调查报告，我们可以从另一个视角看到"五四运动"和当时中国各阶层人士对日本人的不同反应，以及当时的日本学生是如何看待中国及对改善

* 刘柏林（1952～），日本爱知大学现代中国学部教授，国际交流中心主任。主要研究方向为中日语言文化比较、近现代中日关系。主要著述有《通向日本》《荒尾精与汉口乐善堂》《日中関係における大きな障碍》等。电子邮箱：bailin@ vega. aichi－u. ac. jp。

① 1917年8月入学，1920年6月毕业。本文中"上海东亚同文书院学生"简称"书院学生"。

日中关系的看法。笔者对此报告书进行了较详细的查阅、整理并加以论述。力求从客观的角度展现当时日本人是怎样看中国的，中国人又是如何对待日本人的。此文若能为今后研究近代中日关系，了解两国关系中的这段历史有所帮助，则笔者倍感荣幸。

【关键词】“排日” 抵制日货 山东问题

一 书院学生第13次旅行调查的历史背景及方法

（一）历史背景

1914年7月，第一次世界大战爆发，日本依仗英日同盟侵略中国山东，占领了青岛。次年日本大隈重信内阁逼迫袁世凯政府同意日方提出在山东、南满洲（中国东北南部）、内蒙古享有所谓特权，接受对华“二十一条”要求。当时，袁世凯政权除了没能接受该条约第五条的第7款内容“接受日本顾问”外，对其他条款都予以接受。1918年11月，第一次世界大战宣告结束，1919年1月，在巴黎召开和谈会议，中方提出收回德国在山东的特权，废除与日本签订的《二十一条》不平等条约。中国人普遍认为袁世凯签订的《二十一条》是丧权辱国的不平等条约。

对此，1919年5月4日，北京大学、高等师范学校等13所学校的3000多名学生，举行了集会、示威游行、请愿等，抗议当时政府的丧权辱国决定。有不少市民、工商界人士、社会中下层人士等参加。学生和市民克服了重重阻挠到天安门前集会示威，高喊“外争主权，内惩国贼”“废除21条不平等条约”“抵制日货”等口号。这就是中国近代史上的“五四运动”。中国史学界把这次运动认定为中国人民彻底反对帝国主义、封建主义的爱国运动。“五四运动”是中国旧民主主义革命的结束和新民主主义革命的开端，其后的中国工人运动、农民运动也都受到了这个运动的影响，标志着中国革命进入了一个新的历史阶段。“五四运动”在中国近代史上是一次重大的带有象征性的事件。毛泽东1940年

1月在他的《新民主主义论》一文中说：“五四运动是反对帝国主义的运动，又是反对封建主义的运动。”（毛泽东，1991）在中国的现代历史教科书里，有关“五四运动”的内容是必不可少的。

中华人民共和国成立后，中央人民政府政务院于1949年12月正式宣布5月4日为“中国青年节”。数十年来，在中国出版发行了不少有关“五四运动”的思想、理论等方面的学术报告及书籍。但是，反映日本人当时是怎样看待“五四运动”及如何观察当时中国社会内容的书刊却极其罕见。笔者想借助上海东亚同文书院第13次在华调查报告内容，让国人了解一下日本人当时是怎样看待“五四运动”的及当时日本学生眼中的中国社会，以及日本人观察到的所谓“排日”“抵制日货”“山东问题”等又是何种情况。

书院学生在调查报告第31卷第五编第一章总论中记述：“转年5月，以山东问题为爆发点，在中国突然发生抵制日货运动。只在数月间就变得极其‘猖獗’，商品交易几乎濒临完全停止，尔后逐渐有所缓和。10月末11月初，商品交易才出现恢复势头。可是，在11月底又发生了福州事件[①]，再次引发出抵制日货运动，此次运动仅在数日，几乎波及整个中国，商品交易几乎停滞。”

从以上所述内容可以看出，当年的“五四运动”气势磅礴，势如破竹，抵制日货仅用数日几乎波及整个中国，商品交易几乎停滞。从那时起，中国人民的民族意识开始觉醒，首先在中国东部城市开始。从此，中国人逐渐对日本在华所作所为变得敏感警觉起来。学生和市民找到了他们认为对日可行的“武器”就是“抵制日货”。因此，学生运动开始奏效，日本在华的商品交易陷于瘫痪。书院学生认为此举“猖獗”，仅此一词便可知道日本学生对“五四运动”所持的立场、观点。

① 中国人称“福州惨案”。1919年11月16日，日本驻福州领事馆为了阻挠“抵制日货”的学生运动，纠结在福州的日本居留民团数十人，持械寻衅，故意与学生发生冲突，打伤学生7人，殴毙1人，多名市民受伤，震动全国。

（二）调查地点的选择

选择调查地点是每次调查活动开展前必须做的一项十分重要的策划工作，不同的场合有不同的人群，调查地点的不同能够给调查者带来更多的资源选择。“五四运动”的次年（大正 9 年），书院师生经过一年的养精蓄锐，从第十六期毕业班开始恢复在华的旅行调查，即第 13 次旅行调查。东亚同文书院的中国踏查内容、路线都是书院师生精选策划而定的。

第 13 次旅行调查除了以往调查科目所涉及的经济、金融方面以外，还重点调查了中国的所谓“排日”“抵制日货”状况及中国人对日的感情。仅就此项调查而言，其路线遍及中国的东北、华北、华东、西南等城市和乡村，调查点达近百处，而且在同一年，对同一内容，几个班交叉调查，这可以说是此次调查的一大特点。

书院学生把调查重点放在人口众多的大城市。在北京、天津、上海进行了反复调查核实。当年组织了 14 个调查班，其中 8 个班先后到过调查重点地区北京、天津等地。6 个班在上海调查。也许是他们觉得这几个城市是学生运动“重灾区”的缘故。但是也不能排除书院学生有想到上海以外的各大城市走走看看的念头。调查班同时也去了不少中等城市，如济南、南京、福州、厦门、南昌、武昌、长沙、大连、奉天（沈阳）、郑州等地。还去了很多至今也不太被人知晓的偏远乡村。他们选择农村的重点区域大多数在山西、河北、山东、湖北、湖南。可以说他们所选的调查点是相当有代表性的。调查点越多，反馈回来的信息越多，越能说明其调查结果的客观性。

主要调查地点如下。

北京、天津、上海、济南、南京、福州、厦门、南昌、武昌、长沙、大连、奉天（沈阳）、郑州、澳门、广东、香港、汕头、青岛、德州、洛阳、石家庄、太原、九江、丰城、靖江、新崳、宜春、萍乡、长沙、岳州、临湘、聂家市、蒲圻、汉口、兖州、回府、沧州、张家口、徐州、韩庄、夏镇、徐家口、马家口、南阳镇、鲁桥、济宁、大龙王庙、五里庄、汶上县、安山驿、戴家庙、十里铺、东阿县、东昌府、临清、武城、故城、阴山、大同、开封、洛阳、孟津、清华镇、新乡、高碑台、易州、唐昌、蔚州、广灵、浑源、大同、丰镇、湘潭、衡州、芜湖、沙市、宜昌、韶州、郴州、永兴、莱阳、梧州等。

他们几乎走遍了中国的东半部，涵盖人口密集的都市、中等城市、县城及乡村。有些地方由于地理位置或交通不便等，至今仍鲜为人知。

（三）调查内容的确定

第13次旅行调查主要内容大体可分为26项。

1. 英国人和美国人在华经济活动情况

2. 中国棉花生产、销售状况

3. 中国毛皮生产和销售状况（天津、河南、山西、张家口、锦州、直隶）

4. 大运河水利设施和航运状况，其沿岸城市的物产、商业状况（山东）

5. 长江流域制造业、交通、金融业、商业、贸易状况

6. 汉口、九江产麻及麻布生产销售情况

7. 汉口的茶叶市场

8. 北方地区借贷企业情况

9. 青岛、济南、天津牛皮、牛骨行情

10. 天津、北京、张家口的金融状况

11. 南方地区（长沙、广东）的借贷及企业情况，日中合办事业、铁路建设借贷状况

12. 南方（台湾）移民问题、外来务工情况、有关移民的各种机关、南方海外移民和金融关系

13. 南方地区的仓储及各地的仓库业

14. 香港、广州的外国银行及中国新银行

15. 上海织布、棉花进出口、生产加工、纺织业状况及交易状况、工厂经营状况、中国工人的劳动效率及工厂经营情况、造纸业、面粉加

工业、榨油业、制麻业、毛织业、丝绸产业、制革业 、火柴、玻璃

16. 上海的海上保险法、保险业状况

17. 开港前的广东通商史、航海、鸦片交易

18. 澳门的鸦片交易

19. 矿山常用语

20. 淄川煤矿、金岭镇铁山、抚顺老虎台坑土砂充填法

21. 山东煤炭销售渠道

22. 中国南方砂糖和造纸业

23. 两广及香港的香料业、皮革业、天然染料、发酵业、南方的桐油

24. 广东附近的重矿石以及汕头、湖南汝城、江西南安的钨矿

25. 桃冲、大冶铁矿山，抚顺煤矿等

26. 中国“排日”“抵制日货”状况（汉口、山东、河北、长江流域、广东、湖南等地）

由此可见，书院学生的第 13 次调查内容之广，除了军事以外还包括铁路交通、金融保险、港口、矿山、民情等。可以把此次调查内容筛选分为“常规”和“热点”两类。以往书院学生调查的内容以经济、金融、民生为主，此类可被称为“常规”课题。此次调查开始时“五四运动”刚结束，是当时中国人对日反应敏感时期，调查“排日”“抵制日货”“山东问题”，可称为“热点”课题。他们当年旅行调查回来后一共整理出 31 卷调查报告书。笔者关注的此次调查内容与以往不同的是除了“常规”课题外，还把了解当时中国民众对日本的看法列入了调查范围。而且，专为此项调查，整理书写专题报告书的第 31 卷调查报告。此卷也是第 13 次调查报告的最后一卷，该卷分成 15 编，题目是《在“支那”（中国）内地排日、排货之状况》，较详细地记述了中国社会各阶层对“五四运动”的不同反应，以及当地人对日本人的态度。这些都是颇有价值的史料，是我们今天了解当时的中国国情和中国百姓对日本的认知，以及日本青年人对日中关系走向看法的重要材料。

（四）调查对象的设定

调查选择不同的人群肯定会得出不同的回答内容，获得不同的资料和信息。为了解当时中国人对日态度，书院学生第 13 次调查队注意调查对象选择的代表性、广泛性。改变以往调查时只把官僚和商人作为主要调查对象的倾向，把军人、教师、学生、农民等也列入调查对象范围。通过这次调查报告可以看出他们比较重视官僚、军人、教育界的对日态度，以及人们对日态度的细微变化。不仅如此，还对调查对象的一举一动都进行了观察分析。报告书中把调查对象分为：官界、军界、教育界、学生界、商界、农业界、妇女儿童 7 个群体。调查队每到一地，基本是按以上调查对象的排序，逐一广泛接触。从拜访当地官厅或县衙及当地的名人开始，然后再与当地的下层人士打交道。

这里的“官界”是指当时地方政府行政官员，包括维持治安、指挥交通的公务人员，如县知事、警察署长、巡警等。“军界”不是指一般士兵，报告书中出现的军方人物都是有知识的军官。教育界人士是指学校的管理者。报告书中没有直接从事教学活动以及和学生每天打交道的教师的情况。通过报告书知道书院学生力图和大学生接触，但是这一群体的人对书院学生的到来态度冷漠或者拒绝接待。“商界”是书院学生调查的主要对象。

二　对“排日”情况的调查

报告书中所说的“排日”用现代语言表达，就是指“反日”。在此按上述调查对象的排序，分别介绍各阶层的人对当时形势的看法及对日态度。

（一）地方官僚

从报告书记述内容可以看出，当时各地的官僚对来访的日本学生有的是真心表示友好，有的是表面上友好。从整体感觉而论，书院学生的结论是“这一阶层的人根本谈不上什么排日”。其中，书院学生大加赞赏当时被评为所谓“支那”（中国）模范省山西督军兼省长的阎锡山，对他在军事上采用日本模式，在教育、警察制度上借鉴日本体系的做法表示赞叹。书院学生认为：阎锡山亲自题写“民德四要”（信、实、进取、爱群）额匾，以及列举训言 34 条，以此展示国民道德大纲，教育山西省民。所以，当山东发生问题时，中国各地都发生了暴动，但是在山西省却没听到过反日的呼声。从太原到大同的沿途各县知事都亲切地接待了书院学生，有的还专门派护兵对书院学生进行保护，并给他们提供马车。书院学生到广灵县时，县知事召集了主计员、承政员等衙门的主要官员，为日本学生接风洗尘。所以书院学生从太原到大同的旅行，一路上很愉快。书院学生在报告里感慨地写道：“这应该归功于山西督军阎锡山在教育界、实业界清除了排日派的结果。因此，在他管辖地方的各行业都听不到排日的声音。”

在河北蔚县，县知事还特意到书院学生住地回访，为书院学生题字以表慰劳。该县的警察署长也特意赶到书院学生住处看望。此人只知道日语里的“君”和“我”的意思，尽管如此他还是跟书院学生神侃了一番。书院学生把他们的这种行为看作想取悦日本人的套词。书院学生拜访易县知事时，得知知事的儿子毕业于日本明治大学。从知事的言谈话语中也能感受到他身上的中国人习性，该人没对日本学生表示出什么好感。但是到了农村，那里的民风很纯朴，路遇小学生，孩子们见到日本学生，突然停步，立正脱帽敬礼。根据此现象书院学生分析“排日运动，还没侵蚀到乡下深处”。

在江西南昌，督军副官、省长公署的官宪接见了书院学生，与他们进行了交谈。书院学生感觉到那里没有排日迹象。这些官员还给到访的书院学生纪念册上题字留名。所以书院学生以此判断该省的省长、公署本人之所以对日本人亲善，可能是因他曾在日本山口县高等商业学校留过学。江西省广昌县知事周忠精毕业于日本法政大学，是亲日派。所以日本学生一到该县，警察署长就特意前往住处问候，对日本学生非常和善。告诉他们去下一站的路应该如何走，并为书院学生亲手画了一张去下一个县的路线图。书院学生反而对如此好意产生了疑问，“不知道他们这样做是出于亲日，还是他们不晓得现在有排日一事”。

在湖北汉口各国领事馆的领事中，日本领事濑川与王督军关系很好，每逢日本节庆，王督军肯定到场。濑川领事在王督军甲子庆典时，还带着绣有寿字的绸缎前去祝贺。可见濑川领事在王督军身上下了不少功夫，做了很多工作。书院学生评价王督军对日态度是“不媚不偏、正义公道地对待日本人及各国人。所以武汉地区局势相当平静。我们应该信赖我们的督军”。

在武昌，书院学生访问了省长公署的内务科长，同样也没发现他有排日迹象。据说该科长本人也曾在日本士官学校学习过，会讲一点儿日语。在他的桌子上还摆放着柳泽博士写的《日华共存论》一书。观其态度可知，他也是个亲日派。在武昌的路上到处可见巡警，他们对书院学生倍加关照，生怕他们遇到危险或碰到什么麻烦而引起外交问题。武汉官僚与日本官民关系一向良好，虽然爆发了排日运动，但是仍然保持着和日本人的交往，看不出有疏远感。对本省人的排日行为，督军和省长向全省发出告示，告诫人们不要盲动，禁止上街游行和演讲，控制报刊言论。同时采取解散学生联合会、停止发行激进报纸、提前叫学生放假回家等措施。尽管如此，“福州事件”发生后，在武汉还是有人召开了民众大会。书院学生认为他们所实施的取缔办法还不够彻底。当日本官员见到督军和省长时，督军和省长对其省民行为向书院学生表示遗憾，并强调要采取更加严厉的取缔措施。此后，武汉的局势一直很稳定。据说武汉督军和省长与日本总领事以及日本派来的司令官交往极其密切，对日方所提出的要求一向言听计从，所以日本学生认为武汉的官僚对日感情虽不能说是绝对亲日，但也相当不错。

在湖南长沙，书院学生访问了张督军的弟弟张敬汤。他在客厅里愉快地接见了学生，叫副官出面负责招待日本学生，并把书院学生请到自己的房间里，给他们讲“中日亲善”的必要性和中日两国唇齿相依的关系，欣然给学生题字。

在山东济宁，县知事对书院学生很友好，他哀叹中国学生的“鲁莽”之举，提出了中日两国人尽快合作的愿望。当地的警备队长宋德明在陈述了军界意见的同时，也讲述了他们是如何严加管束学生排日活动的。在怀庆县，衙门安排书院学生住宿，免收房钱。曲阳、山阴两县的知事也都到书院学生住处回访，特别是山阴县知事还送给学生礼物。饶州知事是北京人，也没有一点排日的意思。他也愉快地答应给书院学生的纪念册上题字。在德州县，书院学生访问了县知事，受到了热情接待。学生们和各界人士接触后感到他们都很亲切，没有排日的迹象。书院学生认为：那里的人可能是感受到了日本方面的威慑。宜春县知事蔼延轮、萍乡县知事范氏、临湘县知事裴瑾、萍乡县警察所巡警夏道衡、聂家市警察分署长刘学讲对书院学生都非常友好。他们斥骂外国人在华横行，对中国学生的“愚蠢暴动”感到愤怒。所以书院学生以此断言：“中国人中属于旧知识阶层或官僚的大部分人都是亲日派，不是反日的。此次排日运动完全是学生和一部分商人所为，应该知道官界并没有因此而动摇。”（上海东亚同文书院，1920）九江的警察还计划帮助商会镇压学生运动。

但是，书院学生在兖州府却遭到了冷遇。在访问县衙门时，先递上名片等候，没想到返回来的名片后面写着：“知事不在，无事请回”。所以书院学生以此推断该地官僚有排日情绪。这也与他们来前所耳闻的兖州府情况相符。

据说“南京地区一般官员自己主动参与排日活动的不多，但是很多人认为取缔学生运动不够彻底。眼下在官界对日本有恶感的人绝对没有”。通过上述内容可以看出，书院学生接触到的官僚中在日本留过学的或与日本有瓜葛的人不少，他们中绝大多数人对书院学生表现出热情好客，有的甚至过于殷勤，使书院学生有受宠若惊之感。报告书中有聂家市警察分署长刘学讲“斥骂外国人在华横行……”的记叙，这个警察分署长也许是在对书院学生顺情说好话，也可能是在指桑骂槐。因为他没有指名道姓，不知其在谴责哪个国家。

兖州府的回应使书院学生感到不快。那天是知事正巧不在，还是有意不见，又或者是知事不在，别人不敢代见，我们不得而知。但是让日本学生等了半天，返回来的名片后面写着“知事不在，无事请回”，看来是知事有意不见的可能性大，返回的名片上写着“无事请回”，给人一种谢客的感觉。笔者似乎看到当时的兖州府知事是一个山东大汉，有一股天不怕、地不怕的劲头。

总之，地方官僚中大多数人对日本学生表现出热情的一面，也有个别地方的官僚格外殷勤，对日本学生示好。也有人对本国学生的行动说些谴责的话，但是也有像兖州府知事那样对书院学生冷淡的。易县知事本人虽然没留过日，但是他的儿子毕业于日本明治大学。他和日本学生的言谈话语能使日本学生感受到知事身上的中国人的习性。这里的“习性”恐怕不是褒义，很可能是此县知事与其他县知事等官僚不同，没对日本年轻人献殷勤，而是不卑不亢，让他们感到不舒服。在日留学的中国人中，这类人很多。实际上并不像书院学生在调查报告中所判断的那样，地方官僚对日都是友善的。

（二）教育界

报告书中记述：“据说南京的排日根据地是金陵大学，所以在那逗留期间，我们虽稍感到有点危险，还是决定造访该大学。该校正如世人所知那样，是由美国人经营，有四五名中国教师，二十五六名美国教师。首先我们向中国教师递上了名片告知了来意，他们非常诚恳地为我们提供了方便，陪同我们去参观教室、宿舍等，还进行了介绍。学生们上课（用英语授课）时，他们给我们四人教科书并介绍课程情况，我们也参观了科学实验室，尽管是课外时间，他们也给我们做试验，观看历史课的教学。当我们提出想和他们照张合影，他们也欣然接受。在我们要离开该校时他们送给我们学校章程。被称为排日根据地的该校，能如此接待我们真出乎我们的预料。”

由此可知，此次去南京金陵大学的书院学生只有 4 人。他们去前有些忐忑，因为他们把南京金陵大学看作排日据点。但校方还是对来访的日本学生以礼相待，让日本学生参观学校的各种设施、观摩教学，并和来访者一起合影留念。调查报告只是记述参观学校的过程，没有提到和该校教职员的对话内容，也没有介绍和该校的学生是否有直接接触。因此，很难判定教育界的对日态度。他们只是感觉到教育界同情学生运动。可以看出教育界人士还是把政府和国民区分开来，对日本青年学生的态度还是相当理智的。

根据报告书的内容判断，书院学生直接跟教育界人士打交道的次数并不多，但是他们一直认为在教育界很少有人反对学生运动。山东事件发生后，武汉教育界人士与各商会、学生会联合决议，要求坚持谋和使节的主张，举行国耻纪念日活动，但是被政府取缔。当时的文华大学当局表示反对学生运动。在教育界，学校的经营者和教员对事态的看法不同是不足为奇的，中国的历次学生运动都有教员对学生的同情和支持。总体来说教育界对“五四运动”赞成支持者居多。所以书院学生判断“南京金陵大学是排日据点”是有一定道理的。根据其他史料记载，当时的排日据点不止金陵大学一个。

（三）学生界

由于山东问题发生，中国掀起了排日运动高潮。书院学生认为，中国学生出于爱国原因成为排日的急先锋。报告书中有下述记载：“武汉地区排日急先锋是学生。因山东问题发生，他们掀起了排日运动，组织武汉学生联合会，并与北京的学生遥相呼应。决议以抵制日货、提倡国货、罢课、罢市及以示威游行为手段，争取收回青岛、取消日支条约。他们打着写有‘勿忘国耻’‘提倡国货’‘力争青岛’等口号的小旗，还出现了砸日货，殴打日本人的事件。因此，政府宣布禁止集会，停止发行学生周报，解散学生联合会。因此，这些学生都潜伏起来，继续蠢动。基督教青年会的学生，以布教为名，组织学生布道团，在暗地里鼓吹排日。”（上海东亚同文书院，1920）由此可见当时武汉地区学生运动气势不小。

这次调查，书院学生在乡下的时间较多，对城市和从事教育工作的人接触很少。他们在旅行中所见到的学校大都是高等小学，中学也非常少。在南昌、武昌、天津他们耳闻了一些学生运动情况，认为：“那些学生都是以爱国为借口而得意，其实并没有什么主义和抱负。可以明显地看出他们只是抱有不参加考试就可升级的幼稚想法。这样的学生只不过是一部分而已。指导这些学生的教师，只是为了怕伤学生的心，为讨好学生，而屈从学生，我们见此很寒心。”（上海东亚同文书院，1920）

调查报告中还写道：九江南威烈学校、武昌文华大学、宜昌美华中学的学生都是“排日”急先锋。书院学生分析“他们是因为受到美国派来的传教士影响。武昌高等商业学校定5月9日为国耻纪念日，1、2年级学生参加了‘闹事’。可是，3年级学生没有参加。在长沙师范学校、高等技术学校的学生因受到去年上海来的学生宣传队的煽动而罢课”。山东省排日的中心是济南，书院学生想去齐鲁大学参观，被该校学生毫不留情地拒之门外。书院学生看到路旁的中国学生时，总觉得他们似乎在用“这些倭奴来干什么”的眼光看着他们。可见两国青年人的立场是针锋相对的。

地处大运河沿岸的“东昌府（现聊城市），是一个仅次于济宁的大城市，有道尹衙门、县衙门等。这里对我国感情最不好，看到那里的学生仍在贴传单。鼓楼里贴着宣传耶稣教的大字报。在那上面写着排日歌曲、山东省立第三师范小学十人团、救国人团联合会等的排日文章。更过激的内容逐渐被撕掉。官界、学生界的情况虽难说，但由此可见此地的排日影响相当之大”。“然而，他们的排日手法还很幼稚，没有达到像北京那样。5月的一天，我们到济南城内参观，这时有人从背后朝我们投来石块，一看有几个‘支那’学生对我们说粗话。像这样的事情在我们50天的旅行中是第一次遇到，甚感不快。以前听说过济南学生的态度粗暴……最近‘支那’当局对这种行为严加管制，此类事件逐渐减少，商人才得以放心地回去做买卖……”

以此，书院学生推断“支那”（中国）学生仍然有排日情绪。可是他们感到山西省的学生几乎对日本都有好感，很多人还想到日本留学。

调查报告书记述：北京和天津的学生与上海的学生遥相呼应，是排日运动的策源地。在运动开始阶段，中国学生比较盲目而无秩序。随着时间的推移，他们积累了不少经验，进入了理论研究阶段，所以秩序井然。以官界、学生界、教育界为代表的各界人士开始认真研究排日问题。报告书中引用一位中国进步学生的话："我们排日来自天真的想法，这次排日并不是简单的排日，我们是想通过反抗时势，借此机会铲除本国政府、军阀中的徇私舞弊。促使支持他们的日本政府反省，所以我们排日、抵制日货。在促使贵国政府反省的同时，搞清本国政界的外环境。我们应该把运动坚持到贵国对我们排日运动有了真正了解为止。等到中日两国相互反省时机到来时，我们将衷心地与贵国携手实现东洋和平。"（上海东亚同文书院，1920）书院学生对这一观点持乐观态度，并认为："这是有识阶层的排日思想。近来我国思想界的运动也与邻国学生运动及其精神不同。如果彼此之间相互了解，两国人一定会亲近。若能这样，可以把这个称之为日支（中）亲善的曙光。"

书院学生在北京、天津接触中国人的机会并不多。但是，在市面上根本看不到排日情景，街道气氛相当平静。尽管如此书院学生似乎还是感觉到当地人仍有排日情绪。中国学生虽高喊抵制日货，提倡国货，但是没有看到他们扣押日本货物或妨碍日本人从事商业活动的事件。在当局取缔排日运动前也没有见到那种情况。由此可见，当时北京、天津学生及市民对待日本人和日货还是相当理性的。

（四）商界

书院学生对商界人士的处境表示同情，认为中国学生的排日运动给一般商人造成了很大损失。因此，一般中国商人对那些掠夺、烧毁他们日货的学生非常反感，同时也暗地里谴责有些报纸使用过激言辞煽动学生。书院学生认为："其实那些抵制日货和罢市的人，大多数都是受学生团体胁迫的商人。他们表面上是为了迎合学生而被迫进行罢市。"书院学生分析，商人对日本人即使没有好感，也绝没有恶意。

报告书中记述："在北京由于学生提倡抵制日货运动，商人经济受到了一些损失。其中有些商人对学生的做法产生了一些反感。尽管如此，这也并不意味着他们对日持有好感。有的商人受到学生的煽动，对日本产生了恶感。一般民众特别是商人对日看法相当不好，很多人对日本人流露出不逊和冷淡态度。他们在京绥线开往北京的火车上遇到了一个天津商人，书院学生自称自己是上海的中国学生，对方便信以为真，向书院学生谈起了排日的情况，并不断地谴责在天津的日货。有关山东问题，他说日本是侵略主义，帮助我们的是美国人，所以我们要和美国人友好相处。”书院学生最后写道：“从这番话可以看出他们对日本是厌恶的。”

报告书中记述：“在山东抵制日货给一般商人带来了很大损失。有的中国学生掠夺或烧毁一般商人的日货。商人对此很反感，暗暗地谴责那些使用过激言词煽动学生闹事的报纸。即使抵制日货和罢市也是在受到学生团体威迫下所为，只是表面上为了迎合学生所作的姿态而已。中国商人需要日本货，没有像学生那样地去抵制日货。”“在中国被称为硬骨头的人很多，恐怕官界有一部分俊杰、商界里也有。但是，以我们的见识而言，商界没有排日的。不过，英美企业家的喽啰们以经营欧美商品为业，认为通过排日可从中获利。在内地从大商人到小商人，崇拜日本人的很多。我们感谢南昌亲日派商人胡隶，他不断地说，排日思想对本国不利，并骂学生是瞎眼。我们首肯他的行动。”（上海东亚同文书院，1920）

书院学生认为：像武穴那样的乡下，如果日本人不购买他们生产的麻，那里的农民就很难维持生计，所以农村没有受到抵制日货的影响。但是，当时有点文化能看报纸的人，却对日本政府的所作所为不满。棉纺织厂工人有与日本对抗的意识，排日情绪高，常喊要抵制日货。在张家口居住的日本人虽只有几个，但是他们经营的商品很多。从内蒙古到张家口的集散商品几乎都要经日本人之手，所以张家口的商人对日本人寄予很大期望。因此书院学生认为在张家口，看不出中国商人有排日的迹象。

（五）军界

书院学生对军界的对日态度感到满意。从萍乡到汉口，一路上见到的几乎都是军人。他们感觉到中国军人有些专横跋扈，这让他们有些意外。当地的铁路也都是军用铁路，各处的停车场都有“××军警监查所”的标识，有军人在那里驻扎，火车到站发车都是由军人管控。所有军人都可免费乘车，特别是在萍株铁路萍乡站的检票员也都是军人。但是，就是这些对中国人蛮横的军人却对日本人毕恭毕敬，他们把车厢里的中国人统统赶到别的车厢去，特意为日本学生腾出座位。书院学生所到之处都是由军人开道，他们显得格外殷勤，给日本学生提供了很多方便。书院学生在安源受到了萍乡监查所所长方礼三（陆军中尉）特别热情的关照。方氏让他们参观各种军事书籍及军器，并说了些“支那”军队都是受到日本恩惠才有今天，“日支”要友好之类的话。书院学生在岳州参拜了一座庙宇。在那里也有军队驻扎，连长王群福热情地陪同书院学生参观，还以茶果相待。在洛阳龙门游览时，书院学生遇到正在行军路过该地的中国青年军官（大尉），该人特意下马步行与学生边走边聊了一里半路。他与书院学生亲切聊天并合影留念，该军官不断地对书院学生说：中日两国同文同种、唇齿相依，要相互提携。最后还跟书院学生讲了自己想到日本军官学校学习的愿望。该军官还向书院学生打听日本生活情况，以及在日本每月需要多少生活费用等。数日后，他把和书院学生的合影照寄给书院学生，还附上自己的名片（兵营、住址），并向书院学生发出了邀请，让他们一定去他那里玩。所以，书院学生对他颇有好感。“通过此例可以推测出军人中大部分不是排日的。军衔越高越不排日。”（上海东亚同文书院，1920）济宁的警备总队长宋德明向日本学生表示要严肃取缔排日运动。武汉的王督军是一个亲日派，所以武汉军界对日本感情相当好。

书院学生在津浦线火车上遇到了很多中国军人，同他们攀谈和笔谈。书院学生对此的感想是：“从这些军人（至少从他们个人）身上根本感受不到他们有一点排日。我们怀疑他们也许没受过教育，或不知道有排日的风潮。”（爱知大学国际问题研究所，2000a）笔者认为：当时的军人对时事政治、国内的动态并不了解。那时也没有收音机之类的广播通信器材，一般军人无法知道近期国内外发生的事件。军人来自老百姓，所以他们和普通老百姓一样也有热情好客的习惯，特别是对外国来的年轻人，显得更热情。因此，博得了书院学生的好感。

南京调查班的报告中有如下记述：“督军李纯是一个温厚的人，我们不能说对此人有好感，也不能说有恶感。有一天，我们到日本领事馆询问要见李督军面谈需要办理什么手续时，被告知他生病了，前几天一个日本知名人士拿着介绍信想去见他，但没能见到。所以我们没拿到介绍信便返回了。不过，我们好不容易到此很想见他，恳求把我们的名片递上去。参谋爽快地来见我们，热情地告诉我们，李督军现在公务繁忙，明天你们拿着领事馆的介绍信来一定能见到。我们出来时要求和参谋一起在公署前拍照，他也爽快地答应了。他像对待普通士兵一样很有礼貌，我们感觉良好。”由此可见，李督军对日本人还是比较理性的，注意自己的身份，公事公办。不管是对日本知名人士还是学生，没有介绍信咱们就莫谈见面。

（六）农业界

书院学生对所谓农业界人士的定义是：“据我们所知几乎都是老百姓，一般农民都是目不识丁，不懂什么是文明，和日本内地纯朴的百姓并无两样。对人非常质朴亲切，人们不问排日也不知亲日。看到我们是外国人说外语，显出格外崇敬。老人中没有排日的。在火车上遇到一个农民模样的旅客，向我们打听火车到站的情况，我们告诉他我们是日本学生，但是他还是说听了我们的口音像广东人。问他知道日本吗？他却反问日本是不是一个商品名。提起东洋，他更是难于理解。”（爱知大学国际问题研究所，2000a）其实在此次调查过程中，书院学生接触到的农民很有限。他们认为百分之七十的中国人没有文化，尚不知日本的存在。一部分学生说难以确认农民对日的态度，但是另一部分学生却给没有参与学生运动的农民下了一个结论：“可以说（他们）是一些完全麻木的无血动物，所以没有参与学生的蠢动。”（爱知大学国际问题研究所，2000a）“在大龙王庙、五里庄、汶上县方向，在这一带看不到像济南那样的排日行为。他们看到我们是日本人把我们当作外国人来对待，让我们参观了师范学校、小学校等，没有发现对我们抱有恶感的事情，也看不到贴传单的现象。”在偏远乡村各方面的信息很难快速传到，即使当地人知道了什么信息，由于人们知识面有限，要理解、处理、消化信息也需要一个过程，所以在乡村很难看到排日现象。

由此可见，当时在中国，城市越大排日的情绪越高，因为有文化人集中的地方，各方面信息的传播都比较快。虽然农民们没有排日情绪，但是，书院学生却看不起这些无知的农民，因为向他们询问事情他们都听不懂，所答非所问。从农业界没有收集到一点有价值的内容，所以书院学生认为“农民是完全麻木的无血动物”，是“野人”。

（七）妇女儿童界

书院学生认为：“这些人文化水平极低，根本不了解山东问题是什么。只是看到外国人就怀着敬畏的心情来接待我们。排日、抵制日货自不待言，就连憎恨倭寇的事也是绝对没有的。她们或许不只是对我们，对所有的旅游者都是用异样的眼光看待吧。”

中国一般市民对山东问题、抵制日货不关心，只不过是受学生煽动才产生了对日本的恶感。可是到江西调查的书院学生认为：从表面上看不出有排日情绪，即使有也不会太厉害。然而在江浙一带调查的人却写道：“教育的势力很可怕。我们在所到的小学听到的都是在讲日本的暴政等。儿童们无意识地唱着排日歌曲来迎接我们。妇女们谈不上排日和亲日，她们在六七岁时正值日俄战争，说她们都帮俄国，她们听后似乎会感到愤慨和感到被诬蔑。但是无论到哪，在儿童中总能感觉出有类似上海附近那样的排日倾向。至于其他人的情况和我们以前从报纸上看到的一样，有排日思想。”对此，书院学生又自相矛盾地说：“总之，大部分支那人没有排日思想。但是，年纪小的儿童常常唱着排日歌曲，年轻学生喊排日口号，这种现象应值得人们思考。”（爱知大学国际问题研究所，2000a）书院学生认为：济南是商业城市，与日本商界的发展相辅相成，与日本来往“支那”商人也受益不少，可以说在那里没有排日的迹象。但是，去济南调查的学生描述：“城内的一般中国人，他们受到了学生和教育界、商界情绪的影响，总觉得街上的孩子们都在用那种似乎在说‘你们这些坏家伙’的蔑视眼神在看我们。”

“从张家口乘火车回北京的路上途经大同时，上来很多中国人。我们和他们愉快地交谈，根本感觉不到他们对日本人有任何反感。我们把带来的‘清快丸’‘大学眼药水’‘牙膏’以及我们受上海真崎洋行委托带来的一些有关农具样品的小册子，分发给他们，他们都很感激地收下。中国旅客每当火车进站，都要下去给我们买包子和煮鸡蛋吃。看到这种情景我们根本看不出他们是中国人，使我们感觉像自家邻居一样亲切。”（爱知大学国际问题研究所，2000b）通过书院学生在华调查的直观感觉，可以看到当时“中国地方官界、军界、商界以及在乘火车旅行时遇到的中国人对他们都是相当亲善友好的”。但是尽管中国军人对书院学生热情友好，书院学生仍持有疑心。他们心有余悸地写道：“他们对我们的真实态度如何，我们很难得知。也许是因为有政府命令，他们知道伤害日本人有损无益的缘故吧。”（爱知大学国际问题研究所，2000b）但是在教育界，同情学生运动者居多，农业界对学生运动漠不关心，竟被书院学生说成“无血动物”。“只有商界、军界、官界的人亲日”，中国学生对日本的态度不言而喻，天真无邪的儿童无意识地唱着排日歌曲“迎客”，可以说是受到成年人对日态度的影响。

在济南书院学生最感兴趣的是“广知院”博物馆，里面展示着日本人的古今风俗介绍，给一般中国人观看。但是，书院学生感觉那个展览不是在宣传亲日友好，而是在介绍如何排日。所以书院学生认为当地的官界、商界、军界、学生都沉浸在排日的气氛中。

书院学生总结：“一般下层人不知道什么是山东问题，什么是排日，只不过是由于学生及其他人的煽动而产生了憎恨日本人的念头。所以，眼下对他们的排日想法不必过分担心。”“乌海地区对日感情良好，一度展开的抵制日货运动也可以说在那里绝对不会发生。”报告书归纳：“总之，在中国北部的排日活动已经终止。原因是贫穷。人们只说是由于外国人煽动而爆发，这样的说法大都雷同。时至今日应该醒悟，事实上酿成排日现象并没有好处，只是因中国人对‘支那’商品感到困惑罢了。”日本学生观察中国的排日现象很有局限性，只是从经济的角度来看排日现象，没有从更深层次去思考中国人的反日根源。

三　抵制日货情况

有关抵制日货情况，书院学生在报告中记述："不像排日感想写的那样大多数人不反日，但是在抵制日货方面却相对彻底，使人感到有些矛盾。在内地日货少，主要是因为在装卸日货的轮船码头上时常有学生在监视，所以抵制日货波及内地。不过，在中国内地仍到处可见日本'仁丹''狮子牌牙膏'的广告。在销售仁丹、清快丸的店铺里还摆放着仁丹和清快丸，此现象各地都有。除此之外，还有'燕子牙膏'及各种火柴、袜子、学习用品，在各地大体相同。"在江苏省南京市，日货受到了严重打击，虽说仁丹广告仍到处可见，但是抵制日货的浪潮还没完全消失。在江西省九江市，自抵制日货以来，日货受到了很大打击，城内外看不到日货。在南昌可以说见不到日货，抵制日货运动依然很甚。可是在农村的丰城县、临江府、靖江县、罗方街、新崳县，根本看不到排日货现象。在分宜县仁丹广告多。在宜春县、宜风县、芦溪县日货很多。在萍乡县日货相当少。在安源几乎看不到日货。在湖南省长沙市日货交易完全停止，日货很少。可以说这是抵制日货的结果。当地经济不好的主要原因是恶币流通、不可兑换的纸币流通、银行扣款、治安警察无序、军人专横跋扈。在岳州还有不少日货，但抵制日货势力相当大。临湘县是交战之地，几乎看不到日货。在聂家市、湖北省羊楼洞见不到日货，可能是因为地方太小。蒲圻县日货多，而且广告也很多。在武昌也如此。但是因为学生多，抵制日货的浪潮还相当高。在汉口虽说日货到处可见，但与以前相比几乎看不到交易活动，交易市场不得不迁往内地。

书院学生认为天津是排日货最厉害的地方之一。尽管如此，在街面上看到的排日货现象仍旧很少。但是进入中国人居住区，便会感到排日货浪潮的余波仍在。人们买伞时先问："此伞是国货还是日本货？"书院学生认为：一般中国人想买日货不敢买。他们在长沙看到了进口的海产品，在岳州的日货商店都关着门。“樱花”牌啤酒都改成了“上海”牌啤酒，类似这种现象很多。但是，武昌劝业场的商品六成是日货。他们认为中国学生排日抵制日货行动是“陷入近代新思想的泥潭，激进地崇拜欧洲主义所致。所以，中国的排日风潮达到极点，直接影响到各个行业。随着时间的流逝‘支那人’（中国人）会自己觉悟，抵制日货影响也会逐渐变小。奇怪的是，中国各家报纸、日本国内报纸或杂志都登载一些排日狂还在继续的报道，都不像我们想象的那样。到各地去参观，所有的推测都是出乎我们的预料。可以说这次运动是由一些人煽动而引起的”。“还有一种说法，有几个留日归国学生，在日本留学期间受到虐待，为了报复而挑起的。其实都是一些小事引起的，学生们的嗓门比较大，显得事情闹得很大，其实只不过都是一些鸡毛蒜皮的小事而已。我们所看到的排日现象并不是没有，各地抵制日货相当厉害。这主要是一般中国商人受到一部分愚蠢学生的威迫，不得已地去做那样的事而已。那些商人不能按照自己的意志行事，真有点可怜。在中国越是抵制日货，物价就越飞涨，老百姓对生活越感不安。”就“仁丹”“灵丹”而言，出现了各种“仁丹”商品，打出国货的招牌来吸引顾客，还到处张贴传单，写着“中国人都用中国药”等，还有“抵制日货” “勿用劣货”“用劣货者是国贼”等字样。相反，他们想采用卖假货的手段，但是销路并不好。商店里的仁丹、狮子牌牙膏等还都是几年前的库存，有的已变色。其他日常用品还在大量地进口，将商品运到乡下，日本很多商品都用英文标上“Made in Japan”的标签。在易州、大同还能看到在销售的日本日用品。

在山东青岛一带，当时因为是日本“守卫军”控制，所以感觉不到有排日情绪。但是有济南和北京的学生在这里进行秘密宣传和演说。不过书院学生注意观察了在青岛的染料销售方法。当地的商人怕受到抵制日货的影响，把日本产品标签或制造厂商名字完全改为和中国人经营有关的品牌名字销售。不仅是燃料，皮革制品的销售也是用此手段。这可以说明在山东排日货的情况。

"临清和德州离天津不远，商业、交通来往频繁，我们和学生、军人、官吏、商人等都进行过交谈，他们对我们表示出善意。完全感觉不到排日的气氛，我们非常高兴。这些地区的日货不多，有其他少量的杂货品。在鼓楼这样有很多人来往的地方贴着排日的传单，其中大部分被撕掉了，在这一带感受不到排日的气氛。汶上县大都是日货，根本见不到国货。"书院学生注意到当地日本染料厂家在销售在当地生产的染料时，所有产品标签或制造者名字都是用有中国人参与经营的字样，若只标日本人生产的话，便会受到抵制日货的影响。不仅是染料制造业，皮革行业的销售也是采用同样的方法。

后来书院学生在各地耳闻抵制日货热逐渐减弱，便对抵制日货一时盛行，后来衰弱的原因进行了分析。

一是"支那人"（中国人）认识到抵制日货会自缚，于己不利，不会有好结果。

二是官衙公告。反日抵制日货会在国际上使自己国家陷入不利境地。告诫人们若参加则会受到严重惩罚，要自重等。

三是本国商人自重。隐忍自重一年半载必有好处。

四是报纸论调大变。各类中文报纸对排日的报道有所减少等。（爱知大学国际问题研究所，2000b）

他们在调查时也听到各商户说，自抵制日货以来，有的产业得到了大发展，但从整体情况来看，只不过是九牛一毛。他们认为，在产业发展不够充分之时，中断对日贸易只会使中国人感到痛苦，各商铺的损失和萧条已经达到了无法忍受的地步。所以从中可以了解到这场排日及抵制日货运动已经基本得到平息，中国人对日感情已趋于缓和。在学生中还有对日本外交及军事行动感到不满的情绪，他们都是血气方刚的年轻人，有绅士作风的人很少。但是应该看到，在学生中间逐渐萌生了自我控制的想法，并告诫日本方面要很好地认识到，目前排日声音虽然消失，但是不能保证今后不会再发生更大规模的排日运动。

一般交通方便、受教育程度高的地方抵制日货严重，反之，在偏远地区很少有抵制日货的情况。即使出现了抵制日货现象，书院学生也把原因归到当地领导人身上。“在东平县管辖安山站地区，虽不是排日最厉害的地方，但是那里的中国人对日本人态度比较生硬。他们用傲慢的态度检查我们的护照，要我们的名片等，这足以可见此地的县知事是排日的。在只有二三百人口的贫寒的山村也飘着提倡国货的旗子，到处写着‘勿忘勿忘’的标语。”“以前，郑州地区的官民和我国国民的关系非常好，山东问题发生后，排日运动在各个县城广泛地开展，治理后没有什么排日的感觉，可以把它看作亲日的依据。另外郑州市不只是河南地区，也是陕西地区物产的集散地。对日本来说是最重要的城市，所以更应该维持好这种势头。还有在该地驻扎的军队是奉天军，他们对日本人有好感，这一点是不可忽略的事实。在洛阳，曾经出现排日、抵制日货的声音，在各个县城也立即掀起排日、抵制日货运动，撕毁我们的仁丹广告，现在的墙壁等处仍然可以看到张贴的榜文，上面写着‘支那’（中国）一个流行语。听说还有对我国旅行者住宿加以妨碍的事例。不过，目前这样的情况很少。”

“在张家口常住的我国人只有五六个，大部分是经营谷物的。然而，张家口支那人使用的日用品大部分是日本货。如果抵制日货，一般人在生活上会感到痛苦。所以也许是从其生活的需要来看，离它很近的北京很多人在抵制日货时，张家口还是平静的。”

书院学生分析抵制日货的原因时写道：“抵制日货运动盛行的有九江、南昌、长沙、武昌等地。这些地方的特点是：人们抵制日货对生活影响不大。那里学生多，强制人们参加。除此之外，还有当地的官宪实力差，甚至还默许学生的行为等原因。抵制日货的人们相信：这些地方陆路水运交通方便，抵制日货的同时，可以自由购买欧美商品，不会在生活上受到影响。”使书院学生感到意外的是：除了大城市，在其他地方几乎看不到排日货行为。主要是因为抵制日货的思想还未渗透到那里。抵制日货思潮源于上海（其实根据中国近代历史书记载，抵制日货思潮源于北京），传到汉口、天津、广东，又如蜘蛛网那样扩散到各地。乡下没有宣传的人（即学生很少），都是朴素单纯的“野人”，利用闲暇时间干点自己的事，所以没有受到这些思想的影响。

四 关于山东问题

书院学生就此问题兵分3路，每组4人，共12人，去了山东兖州府、回府、青岛、济南、德州、沧州、天津、北京、张家口、大连、奉天（沈阳）等地。他们乘津浦线火车，在火车上遇到数名中国军人，与他们攀谈或笔谈，感觉在这些军人身上至少看不出排日的情绪，也许因他们没受过教育，或因不知道有排日风潮等。以上只是下级军人的情况。到山东时，那里的人对山东问题的关心度已降温，有人提出把山东移交给国际联盟管理，由中国人直接交涉等。书院学生认为“与有四亿人口的中国人争辩这个问题很难，若要抓谈论山东问题的人的话，恐怕有数百万”。他们分析，真心谈论此问题的也就只有一二十人而已，一般中国人对此事并不关心。他们认为老百姓的生活就是种田吃饭，官吏负责收税，外交事务由负责外交的人管。老百姓并不忧国，只是为收成少而伤心。所以面对这些人，对山东问题没有什么可向他们提问的。可是，他们就有关这方面问题向各地的县知事直接提问，大多数人对此问题的回答是沉默不语。当然，除了大城市知事以外，其他地方的人好像也没有自己的主见。在济南听到当地的参谋长及秘书说，日本参加欧洲战役与德国开战，终于占领了胶州湾租借地，直至今日仍把持着德国原来拥有的权利。“现在，随着欧洲战场的结束，人们开始对归还青岛问题议论纷纷，并成为排日的导火索。但是这只是由一部分政党左右而已，在中国，人们对青岛由谁掌管一事不太感兴趣。中央政府国库空虚，在世界上也处在较低的位置。假设青岛被归还，还要为维持青岛现状支出巨大资金，会使中国政府更加感到财政窘困。所以与其谈论山东问题，还不如先谈南北统一、清理国库等诸多重大问题。不充实内部的实力，焉能抵挡外敌？谈论山东问题会再引起学生运动，使中国政府更加为难。”

可见书院学生把山东问题看得十分简单，认为这只是一个单纯的财政资金问题。他们没有想到山东问题是事关中国主权和民族尊严的重大问题，用现在的话说就是国家的“核心利益”问题。也许他们故意用经济财政问题掩饰占领别国领土的本质问题。

五 书院学生的感受

书院学生接到学校命令后，于1920年3月29日出发到各地进行旅行调查，出发前已做好了此行会受到排日影响的思想准备，但是在旅途中只遇到了一次，此次踏查反而使他们出乎预料地享受了一次舒适旅行。在开往开封的火车上，因书院学生不习惯，一位自称是杭州人的中国人，在各方面对他们帮助照顾。在开封第一次访问县知事，城门旁边有日货检查处，有几名巡警在那里值班，不过，在城内没有排日的痕迹。只是外交部的人和巡警不断地询问他们是否有护照。

在青岛日本人到处可见，书院学生见到的只是拉洋车的中国人。所以在青岛根本看不到排日、抵制日货的现象。不过，书院学生为当时的中国百姓被歧视感到不平。在山东夜间乘车时，看到列车员为把日本人和中国人隔离开，把有日本人乘坐的车厢内熟睡的中国人叫醒，并大声喊叫着把他们轰赶到其他车厢去，这使书院学生对中国乘客产生了同情心。他们写道："使我们感到中国人这时受到了某种侮辱。列车员应该改变说话口气和态度。在日本乘客面前如此赶中国乘客，可见这些列车员的举止是多么轻薄，作为同胞来说应该很好地深思。我们问到为什么要这么做时，回答说让中国人坐日本人的车厢时，日本人的行李经常丢失，是为了防止被盗窃。这的确是一个理由，注意一些是应该的，但是要注意对同胞说话的方法和态度。"

在青岛，他们还看到个别日本人依仗人多侮辱中国人的现象。"日本人看樱花或参加什么祭祀活动，喝酒喝得酩酊大醉，中国人围过来看热闹。这也是日本人被诬蔑的一个原因，可能也是中国人排日的一个原因，那些人也应该谨慎从事。"通过这些可以看出书院学生有是非感，对中国百姓有一定的同情心。

"东北调查班没看到排日、抵制日货的情况。这可能是因为满洲人在中日、日俄、日德等战争中充分地了解了日本的实力，懂得不能排日。

他们也曾抵制过日货，满铁铁路也停运过一段时间，然而中国人的生活更苦了，结果中国商人自己开始知道要保持生活安定不能排日，一般中国人也明白了利害关系。”书院学生对东北情况的判断，说明他们对中国的实际国情并不了解。

结 论

第十六期书院学生先后踏查了中国的东北、华北、华东、西南等近百个市县，与当地的官界、商界、学界、普通农民接触，并在直观街景和与人交流的过程中了解了一些中国民众对日的反应。书院学生认为越是交通方便、受教育程度越高的地方抵制日货越厉害。报告书中写道：“‘北支那’（中国北部）排日的根据地就是京津。日支（日中）交涉以来，对日本人的感情不断疏远。山东问题爆发，首先是学生们起来宣传排日、抵制日货运动，一度极其险恶，但随着时间的推移，除部分学生外渐渐地有所缓和，其他人的态度良好，目前似乎没有什么特别障碍。”（爱知大学国际问题研究所，2000a）

他们的这一判断还是比较客观的。他们对此次调查能否成功，在调查开始前是十分担心的，然而，结果与出发前所担心的完全相反，他们亲身体会到当时中国各界人士对日本政府和对青年学生的态度有所不同。在报告书中总结说：“中国人中属于旧知识阶层或官僚的大部分人都是亲日派，不是反日的。此次排日运动完全是学生和一部分商人所为，应该知道官界并没有因此而动摇。”不过书院学生在兖州府却遭到了冷遇，验证了他们去那以前耳闻的情况——该地官僚有排日情绪。在日本留学过的或与日本有过瓜葛的人，绝大多数对日本人很热情，甚至过于殷勤。

教育界人士普遍同情、支持学生运动，但是武汉文华大学表示反对学生运动。书院学生认为南京金陵大学是排日的“根据地”。可见不同学校对学生运动的态度有所不同，但是他们对日本的态度还是相当理智的。书院学生在济南时想去齐鲁大学参观，结果被该校学生毫不留情地拒之门外。所以他们跟运动主体的中国学生接触极少，只是斥责中国学生在爱国的美名下成为排日的急先锋。他们分析，由于学生提倡抵制日货运动，商人受到损失，商人对日本人即使没有好感，也绝没有恶意。但是又认为他们一部分人因受到学生的煽动才对日本产生了恶意。他们的结论是：总体上一般市民特别是商人对日态度相当不好，很多人对日本人流露出不逊和冷淡态度。

他们在旅途中受到中国人的关照后认为中国人对一般日本人还是友好的，特别是对日本的年轻人就如同对自己的孩子一般。如今日本爱知大学现代中国学部的学生每年到天津南开大学留学 4 个月，学生们对中国的感受与 98 年前书院学生的感受非常相似，在民间层次上两国人民还是很友好的。日本学生在中国也是受到当地老师和市民的友好接待的。

书院学生认为排日运动基本平息，全靠中国人自己的觉悟，官界认为应保持东洋和平和中国安全，必须和日本合作，应该对排日运动坚决镇压；同时商界也尝到了过去错误地排日的苦头，所以，希望对日再开展贸易。中国学生则因官方采取强压手段，改成以研究为主的活动方式。书院学生通过这次旅行调查，直接感受到中国人排日抵制日货的情况。他们自己也比较客观地承认踏查中所见情况难免只是表面的观察，因此说中国的排日运动和抵制日货运动彻底停止或已结束有些轻率。排日运动暂时变弱的原因是：“中国政府担心会在外交上给日本政府借口，采取严厉的取缔，声称要关闭公立学校，迫使学生不能再活动，使其运动停止。”在此前后，中国商人知道自己已蒙受巨大损失，继续开展这样的运动自己便会破产。学生的盲目行动只有靠警察的力量来牵制。他们说很多中国人认为“日中真正的亲善是重要的”。笔者不禁要问：他们所提的这种亲善难道是以牵制镇压学生运动为目的吗？

调查报告反映出东亚书院学生观察中国人的排日现象有一定的局限性。他们只是从经济的角度分析，没有从更深层去思考中国人排日的根源。

笔者认为：第 31 期在华调查报告较客观地反映了当时中国的社会状况，特别是中国人对日的态度。对日本青年的友好，反映出中国人是善良好客的。东亚同文书院的《中国调查报告》和《旅行日志》是反映近代中国史的宝贵史料。

参考文献

〔日〕爱知大学国际问题研究所（2000a）:《在五四运动第二年排日排货的状况（一）》，载谷光隆编订《纪要》，(113)。

——（2000b）:《在五四运动第二年排日排货的状况（二）》，载谷光隆编订《纪要》，(114)。

毛泽东（1991）:《新民主主义论》，载《毛泽东选集》，第 2 卷，人民出版社。

上海东亚同文书院（1920）:《在“支那”（中国）内地排日、排货之状况》，《中国调查报告》，31（13）。

After the May Fourth Movement China from the Perspective of Students in Toadobunshoin

Liu Bailin

Abstract: The outbreak of the May Fourth Movement in China is closely related with direct causality from her neibouring country Japan. After the May Fourth Movement, it is self-evident that Japan has paid much attention to Chinese social change. In the first year after the May Fourth Movement (1920), Toadobunshoin immediately resumed investigation in China which had been suspended for one year. Toadobunshoin organized the graduating students in that year (the 16th batch to carry out the 13th travel investigation). 14 investigation groups were formed for the investigation, in which the investigators travelled and investigated in more than 100 cities, counties and villages in north-east, north, east and south-west of China. They made a record of what they saw and heard. And they compiled a total of 31 volumes of findings reports. Among the finding reports, the 31st Volume was titled "The Status Quo of Exclusion of Japan, Boycotting Japanese Goods in Chinese Interior Cities". This finding report gives a detailed description of responses from people of all walks of life across China after the May Fourth Movement, especially their attitude towards Japan. This finding report provides our Chinese readers with various responses from people of all walks of life towards Japanese at the time when the May Fourth Movement took place in a different perspective, and also how Japanese students treated China and their attitude towards the improvement of Sino-Japan relationship. The author did a thorough reading and detailed compiling of findings reports and briefly discussed it and tried to learn how Japanese treated China through an objective way, as well as how China treated Japanese. If this thesis can give some help in the future study on Sino-Japan relationship, help readers understand the period of time between these two countries, the author will feel honored.

Keywords: Exclusion of Japan; Boycott Japanese Goods; Shandong Issue

About the Author: Liu Bailin (1952 –), Professor, Faculty of Modern Chinese Studies, Director of International Exchange Center in Aichi University. Research interests and specialties: comparisons between Chinese culture and Japanese culture, Sino-Japan relationship in modern times and recent times. Magnum opuses: *Walk towards Japan*, *Arao. Se and Hankou Leshantang*, *Big Obstacles on Sino-Japan Relationship*, etc. E-mail: bailin@ vega. aichi-u. ac. jp.

人文思潮

文化关键词研究的实践品质

李建中*

《礼记·中庸》开篇有云："天命之谓性，率性之谓道，修道之谓教。"短短一句话，不仅标举出中国文化的四个元关键词，而且揭示了文化关键词的实践品质：关键词的诠解和阐释，必须归结于"教"，所谓"观乎人文，以化成天下"。大学，历来是"人文化成"的辟雍或黉门，肩负着培养国家栋梁、领袖人才的使命；而通识教育（又称"博雅教育"）则是人文化成的核心内容和根本途径。我们这一组文章，在大学通识教育的特定语境下，重新解读文化关键词"博"、"礼"和"史"，不仅为大学通识教育之深耕提供传统文化的原动力，而且为文化关键词研究之拓展开辟实践通道。

《文心雕龙·原道》篇在引用《周易》"鼓天下之动者存乎辞"之后，喟然叹曰："辞之所以能鼓天下者，道之文也。"中国文化关键词是"道之文"，既然能鼓"天下"之动，自然也能鼓"大学通识教育"之动。作为一种职业，大学教师无非是做两件事：写书和教书。而我们的文化关键词研究，能将这二者近乎完美地融为一体，何其幸哉，何其幸哉。

---

* 李建中（1955～），博士，武汉大学文学院教授，国家社科基金重大招标项目"中国文化元典关键词研究"首席专家，武汉大学通识教育中心主任。主要从事中国文论、传统文化及博雅教育研究，代表性著述有《体：中国文论元关键词解诠》《中国文论的诗性空间》《批评文体论纲》《大学：古今通义与中西通识》等。电子邮箱：wdwxljz@163.com。

2012年季秋，我开始主持国家社科基金重大招标项目“中国文化元典关键词研究”，至今已有六年，我和我的学术团队出版了十余部专著，发表了近百篇论文，在海内外学术界产生了较大影响。更为重要的是，我们建立起一个关于文化关键词研究的理论模型，这个模型包括：作为“思想”的文化关键词的词根性、坐标性、转义性、再生性和全息性，作为“方法”的关键词研究的跨学科、不可定义和高度语境化，以及作为“路径”的刨“根”、问“境”和致“用”。这个理论模型，不仅可以用于文化关键词研究，而且对整个中国文化及文论研究，有着重要的启迪意义和价值。

2016年季冬，我和我的学术团队将文化关键词研究的思想和方法，用于大学通识教育的理论及实践。就理论的层面而言，通识教育的核心概念，诸如“会通”“博雅”“人文教化”“君子人格”等，本来就是中国文化的元关键词；就实践层面而言，作为“元教育”的大学通识教育，其基本方法是经典阅读、平等对话和知行合一，而这些均不能脱离对文化关键词的阐释、传习和躬行。朱子称“大学者，古之大学所以教人之法”，将“大学”这一文化关键词的理论内涵、实践品质以及方法论价值融为一体，从而深刻地揭示出文化关键词与大学通识教育血脉之关联。我们这些“大学”中人，委实要将文化关键词之阐释与通识教育之推行，视为自己的职业担当和历史使命。本专栏三篇文章，均为国家社科基金重大招标项目“中国文化元典关键词研究”（12&ZD153）和武汉大学教学改革重点项目“传统文化与通识教育”的阶段性成果。

通识教育之“史”观

——基于大学校史资源的文化考察

涂上飙*

【摘　要】 大学通识教育的目标，可以借助校史资源来实现。通过对校史的学习，可以培养学生的爱国主义情感、增强其责任奉献意识，可以使他们获取更多的人文知识，还有助于锻造他们的坚强意志。利用校史开展通识教育不仅具有十分重要的意义，而且还有贴近学生心理认识实际及符合国家对学生培养要求的明显优势。在利用校史开展通识教育的路径选择上，既要为学生自主学习提供丰富多彩的校史文化产品，又要通过校史课程的开设进行知识强化，还要大力推行校史课堂的实践教育。

【关键词】 “史观”　大学校史资源　通识教育

所谓通识教育，通俗地说就是有别于专业教育的宽而广的知识教育。它通过宽泛的系列课程的设置，经过专门的教学活动，使受教育者的素质及能力不断得到提高，即在知识的占有上实现博学的程度，在人格的塑造中实现心灵的洗礼与精神的升华，最终使自己成为有责任、有担当、

* 涂上飙（1965～），法学博士，武汉大学历史学院研究员，主要研究方向为大学校史及高等教育史。主要著述有《民国时期的研究生教育发展史》《武汉大学校长的办学理念》等。电子邮箱：tusb@ whu. edu. cn。

有作为的公民。

大学的校史就是大学发展的历史，是大学在教学、科研、服务及管理过程中形成的历史记录，是关于大学发展轨迹、办学成就、大学精神、大学理念等的真实记载。充分利用校史资源，开展通识教育不仅具有十分重要的意义，也存在明显的特色优势。因此，借助校史中丰富多彩的内容，加以适当的教育方式，一定会为大学的通识教育做出贡献。

一 利用校史开展通识教育的意义

利用校史开展对学生的教育，有助于激发学生的爱国主义情感、有助于培养他们的责任奉献意识、有助于补充他们的人文知识，还有助于锻造他们的坚强意志等。

（一）有助于激发学生的爱国主义情感

爱国是国人必备的基本情感，但爱国情感的塑造还得借助一定的方法，通过知识的强化来实现。如果学生对中国高校的发展历史有一定的了解和认识，一定会激发他们的爱国主义情感。

中国的大学是在民族危机日益加深的条件下产生发展起来的。19世纪以后，资本主义为了侵占、掠夺具有辉煌农耕文明的中国，想方设法加以侵略。经过中英《南京条约》、中英法《北京条约》、中日《马关条约》以及与八国联军的《辛丑条约》等不平等条约的签订，中国逐渐成为半殖民地半封建的国家，清政府完全成为帝国主义统治中国的工具。

为改变危亡的命运，19世纪60年代清朝政府掀起了一场向西方学习的洋务运动。在这一运动中兴办了一些新式学堂，中国近代的高等教育开始启蒙。当时创办了语言类、军事类、技术类三类新式学堂。新式学堂的创办，打破了以儒学为指导核心的中国古代教育，开始移植西方的教育模式。

1912年1月1日，中华民国成立，先后经历了南京临时政府、北洋政府、广东国民政府、武汉国民政府及南京国民政府。民国由于处于一个多元化的时代，国家实质上没有真正统一，高等教育也就呈现出复杂多样性。此时大学主要有三类，即公立大学、私立大学和教会大学。可以说，它们的产生发展是经历了艰难曲折的。如在北洋军阀统治时期，北平不少大学的教师半年甚至一年领不到薪水。"九一八"事变以后，东北大学成为第一所流亡大学。"七七"事变后，中国的绝大部分高校被迫西迁，为保存民族文化的火种，国人不得不在极其艰苦的环境中办学。

新中国建立后，中国的大学经过改造、调整，逐步走上良性发展的轨道。无论是综合性大学，还是多科性工业高等学校、高等专门学校，都为社会主义建设做出了重要贡献。改革开放以后，高等学校迎来了发展的春天，经过教育体制的改革、教育改革和发展纲要的制定以及"科教兴国"发展战略的实施，中国的高等教育向着建设世界一流大学的目标迈进。高校为国家科技创新和高层次人才培养做出了重要贡献。

通过校史教育，激发学生的爱国热情，也是通识教育所期望达到的目标。因此，校史教育的有效开展，就为通识教育目标的达成增添了新的素养。

（二）有助于培养学生的责任奉献意识

人一生要面对"自然、社会、他人、自我"四个方面，如何处理这四方面的关系，是一个人应该认真思考的问题。培养自己的良好道德情感，是正确处理四个方面关系的必备要素。"社会责任意识是一种道德情感，是人们在一定的社会关系中对自身的地位、任务的认识，是个人的社会活动同他所应履行的义务相适应，也是人们在履行自己的应尽义务过程中产生的内心体验和情感。"（《简明伦理学辞典》编辑委员会，1987：406）

通过校史教育来培养学生良好道德情感的形成，是一个值得探索的方式。百余年中国高校的发展史，实际上是高校人才培养、科学研究、社会服务及文化存在创新的历史。在这一过程中，无数专家学者以高度的社会责任感，以学校为舞台，探求治校良方、潜心教书育人、求是探讨科学，为国家的兴旺发达、为民族的繁荣昌盛，做出了自己的贡献。

如民国在短短的38年中，产出了一批杰出的大学校长。国立中央大学的罗家伦，北京大学的严复、蔡元培、蒋梦麟、胡适，清华大学的周诒春、曹云祥、罗家伦、梅贻琦，中山大学的邹鲁、许崇清，湖南大学的胡庶华、皮宗石、任凯南，重庆大学的胡庶华、叶元龙、张洪源，暨南大学的何炳松，南开大学的张伯苓，厦门大学的林文庆、萨本栋，复旦大学的李登辉，东南大学的郭秉文，浙江大学的竺可桢，武汉大学的王世杰、王星拱、周鲠生，北洋大学的刘仙洲、茅以升，山西大学的王录勋，广西大学的马君武、雷沛鸿，云南大学的熊庆来，四川大学的任鸿隽，兰州大学的辛树帜，河南大学的查良钊、田培林，北京师范大学的陈堡泉，国立师范学院的廖世承，私立武昌中华大学的陈时，燕京大学的陆志韦，沪江大学的刘湛恩，辅仁大学的陈垣，华中大学的韦卓民，金陵大学的陈裕光，华西协和大学的张凌高，东吴大学的杨永清，之江大学的李培恩等都是治校有方的大家。（涂上飙，2014：32～33）

蔡元培在北京大学主张“兼容并包，思想自由”，并实行民主管理和教授治校，提倡学生德、智、体、美、劳全面发展，被中国共产党誉为“现代知识界的卓越前驱”。蒋梦麟主政中央大学、北京大学时，主张教育的长远之计在于“取中国之国粹，调和世界近世之精神：定标准，立问题”，以培养“科学之精神”“社会之自觉”。罗家伦任国立中央大学校长时，提出“六字”（安定、充实、发展）治校方针与“四字”（诚、朴、雄、伟）学风，并把“创造有机体的民族文化”作为中央大学的使命。梅贻琦是清华大学任职时间最长的校长，他的“身教重于言教”及“所谓大学者，非谓有大楼之谓也，有大师之谓也”的教育名言为世人推崇。南开大学校长张伯苓提倡教育救国，在办学思路上注重理工科教育。他认为国家不振和民族灾难深重，在于愚、弱、贫、散、私“五病”，故制定“允公允能”校训，以培养学生“爱国爱群之公德，与服务社会之能力”。

对这些校长的办学理念、思想及在治校方法上的突出成就进行学习，一定会感染不少学生，对学生的情感产生积极深远的影响，从而增强学生的社会责任感、使命感。而培养学生的社会责任感、使命感，正是通识教育所要达到的目标。因此，充分利用校史资源开展通识教育，一定会有意想不到的效果。

（三）有助于补充学生的人文知识

人文知识是相对于科学知识而言的。人类最初的教育是以人文教育为主的——无论是西方还是东方皆如此。到了近代，伴随着文艺复兴、宗教改革、启蒙运动等思想运动的一步步展开，辅之以新航路的开辟、工业革命的推进，大学开始了由人文教育向专业教育（也叫科学教育）的转变，以英、法、德、美的转变最为典型。英国 1836 年创办了伦敦大学，在大学里取消了宗教课，开始培养实用人才。法国大力发展高等专科学校，培养社会急需的专门人才，如创办理工学校、高等师范等。德国的哈勒大学、哥廷根大学也将实用的知识搬上了课堂。1810 年德国人：威廉·冯·洪堡创办了柏林大学，提倡教学与科研相结合，主张大学自治、教授治校、学术自由、甘于寂寞。柏林大学的改革结束了中世纪大学的模式，把大学的功能推进到科学研究阶段。美国是一个后起的教育大国，它最初移植英国的教育模式，后学习德国，并结合自己的实用主义哲学，将教学、科研、服务三者兼容，把大学的功能推进到第三个阶段——社会服务阶段，也开了普通教育（也叫通识教育）的先河。

伴随科学教育发展的是人文教育的萎缩。然而，人文知识的获取，人文教育的开展都是社会不可或缺的重要一块。人文教育主要是解决人如何对待自然、如何对待社会、如何对待他人以及如何对待自我的问题。现在针对自然、社会、他人及自我产生的不少问题，从教育的角度来看，在很大程度上都是人文教育缺失的结果。可见，加强人文教育十分重要。

校史中许多内容都可以为人文教育提供借鉴，为补充学生的人文知识出力。通过对校史的学习，学生不仅可以了解大学的办学理念、学科特色、文化精神，还可以知晓大学长期以来形成的发展战略、群体特征、价值倾向和行为规范等，尤其是可以对大学的精神、制度、行为、环境和标识等文化有一定的了解。

大学精神文化是大学在长期的发展中，以学人为主体形成的共同的价值观念及行为规范准则，在此基础上形成的文化就是精神文化。由于各大学在发展中个体因素的差异，大学精神就具体对象而言存在差异性。北京大学社会责任感强烈，不仅参与意识突出，而且有个性，思想自由、人格独立。清华大学“自强不息、厚德载物”的校训，已经表明它注重自然、社会、人三方的和谐发展。中国人民大学学生则努力“争做国民表率，成为社会栋梁”。大学制度文化是大学在发展中，逐步形成的大家认可、共同遵守的一些办事规程、规范。它通过学校制定的体制、机制以及发布的政策、规定来完成。目的是规范大学师生的行为，保证大学发展的有序性。大学行为文化是指师生在工作、学习和生活中形成的一种文化。曾经流传着一句“学在华工、玩在武大”的话，它实际上反映了一种文化现象。武汉大学以基础学科为主，且人文学科突出，人文科学的灵感产生于“玩”的过程中、环境的熏陶中。大学环境文化中的环境包括教学场所、实验室及文化体育设施等硬环境和育人、学术氛围等软环境，在此基础上形成的文化就是环境文化。环境文化要经过长期的过程才能形成，它浸透到学校的办学理念和文化传统之中，也体现在典雅、幽静的校园氛围中。大学标识是大学文化的外部形象体现，比较典型的如校牌、校徽、校旗等。它可以从一个侧面反映学校的办学成就、学术地位以及气质品性。

学生如果围绕大学文化的五个方面进行学习，对于补充学生的人文知识肯定是大有好处。通过学习校史补充人文知识，在一定程度上就为通识教育目标的完成做出了贡献。

（四）有助于锻造学生的坚强意志

中华民族五千余年生生不息，就在于一代代人的努力拼搏，砥砺前行。大学发展的历史告诉我们，大学之所以能为国家的强盛、民族的兴旺做出贡献，就在于大学中无数意志坚强的学人自强不息的拼搏奋斗。

20世纪30年代的国立武汉大学与国立中央大学、国立北京大学、国立清华大学和国立浙江大学并誉为“民国五大名校”，就是因为有一批意志坚强的学人。累计有188名教授在武汉大学任过教，他们中有后来成为一级教授的李剑农、刘永济、刘赜；有成为“部聘教授”的周鲠生、杨端六、刘秉麟；有成为院士的王世杰、周鲠生、高尚荫、汤佩松。当时因有王世杰、周鲠生、燕树棠、杨端六、刘秉麟、任凯南、陶因等一批名教授，武汉大学法学院被誉为“法学院之王”。与上海交大的“工学院之王”，北大的“文学院之王”，清华的“理学院之王”，金陵大学的“农学院之王”并称为当时全国的几个“学院之王”。

这些学人意志坚强的一个重要表现就是永攀科学高峰，产出了一批有分量的科研成果，基础性、高端性、国际性都十分突出。中国文学系的谭戒甫出版著作15种，外国文学系的陈尧成出版著作17种，物理系的吴南薰出版著作18种，生物系的张珽出版著作13种。王世杰、钱端升的《比较宪法》，周鲠生的《国际法大纲》，李剑农的《中国经济史稿》，范寿康的《美学概论》，刘赜的《声韵学表解》，谭戒甫的《墨经易解》，刘秉麟的《财政学大纲》，刘乃诚的《比较政治制度》（上、中、下卷），张珽的《植物生态学》，汤璪真的《绝对微积分》（译本）等都是享誉全国的大作。1936年2月，汤佩松、宋秉南在《自然》杂志，以国立武汉大学为单位，发表《硼酸稀溶液中葡萄糖旋光度的变化》的论文。10月，汤佩松、林春猷在《科学》杂志，同样以国立武汉大学为单位，发表《向硼酸缓冲溶液中加葡萄糖引起的pH值下移》的论文。

学生通过学习校史，对上述学人会有更多更全面的了解，这一定会对学生良好品质的形成、坚强意志的锻造产生重要影响。

二 利用校史开展通识教育的优势

利用校史开展通识教育具有十分重要的意义，但这一教育是否贴近学生的实际也非常重要。内容太高远，学生觉得高不可攀；太通俗，学生会认为没有价值。校史应该说是很贴近学生实际，非常适合学生需要的。因为校史所讲的关于学校的人才培养、科学研究、社会服务、文化传承等方方面面的情况，都是学生在学习生活中经常碰到的。校史是纵向对大学的这些功能进行讲授的，学生听后不仅增长了知识，而且感到非常亲切，从而加深对学校的了解及认同。

（一）符合循序渐进的认识规律

人的认识是在感性的基础上，通过不断的知识积累，逐步由低向高发展的。从最初对父母及身边人的了解认识，逐步扩大到学校、社会以及国家民族；从了解不多、知之甚少，到对人和事物逐步形成一个完整的画面等，都需要一个循序渐进的认识过程。学习校史就能够帮助学生完成这一过程。

校史不仅要横向地讲学校的办学理念、办学成就、管理制度、基础建设及大学文化等多个方面，而且要纵向讲授学校发展的历程。一所学校一般都有一个初创、发展、强大等阶段，通过对一段段历史的了解，最后就形成了一个整体画面，也会加深对学校众多美誉及典故的理解。现在有“北北大、南武大”之说，其实说的就是武大与北大有很多相似之处，如学科特色、办学理念及大学精神等。之所以有相似之处，是因为武大在初创的时候，校长、教务长及一些学院院长都来自北大，他们带来了北大的学术、学风的诸多方面。浙江大学被称为“东方的剑桥”，是因为浙江大学在科学的发展、学风的形成上与剑桥大学多有相似之处。浙江大学在创办、发展的过程中，十分注重科学教育，这与其有一批从事科学教育的海归学者有关，尤其是竺可桢当上校长之后，这一特征更加明显。1936年，竺可桢就任浙江大学校长，以“求是”之精神建设大学，逐步形成了科学教育明显、自然科学突出的特点。上述内容的具体含义，都可以通过校史的学习，逐步使学生明白。

由少到多、由浅入深，对校史的逐步了解，还能调动学生朴质的内在感情、激发学生的求知欲望及对学校的热爱，从而形成对学校的强烈归属感，进而形成对国家民族的深厚情感。而且“在这个情感基础上逐

步树立起来的民族自豪感、自信心和国家归属感、责任感，将会更加自觉、稳固而持久”。（朱小蔓，2007：36）

（二）符合学生成长的心路历程

学生由不成熟走向成熟，都会有一段心路历程。他们认识的形成往往会受到外界环境的影响，尤其是群体环境的影响。受群体环境的影响，他们会思考和调整认识中不合理的一面，而主动接受大多数群体的心理和行为。“无论理想抱负、价值观念，还是行为方式、处事态度，仍然会受到群体中他人的影响。这种影响来自实际存在或想象存在的群体压力，不具有直接的强制性或威胁性，更易为大学生心平气和地接受。”（池秀梅，2008：71）校史在一定程度上可以帮助学生完成这一心理的转变。

如抗日战争全面爆发后，中国的高校都有一段悲惨的历史，但为了保存中华民族文化的血脉、为了给抗战提供技术和人才支撑，高校由沿海向西部内陆进行了大迁移。“九一八”事变以后，东北大学被迫内迁，从沈阳到北平、开封、西安，最后到四川的三台。北京大学、清华大学和南开大学，在北大蒋梦麟、清华梅贻琦和南开张伯苓三位校长的带领下，先是内迁长沙，后不得不继续内迁，分两路迁往云南：一路由广州经香港，经越南，进入云南；一路从湖南步行，经贵州，到云南。国立北平师范大学、国立北平大学和国立北洋工学院迁往西安，后迁往陕西的城固、南郑等地。国立中央大学西迁重庆。国立浙江大学先后迁往浙江的天目山、建德，江西的吉安、泰和，广西的宜山，贵州的遵义湄潭，历史上称为“文军长征”。国立同济大学先后迁往浙江金华，江西赣州，云南昆明，四川李庄、宜宾。

在大迁移中，路途遥远、生活艰辛，广大师生若没有极高的爱国热情、高度的历史责任感，是无法完成这一历史使命的。在和平年代，当学生了解到这一段历史时，定会被当年师生的行为所感动，产生强烈的共鸣，从而调整自己的心态，主动以更高更严的标准要求自己。

（三）符合国家对学生培养的要求

通过一定途径和形式来培养学生的文化自觉和自信，是大学通识教育所要达到的目标，也是国家的明确要求。

改革开放以来，发展民族的文化逐步成为国家战略。早在 1992 年召开的党的十四大就提出了要搞好社区、村镇、企业、校园等领域的文化建设的目标。1994 年，中央又提出要加强德育的实践环节，大力推进校园文化建设。2011 年 10 月 18 日，中共十七届六中全会通过了《中共中央关于深化文化体制改革、推动社会主义文化大发展大繁荣若干重大问题的决定》，标志着大力发展文化正式成为国家战略。决定强调要“深入开展形势政策教育、国情教育、革命传统教育、改革开放教育、国防教育，组织学习中国近现代史特别是党领导人民进行革命、建设、改革的历史，坚定广大干部群众对中国特色社会主义的信心和信念”。要“加强爱国主义教育基地建设，用好红色旅游资源，使之成为弘扬培育民族精神和时代精神的重要课堂”。党的十八大报告进一步强调要扎实推进社会主义文化强国建设，不断提高国家文化软实力，充分发挥文化在引领风尚、教育人民、服务社会、推动发展等方面的作用。

近代的一所所高校，都是在爱国的基础上发展壮大起来的，都有许多革命故事，是开展革命传统教育的生动题材。如为了“维护民族尊严”“保护主权与领土完整”，1919 年 5 月 4 日，以北京大学为首发起了爱国的五四运动。毛泽东肯定地说“五四运动是反帝国主义运动，又是反封建的运动。五四运动的杰出的历史意义，在于它带着为辛亥革命还不曾有的姿态，这就是彻底地不妥协地反帝国主义和彻底地不妥协地反封建主义”。（毛泽东，1981：82～83）1935 年当日本把爪牙伸向华北后，“华北之大，已经安放不得一张平静的书桌了！”清华、北大又举起抗日的大旗，发起了著名的“一二·九”运动。1943 年，为了打破日军的封锁，国民政府军政部发布命令，希望各大中学生及公教人员自愿参加远征军，武汉大学先后有 125 名师生报名参加。1947 年 5 月 20 日，为了反对国民党的黑暗统治，以中央大学为首发起了“反饥饿、反内战、反迫害”的爱国民主运动，声势浩大，给国民党统治者以沉重的打击。

在校史课堂中，通过这些感人爱国故事的讲解，一定会激发学生的爱国热情，为实现国家的人才培养目标做出贡献。

三　利用校史开展通识教育的路径

利用校史开展通识教育，不仅意义明显，而且优势突出，如何使之变为现实，有一个路径选择的问题。

（一）要为学生自主学习提供丰富多彩的校史文化产品

大学生除了在老师的讲解中进行经典式学习外，更多的是靠自主学习。自主学习既是大学学习的一个基本特征，同时也是实现通识教育的一种方式。因此，为学生提供丰富多彩的校史文化产品供学生自主学习，应该是利用校史开展通识教育的路径之一。

大学校史的文化产品大体分为原始编研、基础编研和深度编研三类。原始编研就是对档案资料的整理汇编。如武汉大学已经编研开发出来的产品有《名人名师武汉大学演讲录》《永远的怀念——“六一”惨案60周年纪念图册》《烽火西迁路——武汉大学西迁乐山七十周年纪念图集》《乐山的回响——武汉大学西迁七十周年纪念文集》《学部委员夏坚白》《国立武汉大学抗日战争时期人员伤亡及财产损失调查报告》《湖北省立医学院抗战时期损失情况调研报告》《梁骱光校友档案材料选编》《王世杰校长档案资料选编》等30余部专题性档案汇编。

基础编研就是在汇编资料的基础上，进行基础性的编研工作。如《武汉大学早期建筑》《武汉大学历史人物选录》《资深院士王之卓》《珞珈兰台文集（第一辑）》《武汉大学测绘学科五十年》《今日武大》《测绘院士风采录》《大学文化与档案建设》《武汉大学史话》《武汉大学故事》等通俗性作品。

深度编研是针对学校发展过程中有关问题的考证，就学校的办学成就、办学经验，以及学校发展过程中的某一方面的深层次研究等，开展深度编研。如对校长办学理念、学科建设的发展历史、人才培养的模式与特色、科学研究的特点与贡献、社会服务的方式与绩效、国际交流的源与流、教师评聘的经验、管理制度的继承与创新、文化育人的优与劣以及校园建设中的风与物等方面进行研究发掘工作。目前开发出来的产品有《武汉大学历史探究》《乐山时期的武汉大学（1938～1946）》《流风甚美——武汉大学文化研究》《抗战烽火中的武汉大学》《武汉大学研究生教育发展史》《武汉大学校长的办学理念》《民国时期的研究生教育发展史》《王世杰传》《功盖珞珈“一代完人”——武汉大学校长王星拱》等专著。

武汉大学开发出来的三类校史文化产品，从调查的情况来看，基本能满足学生自主学习的需要，学生可以根据自己的兴趣和爱好对校史书籍进行选择学习。原始编研的成果多以图文并茂的形式出现，有助于学生对校史有一个最基本的了解；基础编研的成果多是在档案基础上的一个初加工，有助于学生对校史认识的提高；深度编研的成果是对校史方方面面的深度思考，有助于学生对校史认识的升华。从学校图书馆近几年统计的数据来看，《烽火西迁路——武汉大学西迁乐山七十周年纪念图集》《乐山时期的武汉大学（1938～1946）》《武汉大学历史探究》等校史文化产品是非常受学生欢迎的，尤其是《武汉大学历史探究》一书，学生的借阅一年四季从来没有间断过。

（二）要通过校史课程的开设进行知识强化

自主式学习虽然照顾到了学生的学习兴趣，但对知识的系统、准确、完整的把握，还需要老师的讲授。为达到通识教育的目的，校史的讲解就成为一种必要。

校史的讲解首先要有内容的取舍。学校经过几十年甚至上百年的发展，要讲述的东西很多，要有重点、要注意学生人文知识的补充和人格的塑造。如大学的四个功能是学生了解大学的基础，在讲解中是不能被忽略的。

人才培养是大学的第一要务，围绕着教学内容对学生进行教育是必要的。现在的教育理念、教育制度以及教育模式，都与过去相关联。通过对教育教学的历史讲授，学生会逐步明白为什么要实行现有的招生方式、管理模式、专业设置，明白为什么要进行教育教学改革，从而增强学习的自觉性。科学研究是大学的第二功能，是一个学校实力的体现。通过讲授专家学者们的科研状况、学术水平及取得的成绩，一定会使学生对科学研究的过程、注意事项、程序及规范要求有一个更清楚的认识，也一定会激发学生的科研积极性和创造热情。社会服务是大学的第三个功能，现在的大学由社会的边缘走向了社会的中心，因此，给学生充分讲授大学服务社会的历史过程，知识是如何在社会的政治、经济、文化、军事、科技等方方面面发挥作用的，无疑会增强学生学习知识的积极主动性。文化传承与创新是大学的第四个功能，它与大学的产生同时出现，只不过现在其特征日益明显和显得更加重要。大学文化是大学发展的深厚沃土，通过对大学文化的讲解学生就会明白，一所大学为什么会有自己的特点、行为方式及价值观念，从而激起学生对学校的崇敬和热爱。

其次要善于运用新的载体。大学在发展的过程中，不仅留下了一些纸质的档案，而且还有不少实物、照片、声像等特殊载体。将它们运用到校史的讲解中，一定会收到事半功倍的效果。

就实物档案来看，武汉大学档案馆馆藏档案珍品主要有：抗战时期周恩来、邓颖超在珞珈山会见美国记者埃德加·斯诺、接见文化要人的照片以及给武汉大学学生的亲笔签名；1958 年 9 月毛泽东主席来校视察的照片；江泽民、李鹏、李岚清等国家领导人为武大校庆的题词；罗荣桓、叶剑英来校视察，接见武大师生的照片；蔡元培、李四光等文化名人的题词；著名物理学家桂质廷教授 1945 年创办的亚洲第一个天空电离层观测站的历年观测记录（乐山时期）；陈潭秋、章伯钧、刘西尧、辛树帜等历届毕业生的学籍材料；中国人民解放军武汉市军事管制委员会接管国立武汉大学的文告；牛津大学、巴黎第十一大学、哈佛大学、京都大学等著名高等学府致武大校庆的贺信、贺礼以及与武大签订的学术交流协议书；毛主席的老师谭戒甫先生用英文撰写的材料；法国前总统希拉克致武大校长的亲笔信；留学生（法学专业）哈萨克斯坦总理卡理姆·马西莫夫的学习档案；武大各历史时期的校训、校徽、校旗、校歌等各种内容丰富的实物档案。将这些材料搬上课堂，一定会给学生留下非常深刻的印象。

还有声像档案，它有“声形并茂”的特点，记录了大量的历史信息，不仅具有准确性、纪实性、对比性和直观性的特点，而且具有维护历史真实面貌的权威性。

（三）要大力推行校史课堂的实践教育

通过校史课堂来实现通识教育的目标，还得借用实践教育的手段。校史课堂教学虽然重要，但它与实践教学相比缺乏直观生动的特点。《中共中央、国务院关于进一步加强和改进大学生思想政治教育的意见》指出：“要在继承党的思想政治工作优良传统的基础上，积极探索新形势下大学生思想政治教育的新途径、新方法，努力体现时代性，把握规律性，富于创造性，增强实效性。”

走出教室面向景物是校史实践教育的第一选择。校史从文化的角度来看，包含精神、制度、行为、环境和标识等五类文化。如果说精神、制度、行为文化适合课堂讲解，那么环境和标识文化就适合进行实践教学。

武汉大学之所以被称为最美的大学之一，一个重要的原因就是学校里面有许多经典的建筑。在讲解环境和标识文化时应该面对景物。如民国修建的文学院，位于学校狮子山顶，曾经是文学院办公兼学校办公的行政楼，不仅有雕梁花纹，且屋顶采用翘角，惟妙惟肖。男生宿舍，俗称“老斋舍”，位于狮子山的南坡，由三座罗马券拱门连为一体，采用“地不平天平”的设计方法，依山而建。每栋宿舍门皆以《千字文》中的内容命名，形成天、地、玄、黄、宇、宙、洪、荒、日、月、盈、昃、辰、宿、列、张十六个斋舍。珞珈山一区十八栋，即第一教职员住宅区，一共修建了十八栋错落有序的小洋楼，位于珞珈山东南面海拔 110 多米的山腰上，背山临湖。不仅王世杰、王星拱、周鲠生、陈源、杨端六、刘秉麟等专家学者居住其中，而且周恩来、郭沫若等革命家亦曾在此

“激扬文字”。国立武汉大学牌坊，坐落于武珞路与珞珈山路交汇处的街道口附近，为钢筋水泥冲天式牌坊。其四根八棱柱，表示喜迎来自四面八方的学子；柱头上的正面为“国立武汉大学”，背面用小篆书写有“文”“法”“理”“工”“农”“医”六个大字，表明学校的学科设置。

结合这些景物进行讲解，不仅给学生闻所未闻的人文知识，而且给他们以强烈的艺术感染力。

充分利用校史馆及专题馆是实践教学的第二选择。高校校史馆的展览，是将反映学校历史发展变迁中的相关图片资料和实物，进行精心搜集和整理的过程，也是对学校有关史料进行发掘、抢救和保存的过程。高校校史馆全面记录了学校的发展历程，集中表现了高校的办学理念和校园文化，是大学精神的物化凝练和物态结晶。高校校史馆不但可以展示自身历史、文化、教育理念及精神风貌，而且在对学校师生员工进行爱校教育、弘扬高校精神、传承优秀文化以及在学校招生宣传、管理决策、凝聚校友、国际交流等方面也会发挥重要作用。

如武汉大学校史馆坐落于校园中心的狮子山顶，原为1935年建成的国立武汉大学图书馆，是武汉大学的最高和标志性建筑，是全校师生求知的殿堂和八方来客、中外要人访问参观的重要场所，整体建筑风格中西合璧、气势雄伟。校史馆展馆包括三个：合校前校史展、合校后校史展和专题校史展。展览内容包括120周年校史通史展、专题展、实物展三大部分。共展示图片5000余张，实物近200件。全面展示了武汉大学的百年历史、办学成绩、传统精神和发展状况。运用了陈列展示艺术和声光电等现代技术手段，再现了武汉大学从1893年清末湖广总督张之洞奏请清政府创办的自强学堂至今120多年来艰苦卓绝的办学历程和辉煌的办学成就，以及在此期间涌现的可歌可泣的人物和发生在他们身上的故事。

自2013年11月28日开展以来，校史馆接待了众多海内外友人、校友、领导以及政府、教育、企业、影视等各界社会团体，参观合计近800场5万人次。充分展示了校史展览、爱校教育、校史研究的功能，成为校友交流的平台、对外宣传的重要窗口，在弘扬武大精神、传承优秀文化以及校际、国际交流中发挥了重要作用。

校史课程如果在校史馆讲解，一定会使学生记忆深刻并受益匪浅。

参考文献

池秀梅（2008）：《校史教育：大学思想政治教育的有效途径》，《集美大学学报》（教育科学版），（2）。

《简明伦理学辞典》编辑委员会（1987）：《简明伦理学辞典》，甘肃人民出版社。

毛泽东（1981）：《新民主主义论》，转引自萧超然等编《北京大学校史（1898～1949）》，上海教育出版社。

涂上飙（2014）：《民国时期的研究生教育发展史》，湖北美术出版社。

朱小蔓（2007）：《提升校史研究质量，服务学校长远发展》，《教育史研究》，（4）。

An Historical View towards General Education: The Cultural Investigation of University Historical Resources

Tu Shangbiao

Abstract: We can use university historical resources to achieve the goal of general education. For example, we cultivate students' patriotism and enhance their awareness, let them learn more about the humanities, and forge their strong will through studying the history of university. It not only is significant to use the university history to carry out the education, but also has the obvious advantage of being close to the students' psychological understanding and corresponding to the state's requirement for students' training. While we are making full use of the university history to carry out the general education, the colorful historically cultural products for students' autonomous learning, the strengthening of knowledge based on the university historical courses, and the practice education of historical courses should be provided.

Keywords: History; University Historical Resources; General Education

About the Author: Tu Shangbiao, Ph. D., Researcher in School of History, Wuhan University. Research interests and specialties: university history and history of higher education. Magnum opuses: *The History of Developing Graduate Education*, *The Notion behind School Running of President of Wuhan University*, etc. E-mail: tusb@ whu. edu. cn.

通识语境下中国文化关键词“博”之阐释

冯惠敏　郭洪瑞*

【摘　要】如何进一步推进通识教育改革已经成为高等教育研究领域的一个重要话题，而对中国文化关键词“博”的重新阐释是一个很好的切入点。“博”有着丰富的语义内涵，既是指才学修养，又是指修习过程，还是一种思想方法，更是一种人生态度。文化关键词“博”之中的教育思想，包括“博闻”的人才评价标准，“博学”“博练”“博思”“博约”的培养方法以及“博通”的培养目标。可以从教育理念和具体实践两个层面，揭示“博”对于当下中国通识教育改革的启示。

【关键词】“博”　文化关键词　通识教育

中国高等教育领域正在进行通识教育改革，旨在提高高校人才的培养质量，以适应社会的发展与变革。通识教育既是一种教育理念，又是

* 冯惠敏（1965～），博士，武汉大学教育科学研究院教授，教育学原理研究所所长，主要研究方向为大学通识教育。主要著述有《中美“历史文化领域”相关通识课程教学设计比较及启示》《大学通识教育教学质量评价体系及指标设计》《哈佛大学核心课程改革的最新动向及启示》《我国内地高校推进通识教育发展的瓶颈及对策》等。电子邮箱：min9027@163.com。郭洪瑞（1994～），武汉大学教育科学研究院研究生，主要研究方向为大学通识教育。电子邮箱：1209937021@qq.com。

一种具体的人才培养模式，对于转变过去我国高校过于注重专业教育的倾向，促进大学生全面发展具有重要的意义。（陈向明，2006：3）通识教育由“博雅教育”发展而来，而“博”是通识教育的重要特征和基本要求。中国传统文化博大精深，其中不乏对“博”的相关理解和论述。因此，在通识教育的语境下重新阐释文化关键词“博”的丰富内涵并以古鉴今，对于进一步推进我国通识教育的改革具有重要意义。

一 “博”的基本词义及丰富内涵

（一）“博”的基本词义

甲骨文中的“博”是一个形声字，从十，尃（fū）声。“十”的意思是四方中央齐备，而后《说文解字》中给出了“博”的基本含义，“博，大通也”（许慎，1963：320），即宽广博大、四周通达。“博”大多作为形容词来使用，如《诗·鲁颂·泮水》提到“戎车孔博”（唐莫尧，2003：841），是说作战的战车很宽敞。《淮南子·泛论》中提到“岂必褒衣博带”（刘安，2010：203），是说大衣服、宽带子，描述的是古代学者所穿的儒服。王逸的《鲁灵光殿赋》提到“丰丽博敞”，此处“博”用来形容建筑的宽敞。《礼记·学记》中谈到“不学博依，不能安诗”（高时良，2013：73），是说不学习大量的比喻，不能写出好的诗歌，此处的“博”意为大量的。《楚辞·招魂》中谈到“倚沼畦瀛兮遥望博”（董楚平，2014：203），此处的“博”用来形容远眺时的茫茫与宽大。《荀子·天论》谈到“风雨博施”（巩宝平、潘波涛，2016：188），此处的“博”译为广泛的、普遍的。可以看出，“博”字基本上是用作形容词，用来描述具体的实物，如战车、建筑、衣服、空间、风雨等。

当然，“博”作为形容词使用时不仅可以用来描述实物，还可以用来形容文人的学识修养。例如《史记·屈原贾生列传》中谈到“博闻强志，明于治乱，娴于辞令”（司马迁，1982：2481），此处“博”便用来形容文人见闻的宽博。“博”也可以用作使动，如《论语·子罕》中的“博我以文”（马新、校潇，2016：145），意为通过广泛的学习使自己知识渊博。此处“博”便是“使……渊博”的意思，强调了一种学习修身的方法。“博”还可以作为副词与其他动词合用，起到状语的作用，如“不如登高之博见也”（巩宝平、潘波涛，2016：2），此处的“博”就是“广泛地”之意。此外，“博”还可以作为动词使用，如《公羊传·庄公十二年》中的“与闵公博”（刘尚慈，2010：133），《论语·阳货》中的“不有博弈者乎”（马新、校潇，2016：326），黄宗羲《原君》中的“荼毒天下之肝脑，离散天下之子女，以博我一人之产业，曾不惨然”（黄宗羲，2008：6）。动词用法的“博”常译为“博弈”“博得”等。当然，上述仅探讨了“博”的基本词义和用法，在博大精深的古代文论体系中，“博”的内涵是极其丰富的。

（二）“博”的丰富内涵

文化关键词“博”的内涵之丰富，是超越其基本的形容词和动词的词义的，总结来看，由具体词义用法可以引申为一种“才学修养”、“过程方法”和“人生态度”。

其一，“博”是一种才学修养。如上所述，“博”的基本词义用作形容词，意为“广博、宽大”，用于描述具体的实物，如战车、空间、建筑等。后来“博”作为形容词多用来形容学识文化上的“广博、宽大”，引申为“博闻”“博识”“博洽”“博雅”等，以用来形容知识分子的才学修养。这是“博”在形容词基本词义上的内涵引申。

其二，“博”是一种过程方法。“博”的使动用法及副词用法分别意为“使……渊博”和“广泛地”，可以引申为一种过程方法。如：“博我以文”，通过学习文章使学识渊博；“旁征博引”中的“博”强调广泛地引用论述；“博览群书”强调广泛地阅读书籍；“博见”意为广泛地观察；等等。这是“博”在使动用法和副词词义上的内涵引申。

此外，“博”是一种人生态度。“博”作动词时意为“博得”，表明了古代文人在实现人生理想过程中的坚毅和决心；是古代知识分子在其

“修身、齐家、治国、平天下”实践过程中的一种人生态度。这是“博”在动词词义上的内涵引申。

二 “博”的教育思想

我国有着重视教育的传统，古代的教育思想也成为我们今天的重要财富。“博”的丰富内涵散见于博大精深的文论典籍中，其“才学修养”“过程方法”“人生态度”的内涵在关于我国古代教育的文论中便具体化为“博”的教育思想，具体表现为人才培养的基本标准、人才培养的具体方法和人才培养的最终目标，即“博闻”、“博学”、“博练”、“博思”、“博约”和“博通”。

（一）“博闻”——人才培养的评价标准

“博闻”，即见闻广博，是学识水平的重要衡量标准。《汉书·东方朔传》谈到“自以智能海内无双，则可谓博闻辩智矣”（班固，1993：1068），是说天下无双的智能则可以称得上是见闻广博了。可见，我国古代常用“博闻”来形容知识分子的才识水平。墨子曾对人才培养提出“博乎道术”的标准，同样是在强调“博闻”。颜之推主张以广博的知识作为教育的内容，倡导“德”与“艺”，其中“艺”除去经史百家的书籍外，还包括琴、棋、书、画、数、医、射、投壶等，足见其对人才培养之“博闻”的倡导。此外，“学富五车”“博闻强识”等这些用来形容古代文人学识的词也都有“博”的内涵，可见，“博”是我国古代教育中人才培养的重要评价标准。

（二）“博学”、“博练”、“博思”与“博约”——人才培养的具体方法

“博学”是古代人才培养的一个重要方法。孔子曰“君子博学于文”，是说君子要广泛学习文化典籍。《劝学篇》中的“君子博学而日参省乎己，则知明而行无过矣”（巩宝平、潘波涛，2016：1），是说君子

如果能够学习广泛并每天反省自己，就不会犯什么错误了，表明君子要博学才能减少自己所犯的错误。孔子整理的六艺包括《诗》《书》《礼》《易》《乐》《春秋》，在学习的内容上便体现了知识种类的宽博。《中庸》的论学名句中谈到“博学之，审问之，慎思之，明辨之，笃行之”（杨天宇，2016：859），一方面强调君子要广泛地学习和积累，另一方面强调要博学、宽容，唯有博学、宽容才能兼容并包，学有所成。韩愈同样倡导知识学习要多读博学，曾言“读书患不多”。（刘逸生、止水，1984：203）唐宋八大家之一苏轼曾谈到“博观而约取，厚积而薄发，吾告子止于此矣”（张伯行、萧瑞峰，2007：177），告诫张琥要广泛地读书学习，严谨地看待其中的观点。这些论述同样是在强调“博学”作为一种人才培养方法的重要性。

我国古代教育在人才的培养上还倡导“博练”。“博练”强调的是学习知识除了背诵理解之外，还要注重实践。孔子谈“力行近乎仁”，是说德行的培养要注重广泛的道德实践。墨家的教育思想中也强调学习要注重广泛的实践，“士虽有学，而行为本焉”谈的就是实践对于学习的重要性。（苏凤捷、程梅花，2008：90）荀子强调学习的方法是“学、思、习、行”，“学至于行之而止矣，行之明也……”（巩宝平、潘波涛，2016：88），也体现了其教育思想中对于广泛实践的重要性。此外，《中庸》中的“学、问、思、辨、行”，朱熹强调的“力行”，王守仁倡导的“事上磨炼”，颜元的“习行教学法”，明代官学中的“监生历事”等，都特别强调实践对于知识学习的重要性，即“博练”。这也是我国古代教育中人才培养的重要方法。

“博思”也是我国古代教育在人才培养上的重要方法。“博思”强调的是学习要注重思考，而不能只是单纯的“博学”和“博练”，书读百遍，其义自见，在学习的过程中应该有自己的理解和看法，勤加思考而不被权威束缚。荀子有云：“故闻之而不见，虽博必谬；见之而不知，虽识必妄；知之而不行，虽敦必困。”（巩宝平、潘波涛，2016：88）荀子这句话强调了学、思、行的结合，是说单纯学习而不加思考，即使见闻广博也仍然算不上智慧。因此，“博思”要统一于“博学”和“博练”

的过程中，三者都是重要的人才培养方法。

此外，我国古代教育在人才的培养上还注重“博约”。“博约”，即“博”与“约”结合，是说在学习上要处理好宽博与精深的关系，以达到“节博合宜”。西汉的贾谊曾论述“人主太浅则知暗，太博则业厌”（安树芬、彭诗琅，2010：300～301），就是说人在学习的过程中要处理好宽博和精深的关系，学习太浅则会见解片面，学习过博则会加重负担。唐宋八大家之一的韩愈虽提倡“贪多务得，细大不捐”以及“俱收并蓄，待用无遗”，但也强调“记事者必提其要，纂言者必钩其玄”（张新征、张亚，2016：6），其实就是强调学习过程中要把握好宽博与精深的辩证统一关系。此外，明代著名学者王夫之在谈到“博”与“约”的关系时曾论述“约者博之约，而博者约之博，故将以反说夫，于是乎博学而详说之，凡其为博而详者，皆为约至其功也”（王夫之，1975：299），就是说“博”和“约”都很重要，相辅相成，关系密切；精深的研究要建立在广博学习的基础之上，博学能力的培养也离不开对相关问题精深的研究。清末梁启超更是主张“康先生之教，特标专精，涉猎二条。无专精则不能成，无涉猎则不能通也”。（梁启超，2015：3）可见，“博约”同样是古代教育中人才培养的重要方法。

（三）“博通”——人才培养的最终目标

“博通”即博学、通识，意思是通过广泛的学习，达到知识上的贯通。《孔子家语·观周》曾谈到“吾闻老聃博古通今”。（王肃，2013：574）此处的“博”意为“通晓”，已经有“贯通”的意思在里面了。晋武帝司马炎曾下诏称曹志“笃行履素，达学通识”。（房玄龄等，1974：139）此处的“通识”，便是指学识渊博，见解通达。只有通过“博学”与“博练”并处理好“博约”的关系，才能够达到“博通”的境界，由博返约。因此，“博通”是我国古代人才培养的最终目标。孔子在教学中注重“由博返约”，曾言“君子博学于文，约之以礼”（马新、校潇，2016：145），即是说要通过博学获得较多的知识，然后“返约”，在对具体知识进行综合归纳的基础上形成原理和观点，达到知识上的贯通，这就是“博通”的表现。董仲舒在论述“节博合宜”的教育思想时也曾提出“太节则知暗，太博则业厌”，并强调“多连”和“博贯”（袁长江，2003：51），最终还必须反之于一，即由博反约。此外，清代学者纪昀曾评价顾炎武“学有本原，博赡而能通贯”（纪昀，1965：1029），是说顾炎武的学识有一定的境界，在进行考据时能够通过广泛的阅读，而后通过综合归纳得出自己的结论，强调的同样是知识上的贯通。各朝各代的史书中对大儒及知识分子的评价也多用到“博通”，此处不一一列举。凡此种种，均说明“博通”是在“博学”“博练”“博约”基础之上的，高于“博闻”的一种境界，也就是我国古代人才培养的最终目标。

三 文化关键词“博”对通识教育改革的启示

传统文化关键词“博”与当今我国推行的通识教育的诸多理念是契合的，而在通识教育的语境中解读文化关键词“博”便是为了借鉴吸收其合理成分。从这些语义及思想资源中，我们可以获得如下启示。

（一）树立“博通”的通识教育理念

如上所述，“博”蕴含的教育思想十分丰富，包括“博闻”“博学”“博练”“博约”“博通”等。现代大学倡导的通识教育内涵丰富，在谈及对人才的培养理念上，大部分学者认为通识教育旨在提高受教育者各方面的能力和素质，培养自由而全面发展的人，以适应社会的发展。诚然，促进受教育者综合素质的提高及全面发展是通识教育的重要目标和作用，但其实通识教育理念强调更多的应该是不同知识之间的贯通。我国古代将“博通”作为人才培养的目标，就是强调在广泛学习的基础上具备综合、概括、贯通各方面知识的能力，是“博闻”“博学”“博练”“博思”“博约”之上的境界。因此，通识教育在推行的过程中必须进一步厘清其人才培养理念，强调“博通”，通过不同领域内知识的贯通来促进学生的自由全面发展，而不应该仅仅停留在“博闻”与“博学”的阶段。“博通”的理念有利于增强学生的跨学科融合能力，促使其用本专业的知识解决其他专业的问题和用其他专业的知识丰富本专业的学习内容，如此才能更好地防止知识的割裂，弥补过去专业教育的不足，进而促进人才培养质量的提高。

此外，在“博约”的关系上，宏观来看，“博”与“约”大体上分别代表通识教育与专业教育的特征及目标。我们要处理好二者的关系，这样才能达到“节博合宜”。我国古代教育强调“由博返约”，最后达到“博通”。这启示我们推行通识教育时要注意处理好其与专业教育的关系。不能把通识教育看作专业教育的补充和下位概念，而应该作为一种具体的人才培养模式，使其承担专业学习、通识学习、自我发展等复合职能。

就通识教育自身而言，也有一个“博约”关系的问题：“博”与“约”分别体现为通识教育课程学习的广度与深度，我们同样应该处理好二者之间的关系，达到“节博合宜”，既要在通识教育课程的设置上考虑到学习内容的广博，又要在具体的学习过程中注意学习的深度，不能浅尝辄止，要注意通过“由博返约”达到贯通不同知识的目标。

（二）在通识教育的具体实践中践行“博”的精髓

通识教育是一个包括人才培养理念与具体实践在内的有机整体，进一步厘清通识教育的理念是为了更好地推进通识教育的具体实践，我们可以从我国古代“博”的丰富内涵中汲取营养，进一步推进我国通识教育的实践和改革，包括通识教育的课程设置、教学方法、考核评价、师资选择等。

其一，在通识教育的课程设置上，我们可以借鉴文化关键词“博”的思想与方法。首先要认识到知识的“博”，不能局限于某一专业而使学习有所偏废。无论是孔子的“六艺”、颜之推倡导的“德艺”，还是古代的官学，均列出了涉及许多方面的学习内容，这与通识教育所倡导的学习内容之广泛异曲同工，我们应该在通识课程设置上注重其包含的知识及科目的广泛性。此外，当今通识教育课程，一般包括自然科学、人文科学和社会科学等领域，这是在横向上对知识所涉领域进行的划分。另外，在通识教育课程设置上的“广博”还体现在课程的多样性上。我国古代教育倡导“博练”，将广泛地实践作为学习的重要组成部分，其实通识教育的课程设置上也可以加入“通识教育社会实践”类别的课程，以使得学生对于知识的学习不仅有横向领域上的宽博，更有学习内容纵向上的扩展，通过“博练”促进“博学”，以达到理论与实践的双向互动。因此，广泛地实践不应该仅仅作为重要的教学方法，更应该上升到通识教育的课程设置层面。此外，我国传统文化博大精深，很多论述对于当今教育的发展都具有哲学层面上的重要意义，将“传统文化学习”作为通识教育课程设置的重要部分和独立模块势在必行，应该得到进一步的普及和推广。

其二，在通识教育的教学方法上，我们可以借鉴文化关键词“博”的思想与方法。我国古代在教学方法上强调“博学”“博练”“博思”，以求理论与实践的统一，通识教育在教学上同样应该达到“博学”、“博练”与“博思”的统一，既注重将具体实践和知识内容的学习放在同等重要的位置上，又鼓励学生勤加思考，及时表达自己的观点和看法。我们可以推广研究性学习的教学方法，将理论、实践和学生的思考统一起来，鼓励学生以“博思”来统一“博学”和“博练”。注重以问题为导向，要求教师注重将不同学科课程的内容置于具体的主题或问题情境之中，以达到抛锚式教学和情境式教学的融合，同时提高学生的问题意识和解决问题的能力，达到知识和技能的双向培养。

其三，在通识教育的考核与评价上，我们可以借鉴文化关键词“博”的思想与方法。“博闻”也是古代教育中人才培养的重要标准。因此，在通识教育的考核与评价中，我们应该将“博”作为一种重要的评价标准。具体来看，则可分为：“博学”，即学生所选修的具体课程数目是否充足；“博练”，即学生进行通识教育社会实践的次数和质量；“博思”，即考查学生的独立思考和批判能力；“博通”，即对人才培养质量的终极评价和考核，亦即考查学生是否能够将所学知识融会贯通。当然，上述均属于发展性评价和过程性评价，可以通过教师记录和学生自主反馈相结合，如借助 BBS 论坛主页上的交流以及各学校的智能教务系统等来实现，以对通识教育的实施质量做出评估。

其四，在通识教育的师资选择上，我们可以借鉴文化关键词“博”的思想。嵇康也曾在《声无哀乐论》中谈道：“岂独师旷多识博物，自有以知胜败之形，欲固众心而托以神微，若伯常骞之许景公寿哉？”（嵇康，2014：352）充分强调了教师博学多闻、见解通达的重要性。通识教育的师资对于教学质量的影响极大，必须做严格的把关和考核。进行通识课程教学的教师必须是“博通”的人才。一方面，通识课程教师必须充分理解通识教育中“博通”的教育理念；另一方面，通识课程教师对相关的学科知识要有自己独到的见解，具备整合、归纳和贯通各学科知识的能力。我们应加强对教师通识教育理念的培训，通过学生评价、教师试讲、竞聘上岗等形式来选拔教师。

总之，中国文化关键词“博”，其语义的以及思想的内涵十分丰富和深刻，能够给我们今天通识教育的推行带来十分有益的和非常重要的启示。当然，我们在吸收借鉴时也要古为今用，赋予其时代内涵，从而更好地为今天通识教育的推进和改革提供思想资源。

参考文献

安树芬、彭诗琅（2010）：《中华教育通史》，京华出版社。

（汉）班固（1993）：《汉书》，岳麓书社。

陈向明（2006）：《对通识教育有关概念的辨析》，《高等教育研究》，(3)。

董楚平（2014）：《楚辞译注》，上海古籍出版社。

（唐）房玄龄等（1974）：《晋书》，中华书局。

高时良（2013）：《学记》，人民教育出版社。

巩宝平、潘波涛（2016）：《荀子品读》，山东大学出版社。

（清）黄宗羲（2008）：《明夷待访录》，岳麓书社。

（魏）嵇康（2014）：《嵇康集校注》，中华书局。

（清）纪昀（1965）：《四库全书总目》，卷一一九，中华书局。

（清）梁启超（2015）：《饮冰室合集·专集之六十九》，中华书局。

（汉）刘安（2010）：《淮南子》，中州古籍出版社。

刘尚慈（2010）:《春秋公羊传译注》，中华书局。

刘逸生、止水（1984）:《韩愈诗选》，广东人民出版社。

马新、校潇（2016）:《论语品读》，山东大学出版社。

（汉）司马迁（1982）:《史记》，中华书局。

苏凤捷、程梅花（2008）:《墨子》，河南大学出版社。

唐莫尧（2003）:《诗经新注全译》，四川出版集团巴蜀书社。

（明）王夫之（1975）:《读四书大全说》，中华书局。

（魏）王肃（2013）:《孔子三语集：孔子家语》，安徽人民出版社。

（汉）许慎（1963）:《说文解字》，中华书局。

杨天宇（2016）:《礼记译注》，上海古籍出版社。

袁长江（2003）:《董仲舒集》，学苑出版社。

张伯行、萧瑞峰（2007）:《唐宋八大家文钞》，上海古籍出版社。

张新征、张亚（2016）:《韩愈教育思想及其对现代教育的启示》，《科教文汇》，(6)。

The Interpretation of the Keyword "Bo" in Chinese Culture under the General Context

Feng Huimin Guo Hongrui

Abstract: How to further promote the reform of general education has become an important topic in the field of higher education research, and reinterpreting the keyword "Bo" in Chinese culture is a good starting point. "Bo" has plentiful meanings, not only refers to the intellectual cultivation, but also refers to the practice process. It is also a way of thinking, and a kind of life attitude. The cultural keyword "Bo" contains rich educational thoughts, including the talent evaluation standard of "BoWen", the cultivation methods of "BoXue", "BoLian", "BoSi", "BoYue", and the training goal of "BoTong". The interpretation of "Bo" helps us reveal the enlightment of "Bo" for the reform of General Education in current China from the two perspectives of education concept and specific practice.

Keywords: “Bo”; Cultural Keywords; General Education

About the authors: Feng Huimin, Ph. D., Professor of Academy of Education Science in Wuhan University, Director of Educational Principles Institute. Research interests and specialties: University General Education. Magnum opuses: *A Comparison of a Chinese and an American University's Teaching Designs for General Education Courses Related to "History and Culture"*, *University Liberal Educational Teaching Quality Evaluation System and Index Design*, *New Trends of Core Curriculum Reformation in Harvard University and Revelation*, *The "Bottlenecks" and Measures for Improving General Education in Chinese Universities*, etc. E-mail: min9027@163.com.

Guo Hongrui, MA Candidate in Academy of Education Science, Wuhan University. Research interests and specialties: University General Education. E-mail: 1209937021@qq.com.

“礼”之会通

刘金波*

【摘　要】 礼学作为中国传统文化的主流，作为关于“礼”的学问与研究“礼”的学术，对于回答现实世界是什么、人类社会的责任担当、当下社会怎么做等终极问题具有价值观和方法论意义，是大学通识教育的主要资源和重要抓手。通伦理的礼制为通识教育人与自然的融通提供了现实条件与学理依据。通教化的礼乐为通识教育的人才博雅提供了物质基础与合理内核。通工具的礼法为通识教育的思辨与会通提供了方法借鉴与手段创新。礼理融通，礼乐交响，礼法互契，成为通识教育博雅与融通的目标、路径与方法。

【关键词】 礼学　礼制　礼乐　礼法　通识教育

培养什么样的人，一直是困扰中国大学教育的核心问题。培养具有思辨能力的通才还是在某一领域具备技术硬能力的专才的问题越来越成为中国大学需要直面的主要问题。在“双一流”大学建设进程中，在社会经济结构转型的当下，利用大学的通识教育培养人格更完美、思维更发达、兴趣更丰富、技术更全面的具有人文情怀的通识人才，是我们从制造业大国转向创造业大国的应有之义和急需之举。而在通识教育的过

* 刘金波（1968～），文学博士，武汉大学文学院副教授。主要研究方向为中国古代文论。主要著作有《礼以节情乐以发和》《〈金瓶梅〉性学批判》等。电子邮箱：jbb800@whu.edu.cn。

程中，中国传统文化之“礼学”以其丰富而深厚的教学与研究资源，更应占据一席之地。

礼学作为中国传统文化的主流，既是知识分子安身立命的理念和根本，也是社会秩序的伦理和规范，还是我们文化自信的依托和根源。简言之，礼学就是关于“礼”的学问与研究“礼”的学术。

何谓礼？礼是维护封建道德伦理规范的主要工具。礼由祭礼而仪礼而礼制而礼乐，由制度而文化，礼乐制度成为封建社会固化社会秩序的一种行为准则，礼乐文化成为中华文明的重要文化根底。在此基础上发展起来的礼乐文化更是上升为一种伦理道德规范体系、理论形态知识体系和文化系统价值体系。《礼记》开篇曰：“道德仁义，非礼不成。教训正俗，非礼不备。纷争辩讼，非礼不决。君臣、上下、父子、兄弟，非礼不定。宦学事师，非礼不亲。班朝治军，莅官行法，非礼威严不行。祷祠祭祀，供给鬼神，非礼不成不庄。”（王文锦，2001：3）全面阐发了礼的重要作用。荀子更直言道：“礼者，人道之极也。”（《荀子・礼论》）他把“礼”上升到在现实社会如何做人的头等大事的重要地位来看待，认为最完美的“礼”能够尽善尽美地表达人们的思想感情，具有深厚道理的“礼”是做人的最高准则。作为古代社会尤其是封建社会做人的头等大事，做事的主要行为准则之“礼”的内涵与外延虽然也随着时代的发展而逐渐发展，其意义更趋丰富与完善，但是其来源、本质、功能、体系等基本内容则一以贯之，具有独特的思想资源和理论体系。

人道，关乎社会伦理、人性道德与人类权利。不知礼，不知道人类伦理，难以通伦理；不知乐，不懂人性道德，难以通教化；不知法，不能享有自身权利，难以通工具。中华文明之所以被称为礼乐文明，之所以能够迥异于西方文明并成为唯一不间断的文明，正是因为具有基本范畴又有独特体系的礼学能够让人内外兼修，通人道之不通。在现代大学制度条件下，在国学热逐渐升温的现时代，在中国梦圆梦时刻，“礼学”以其“通人道之不通”的独特魅力，对于回答现实世界是什么、人类社会的责任与义务在哪里、当下社会究竟应该怎么做等终极追问具有价值观和方法论意义，应成为通识教育的主要资源和重要抓手。

一　通伦理：礼与理的变异与融通

众所周知，尚公、重礼、贵和，是儒家伦理道德的基本精神。重礼而重理，礼与理的合一、分野乃至融合，成为儒家伦理的重要内容。

东汉许慎《说文解字》言："礼，履也。所以事神致福也。从示，从豊。豊亦声。灵启切。王国维认为，豊，行礼之器也。从豆。象殷墟卜辞[illegible]字。"（古文字诂林编纂委员会，2000：87）王国维说："奉神人之事通谓之礼。"广义上讲，礼指天文地理、日月星辰、岁令时节、政治制度、社会制度、文化制度、道德伦理、吉凶军宾嘉（五礼）等礼仪规范，在中国传统文化中成为无所不包的代名词。我们依礼之起源与礼之流变来分析礼的意义，从其形式与内容、知识与实践、逻辑与结构等方面阐释其意义，大致可以梳理出"礼"的三个方面的主要意蕴。

其一，从来源形式看，礼者体也。从礼的起源与本质看，"礼有三本：天地者，生之本也；先祖者，类之本也；君师者，治之本也"。（《荀子·礼论》）这句话的意思是说天地是生命之源，祖先是类群（民族）之本，君（主）师（长）是治理之本。礼，最初是原始社会蒙昧时代对鬼神天地的敬畏而产生的祭祀天地神祇的一种习俗，也就是所谓的盛玉以奉神之器。在人们逐步认识自然改造自然的过程中，"礼"从祭祀天地（生之本）逐步演变为奉先祖之事（类之本），表现为由民间不成文的社会习俗逐步演变成借助器物、音乐、仪式、辞令和程序进行某一规范化的礼节，由规范化的礼节逐步被固化为一种仪式，即仪典，并在此基础上标明不同等级身份的个人在仪节社会等级中所处的不同位置，任何人均不能逾礼而行。

概言之，这个礼即体，也就是事物之体貌、体势、体制。这个"体"，规定了万物万事之"序"，人类社会政治经济生活之所以能够合乎规律合乎逻辑地正常运转，是因为“礼”之体的具体规范。无规矩不成方圆，规矩即为其序。“群物皆别”的原因正是礼之“序”。所以《礼记·礼运》中这样表述：“故先王秉蓍龟，列祭祀，瘗缯，宣祝嘏辞说，设制度，故国有礼，官有御，事有职，礼有序。”对于“礼”之“序”，清人孙希旦云：“惟上下一于礼，故官有所御，而事得其职，所行之礼莫不顺其次也序……故天下国家可得而正之意，而极言其功效之盛也。”（孙希旦，1989：614）人非圣贤，每个人都会有耳目口舌之欲，欲望无穷，社会资源却有限，纷争不可避免。如何化解这些纷争？答案是以礼之体来区隔每个人，人们在社会生活中的位置不同，所以等级也不同，因为等级不同，所以享用的礼仪自然不同。反之，从礼仪亦能反观个体、群组的等级与位置。

其二，从制度执行看，礼者履也。任何礼，都有实践、践履的意义在里面。一方面，任何体势、任何仪礼、任何礼制，再完美的制度与仪式，都需要解决在现实生活中如何加以贯彻、落实和执行的问题。另一方面，也只有在贯彻与执行中才能知道礼之好坏优劣，也才有改进与完善的可能。天子制礼作乐，需要将礼的“本原”和“实用”完美结合起来。只有完美结合，才是最盛大的天子礼的表现。这既是《荀子·礼论》所谓礼的贵本与亲用的完美结合——“祭，齐大羹而饱庶羞，贵本而亲用也，贵本之谓文，亲用之谓理，两者合而成文，以归大一，夫是之谓大隆”，也是《礼记·大传》所载的“立权度量，考文章，改正朔，易服色，殊徽号，异器械，别衣服”等制度或习俗的多层次概括。

其三，从逻辑关系看，礼者理也。礼的本义是履，理的本义是治玉，二者在本义上具有相通之处。礼的基本原则和具体规定，需要合乎逻辑的“理”这一内核来驱动、来践行。一般来说，礼是后天出现的，理是先天存在的；礼是或然，理是必然；礼是人类社会特有，理是天地万物皆有；礼是可以改进、演化、变革的，理是不能变异、改造、重塑的。在这几个意义层面，礼与理似乎并不相通，但是《礼记》《战国策》《孔子家语》等典籍都不仅把人之“礼”看作天之“理”而存在，而且都是把“礼”作为本质上的“理”加以阐释并详加利用。如《管子·心术》

曰："礼者，因人之情，缘义之理，而为之节文者也。故礼者谓有理也。理也者，明分以喻义之意也。故礼出乎义，义出乎理，理因乎宜者也。"仪礼、礼义、义理，是一个礼制的逻辑线条。没有仪式不成礼，没有意义亦不成礼。而义则出于理，礼则意味着有理。礼义的合称，揭示出事物本身所具有的既存乎天地之理又合乎人情道义的一面。显然，礼是自然的天道之理，客观存在的天道作用于人脑，有一个后天接受的问题，自然与对自然的认识，并非对等或者完全对等，很多时候它只是一种倾向或者追求达到天人合一境界的思想与逻辑。礼由自然而物质，由物质而心理，再由心理而自然。由理到礼，再由礼到理，是一个具有逻辑合理性和圆满美誉度的轮回的相得益彰的过程。一句话，礼就是理。《说文解字》曰："理，治玉也。顺玉之文而剖析之，从玉里声。良止切。""理"的本义就是按照自然的纹理治玉，但在段玉裁的注释和戴震的疏证中都谈到一个重要的关键词"情"。虽然礼的发展过程也就是用自然之"礼"（理）打造人伦之"礼"（理）或者音乐之"礼"（理）的过程，但无不情动于中，缘情而发。惟其精心打造、精雕细琢，外表粗陋的顽石才能打磨成晶莹剔透的宝玉；惟其情动于中，礼才有生命活力，才有人文情怀，才有绮丽光彩。

通识教育需要通过教育让受教育者在世界观、人生观、价值观方面有一个全面的提升，不仅需要在本体论与认识论方面，对受教育者的日常生活知识、专业学科知识进行领会、把握、创新与超越，而且需要在人生观、伦理观与价值观层面，对人生理想的意义进行整体观照，对人的生命本然进行理性思考，对人生的终极目标进行教学价值判断。专业知识教育并不能较为全面、顺畅地解决个人价值观与人生观的问题。礼（制）之理的根本目的是将自然人伦关系规范化、制度化，将"礼"作为处理君臣、父子关系的行为准则，用"礼"来定亲疏、别异同、辨是非。礼与理的变异与融通，不同与和合，正好赋予了如何把社会道德规范（礼）内化为个人品质品格（理）的内涵、价值与意义。"礼"特别强调了万事万物乃至人类等级的"别"与"分"，从伦理上规定了哪些能做，哪些不能做，哪些该做，哪些不该做，都富有独立精神、思辨品质和责任担当的境域。同时，礼是不变之天理在人类社会中的反映，是宇宙万物的天体规律在社会生活中的体现，是思想等级观念、宗法等级制度的规范性条文，特别是礼依理将各种节制性的东西作用于无穷之欲望并体现出依礼而治、即事之治的通伦理的由知识到能力的成功方法，凡此种种，无不体现出通识教育重在人的培养方面的核心教育理念。

二 通教化：礼与乐的共鸣与交响

礼仪重分，强调的是礼制的等级强制规定性和不可逾越性。礼理融通，强调的是客观事物与主观意象的交汇。天子制礼，对维护封建统治，促进社会政治经济发展起到了举足轻重的作用。但是，作为社会规范的“礼”，正因为有社会等级强制规定性，不同等级之间的社会分层自然有难以逾越的心理鸿沟，这种鸿沟又潜在地制造着种群之间的社会矛盾、等级之间的情感隔阂。复杂多样的社会仅有强制性规定并不能让时代的链条健康地有条不紊地长时间运转。社会和谐需要润滑剂，时代巨轮的运转同样需要润滑剂。因而社会需要在“礼”不可能担当此阶级调和的重任时用另外一种新的方式和手段——“乐”——来实现社会层级之间的整合与沟通。奏乐与听乐的“乐”（yue）与“乐”（le）之双方情感互动，言语沟通，而达到情意和谐。在和谐的局面下进一步强化族群认同与归属，进而促进心灵的共鸣与交响。礼学视野下的音之所由生的“乐”通于伦理，重于教化。礼与乐的共鸣与交响，才使人类从蒙昧到觉醒，从知识外化到修养内化，从物质纷争到精神互谐，才使社会流而不息，合而同化，才使天地万物归于秩序，有利于人与社会、人与人的和谐共处。

（一）礼仪重分，礼乐重和

礼以治外，乐以修内。礼以治道，乐以修心。在先秦，礼的强大的政治意志不容置疑，但乐的丰富的道德精神也同样不可或缺。乐体现了人性人情，强调了礼乐教化。礼之体，乐之用。乐既是移风易俗的重要内容，是化解矛盾的重要手段，也是实现人生理想的重要途径，是实现人生价值的重要砝码。

《礼记·乐记》云："乐者，天地之和也；礼者，天地之序也。和故百物皆化；序故群物皆别。"（王文锦，2001：533）"乐者，天地之和也"这句话将音乐上升到深层哲学本体高度加以描述，没乐即无和，不和则天地万物凋零，百业凋敝。反之，和谐则合同，则乐兴起。因此《礼记·乐记》又曰："天高地下，万物散殊，而礼制行矣。流而不息，合同而化，而乐兴焉。"（王文锦，2001：535）"流而不息，合同而化，而乐兴焉"，孔颖达疏"言天地万物流动不息，会合齐同而变化者也"，强调了合同齐同，万物生长发展，万事齐备顺畅，无不是诸合力共同作用的结果。

一般而言，音乐早于文字产生，甚至早于语言产生。中华民族有据可考的音乐文献可谓汗牛充栋。商代末期的音乐肇始，历朝历代的音乐思想"流而不息"。周代有史伯、晏婴"和""同"论；春秋战国时代，有老庄的"道法自然""大音希声""大美""坐忘"，墨子的"非乐"，孔子的"兴于诗，立于礼，成于乐""乐而不淫，哀而不伤"；两汉时期的《礼记·乐记》；魏晋时代的《声无哀乐论》；宋元明清时期的《溪山琴况》《读律肤说》《瑟谱》《律历融通》等一系列重要的音乐文艺思想。仅先秦两汉时期就有多种著作从不同侧面阐明"乐"通教化之功用，在此仅举数例：

> 关于音乐种类和作用的，如《周礼·春官》："以六律、六同、五声、八音、六舞大合乐，以致鬼神示，以和邦国，以谐万民，以安宾客，以悦远人，以作动物。"
>
> 关于音乐审美功能的，如《荀子·乐论》曰："乐者，圣人之所乐也，而可以善民心，其感人深，其移风易俗，故先王导之以礼乐而民和睦。"
>
> 关于音乐疏瀹而心，澡雪而精神的，如孔子"乐其可知也。始

作，翕如也；从之，纯如也，绎如也，以成”。

通识教育强调客观之礼（理）需要内化为主观之格（品），中间需要解决如何内化、如何用的问题。无论乐有多少种功用，一言以蔽之，礼为体，乐为用。如何使用这个“用”？“礼之用，和为贵。先王之道，斯为美；小大由之。有所不行，知和而和，不以礼节之，亦不可行也。”（《论语·学而》）这里孔子借用由子的话强调了礼的作用，指出乐贵在和谐。虽然有礼这个强制性制度规范，但是据礼而行并不是一味冷冰冰的或面目可憎的，而是温情脉脉的很有人情味的。如何按照礼来处理一切事情，并让人与人之间、人与物之间的关系处理得恰如其分、恰到好处？“礼也者，动于外者也。乐极和，礼极顺。内和而外顺，则民瞻其颜色而弗与争也，望其容貌而民不生易慢焉。故德动于内，而民莫不承听，理发诸外，而民莫不承顺。故曰：致礼乐之道，举而错之，天下无难矣。”（王文锦，2001：558）不仅需要内和而外顺，而且人际关系需要据礼而行以达和谐。

乐准是音乐的评价标准，更是政治的评价标准。乐准有德、和、正、诚、味等五则。（刘金波，2009：156～158）其中一个重要的准则即是乐和。特别是“和”这一评价标准，既是音乐（可以进而推及所有艺术样式）的主要评价标准，也是政治的主要评价标准。和，则乐；乐，则和民之性，则政通人畅，乐者敦和。对个体来说，乐不仅是体之菁，能够让人内心和畅，慈爱平易，正直大方，气达自然，神通天道，以至平气通津，延年益寿，而且是德之华，对人类社会整体的道德熏陶具有举足轻重的作用，音乐使人情动于中，身心愉悦，受教者事半功倍，能够让人的人格更趋完美，人性更趋健全。对群体来说，在学科日益细化、社会分工日益明细、知识获取更趋便捷、信息传播到5G与量子时代的当下，好的教育、成功的教育不在于教育者传授了多少学科与专业方面的硬知识，而在于这些硬知识如何变成受教者的能力与素养；与此同时这些能力与素养还必然是合乎规范、合乎逻辑、合乎理性的。乐之和（或和之乐），正具备将礼（理）内化之功效，因具备这方面的功用与效果而成为通识教育的重要内容。乐，必然是春风化雨、润物无声，以音乐的乐音愉悦身心；必然是雅俗共赏、潜移默化，可以音乐的韵律来感动人民。审一定和，审乐知政，既利于个人，又利于家国。

（二）与民同乐，礼乐教化

统治者独乐乐不如众乐乐，众乐乐才是王道。所以是否符合王道，以乐即可窥其端倪。诸子百家见其礼而知其政，闻其乐而韶其德。《礼记·乐记》曰："礼节民心，乐和民声，政以行之，刑以防之。礼乐刑政，四达而不悖，则王道备矣。"（王文锦，2001：530）用礼调节民心，用乐来协和民声，乐和而准，不教不成。只有礼乐与刑政二者并行不悖，王道才可行并能够行之有效。

诸子百家既追求以乐准求王道，更追求以乐用致王道。乐之用如前文所述有多种，但是都可以概括成两大类，即政治的和艺术的（审美）。无论是政治的教化（重在"教"）还是音乐的教化（重在"化"），都有化育万物之意在里面。礼乐文化之乐，成了修身齐家治国之后的更高一层——平天下——的治平之道。上古五音宫、商、角、徵、羽中的"宫君、商臣、角民"三音本身就代表三种社会阶层。依次分析，音乐本身就是政治生活的衍生品，就是政治生活的最本能最直接的反映，是统治者实行统治并平天下的重要工具。所以"乐者为同，礼者为异。同则相亲，异则相敬。乐胜则流，礼胜则离。合情饰貌者礼乐之事也。礼义立，则贵贱等矣；乐文同，则上下和矣；好恶著，则贤不肖别矣"。（王文锦，2001：531）乐者为同，即乐和是为了和同感情；同则相亲，即情感和同能互相尊敬；乐胜则流，即乐章相同，上下得到交流也就能够互相和谐了。

分析先秦诸子的乐和思想，我们可以归纳出四个方面的深刻意涵。第一，必须通过礼乐之教来化万民，以维护封建统治；第二，欣赏音乐追求艺术享受的时候可以得到身心和谐与道德教化；第三，先王之礼乐具备修内与修外交错运行之结构，是结构完备、功能齐全的教化体系；第四，乐和与政和是并行不悖、相辅相成的。和，既是乐的特性与境界，更是乐的目的与归宿。音乐的功用虽然是全方位多角度多维度多侧面立体式的，如调和政治矛盾、愉悦亲情伦理、享受艺术审美、协调个人身心等，但是，音乐是为政治服务的，没有政和，乐和就没有存在的价值与意义，所以政和才是前提与基础。礼乐之和刚柔相济，互补互动，礼乐之和美善相乐，互利互惠。从不同表象、文采和感动出发创作的乐教正是德教的表现。察乐而知声，是郑卫之音还是正音一听便知；同样，察乐而知政，乐和与政和是否完美统一，也是化育成功与否的重要表现。

总之，乐和，既能和自身，也能审乐知政。礼乐文化最重要的功能就是通教化。一方面，好的艺术样式，“德成而上，艺成而下”，都是政治标准第一，艺术标准第二，即所谓“生民之道，乐为大焉”，“德音谓之乐”。另一方面，“文质彬彬，然后君子”“温柔敦厚”“发乎情，止乎礼”等不仅仅是文艺家们应该保有的原则，更是每一个受教者在品格、道德、修养方面的绳墨规矩，是自然之理化育之后的必然之乐。循礼守制，将价值理性广泛应用于工具理性，不仅是尊崇礼乐文化的儒家的人格理想和道德精神，更是新时期学生应该尊崇的重要做人、做事或者做学问的原则和法度。

三　通工具：礼与法的对立与契合

礼学，是一个早在西周就得以系统化、政治化和制度化的秩序的存在。但无论是礼制之通伦理，还是礼乐礼教之通教化，在很多情况下都是告知我们怎么做，而并非必须怎么做（如何做）。如《礼记》曰：“夫礼者所以定亲疏，决嫌疑，别同异，明是非也。礼，不妄说人，不辞费。礼，不逾节，不侵侮，不好狎。修身践言，谓之善行。行修言道，礼之质也。礼闻取于人，不闻取人。礼闻来学，不闻往教。”（王文锦，2001：2）这些“不”都是告诉人们不应该干什么，而不是应该干什么或者怎么干。礼学强调以礼为治，虽然礼治、德治、法治、人治都是不同的政治统治方式，但儒家孔孟礼学的礼治强调以“亲亲”“尊尊”为基本原则，其前提是以“礼”为“治”。以礼为治、以礼乐教化的结果是人与人之间还存在一个私德与公德的问题，远未达到“治”的目标。那么如何达到礼治而通工具?

自荀子开始的融“法”于“礼”的礼治思想更具操作性。在此对“礼法”之治略作探讨。

“礼”与“法”是中国传统文化的两个极其重要的元关键词，它们涉及社会生活的方方面面。礼法，也就是礼仪法度，最早出于《商君书·更法》“礼法以时而定；制令各顺其宜”，是等级社会的典章制度，社会行为的规范、传统习惯。通过对古代礼、法观念的溯源与流变的考察，可以发现礼法的秩序观和法律观是对立与契合的矛盾的统一。厘清这一统一体，有助于我们理解中国文化博大精深的内涵，领会中国文化元典精神的要义，进而构建具有时代精神的本土化法制体系。礼法之治将应然性、可能性与自然性、必然性结合，将治世与治心结合，将外铄与内省结合，更具时代感和操作性。

（一）礼法对立，矛盾统一

礼与法是一个矛盾的两个方面，构成了一个矛盾统一体。礼，繁体字写作“禮”，从示，从豊。“豊”是行礼之器，在字中也兼表字音。举行仪礼，祭神求福；法，繁体字写作“灋”。从“水”，表示法律、法度公平如水；从“廌”，即解廌，以神兽之角去触理曲的人。从本义看，二者是对立统一体。言对立是说二者的特性与规律不同；言统一是说二者在治理手段上目标与方式具有相互依存的关系，可以共生共存。

第一，在起源上，礼的自然准则与法的人为法则的对立。礼，是原始社会即出现的一种唯心意义上的自然法，是天道，是原始公理。其目的主要是规范国君的行为，规范政权更替秩序。推而广之，逐渐成为规范君臣关系、人际关系的日常礼节或规范。如《礼记·丧服四制》有言：“凡礼之大体，体天地，法四时，则阴阳，顺人情，故谓之礼。訾之者，是不知礼之所由生也。”（王文锦，2001：950）法，则自商代才开始出现，是谓法律、法令。《史记·李斯传》即有“乃更为法律”之言。法的主题是刑，是客观公正的规范，是依照神意而进行的裁决，具有御用性、强制性特征。法作为一种较为规范的社会控制手段是与国家、政权分不开的。

第二，社会地位上，中国传统文化之礼是主导、是核心、是基础，法是从属、是辅助、是补充。礼是原则性规范，强调血缘关系，神明亲情，天人相通，是缘于人情的伦理道德——人道，它是永恒的目标，不可改变。法则是条文式明确性规定，强调正义与公平，是方法、制度和手段，可以因世存废，因时变通。

第三，价值取向上，礼仪的精神体现（礼义）与法的规则（法条）不符。礼为儒家，以宗法、家族、亲情为纽带，注重感性，构筑传统社会组织，礼有严格的等级观念和差别待遇，主要为统治阶级服务。政体上，君贵臣贱，等级森严；家族内，长幼有别，尊卑有序。礼重感性，其价值取向是人伦道德。法则无差别对待，法律面前人人平等，既为统治阶级服务，也为人民大众服务。法重理性，其价值取向是公平正义，具有刑处、杀罚之职能。

（二）礼法契合，互融互补

礼与法是中国传统文化中不可或缺的组成部分。传统文化中的礼法契合主要表现为性质上的互通、流变上的互契、内容上的互融和功能上的互补。先秦的礼学体系是一体两面，这两面即道德形态的礼（理）和法律形态的礼（法）。它们之间是形式与内容、外显与内表的关系。上文所言的礼乐与刑政都是“礼”这个内核的外在表现。

第一，从性质上看，礼的神圣性与权威性和法的要求是一致的。“礼法”这一合成词即表示二者在性质上的相通性。二者不仅在祭奠天地鬼神方面具有唯心的神秘论倾向，而且，无论是事神致福的礼还是公平正义的法，都在一定意义上具有强制规定性，都是为了维护体制正常运转。

第二，从流变看，中国历史上，礼法合一，混一而分化，对立而契合。原始蒙昧时代，“礼”作为原始宗教祭祀活动，便“治其麻丝，以为布帛，以养生送死，以事鬼神上帝，皆从其朔”。（王文锦，2001：291）

春秋战国时代，法出于礼而独立，儒法对立，礼法分隔。汉代以降，儒法合流，礼入于法，德主刑辅，以刑弼教的原则重新主导中国的政教思想和实践。19 世纪末，伴随着列强环伺，炮舰外交，国势颓危，革新政教之变不可避免，清末礼法之争，礼的权威地位受到严重挑战，礼法一体的格局开始动摇。及至现代，法律的形式平等又得到进一步发展。

第三，从内容上看，礼的内容虽然包罗万象，但是二者在维护皇帝和家长权威方面都具有“尊尊”“亲亲”的互融性；同时礼的祭祀仪式、程序的规范性——礼制、礼仪需要严格遵守，和法宣判的庄严性、法条的强制性要求相一致。

第四，从功能上看，礼的节情的作用和法的礼法准则是相通的。孔子主张“有教无类”，孟子主张“教以人伦”，其礼教价值观浸润生活的方方面面，更熔铸在法的规范之中。礼是法外显的目标和归宿，法是礼内核的渠道与手段，礼法具有一体两面之性质，礼为本（或言德为本），法为用。如荀子所言“隆礼重法”，唐律《名例律・疏》所提“德礼为政教之本，刑罚为政教之用”都有这方面的意蕴。

概言之，礼与法既对立又统一，礼的等差性和法的特权性是一致的，礼法互补，礼法互契。礼为原则，法为准绳；礼是内隐，潜移默化，移民心于微末，法是外显，明正典刑，彰善恶于既显。礼是法的前提和目标，法是礼的渠道和手段。礼是天道也是人道，是文化也是政治，是规范也是法律，是伦理也是道德，是情感也是制度。礼是一种现实性理想，具有较多的不平等性和特权性，即所谓“礼不下庶人”（《礼记・曲礼上》）。礼具有理想主义、人文主义的色彩，是一种温情的思想。与此不同，法则更具强制性、可操作性与平等性。在很大程度上，法不容情。推而广之，文无定法之法，工具理性之法，处理问题之活法与礼法之法在方法论上的会通更是礼法通工具的价值所在。

综上，礼学作为中国传统文化的主流，以其“通人道之不通”的独特魅力，对于回答现实世界是什么、人类社会该承担哪些责任与义务、当下社会怎么做等终极问题具有价值观和方法论意义，为人类社会提供了中国智慧，是大学通识教育的主要资源和重要抓手。笔者认为，通伦理的礼制为礼学通识教育人与自然的融通提供了现实条件与学理依据。礼学视野下的礼制，人文之礼与自然之理的合一、分野乃至融合，成为儒家伦理的重要内容，成为通识教育的客观对象与现实基础。通教化的礼乐为通识教育的人才“博雅”提供了物质基础与合理内核。礼学视野下的音之所由生的“乐”通于伦理、重于教化。礼与乐的共鸣与交响，才使人类从蒙昧到觉醒，从知识外化到修养内化，从物质纷争到精神互谐，才使社会流而不息，合而同化。通工具的礼法为通识教育的会通提供了方法借鉴与手段创新。礼与法的对立统一、一体两面，礼法互补与互契，节情与不容情，都为我们认识世界、改造世界提供了具体的路径与方法。

参考文献

古文字诂林编纂委员会（2000）：《古文字诂林》，第一册，上海教育出版社。

刘金波（2009）：《礼以节情 乐以发和》，载李建中主编《中国古代文论范畴发生史》，武汉大学出版社。

（清）孙希旦（1989）：《礼记集解》，中华书局。

（清）王文锦（2001）：《礼记译解》，中华书局。

Propriety Learning: The Approach to Being Human

Liu Jinbo

Abstract: As a mainstream part of the Chinese traditional culture, the Propriety Learning, both as knowledge of and study in propriety, is of value significance and of methodological significance in providing answers to the ultimate questions of “what is the Realistic World after all, what is the human society for, and what are men supposed to do in a society we are in at the present time?” Propriety learning is the main resource and an important focus in tertiary-level general education. Propriety rules as a means to ethics provide the realistic condition and the disciplinary rationale for people to be harmonious with nature. Propriety music as a means to cultivation provides the material basis and a reasonable core for liberal arts learning in general education. Propriety laws as utility provides methods and innovation for people to be critical in thinking and comprehensive in learning. The harmony of propriety and reason, of propriety and music, and of propriety and law, is thus the goal, approach, and means to general liberal arts education.

Keywords: Propriety Learning; Propriety Rules; Propriety Music; Propriety Law; General Education

About the Author: Liu Jinbo, Ph. D. , Associate Professor in College of Chinese Language and Literature, Wuhan University. Research interests and specialties: ancient Chinese literary theory. Magnum opuses: *History of the Category of Chinese Ancient Literary Theory* and *The Criticism of the Sexual Science of the Plum in a Golden Vase*. E-mail: jbb800@ whu. edu. cn.

经典阐释

从批评到赞扬：简论“参也鲁”诠释意向的改变

陈　静*

【摘　要】 孔子对曾子的评价只有“参也鲁”一句话，但是关于“鲁”字的含义，后世却有不同的解释。汉代的孔安国认为“鲁”的含义是“迟钝”，是孔子对曾子生性不足的批评，这个理解一直延续到宋代初期。以“二程”为代表的宋儒改变了这种理解，以“质鲁”“笃实”“诚笃”“诚实”来解释“鲁”字，把孔子对曾子的评价转到了表扬的立场。程朱后学赵顺孙进一步引入了“功夫”的观念，来解释“鲁”字从“迟钝”到“笃实”的转变。对“参也鲁”的重新解释从形式上看只是《论语》解读中的一个小问题，实际上却有说明宋代学术转型的典型意义。

【关键词】 “鲁”字的含义　迟钝　诚实　功夫

“参也鲁”是孔子对曾子的评价，载于《论语·先进》，是孔子对曾参的唯一评语。《论语》中以“曾子曰”形式引述曾参语录十二三次，

---

* 陈静（1954～），中国社会科学院哲学研究所研究员，2018 年孔学堂驻访学者，主要研究方向为中国哲学。主要著述有《自由与秩序的困惑——淮南子研究》《自由的含义》《吾丧我——〈庄子·齐物论〉解读》等。主持社科项目“注释、诠释与建构——四书学与宋明理学的发展”。电子邮箱：chenjing-zhang@ 163. com。

记载孔子与曾参对话的仅有1次，孔子对曾子的评价，也只有“参也鲁”几个字。

“鲁”为何义？孔安国注曰：“鲁，迟钝。曾子性迟钝。”孔安国是孔子的十世孙，西汉初期人，著有《论语训解》等，书虽不存，但是他对“参也鲁”之“鲁”的解释，却因为何晏在《论语集解》中的采纳而保留下来，并定下了以批评立场理解“鲁”义的基调。何晏的《论语集解》照抄孔安国，没有增加新的内容。皇侃的《论语义疏》则在照抄的基础上增益了王弼的注释，其言曰：“鲁，迟钝也。言曾子性迟钝也。王弼云：‘鲁，质胜文也。’”因为《论语》此章并非仅仅评论曾子一人，所以《论语义疏》还概括了此章章旨，曰“评数子各有累也”，明确指出孔子在此章中对诸位弟子的评语是指点他们的不足。邢昺的《论语注疏》继承了这种明确批评的立场，概括此章章旨曰：“此章历评弟子之德行中失也。”曾子所得之“鲁”，自然也被认为是孔子对曾子的批评，是对曾子生性不足的否定性评价。

简单梳理宋明理学兴起之前对“参也鲁”的注释，可以得出两点结论。第一，从孔安国以来，对“参也鲁”之“鲁”的理解，一直是在批评的立场上进行的，并且这种批评的态度越来越明确，越来越强硬，开始仅仅蕴含在字义的解释之中，说“鲁”的意思是迟钝，所以“参也鲁”的意思是说曾子生性迟钝，后来则直接以“有累”“有失”来断定孔子的评语，否定的语气越来越强。第二，这种批评的理解是一以贯之的，一直延续到了宋代初年。皇侃是南朝人，邢昺是宋初人，他们的年代就可以证明，一直到宋代初年，对“参也鲁”的理解，仍然是批评性的。

但是，这种批评性的解释立场，到“二程”时被改变了。“二程”推重曾子，认为孔子去世之后，是曾子接续了孔子从尧舜文武周公那里获得的圣人之道，并且传递给了子思，子思又传给了孟子，形成了圣人之道代代相传的传承统绪，而曾子是传承道统的最重要环节。程子说：

> 传圣人之道以笃实者，曾子是也……仲尼没，得其传之正者，曾子而已。曾子传之子思，子思传之孟子，至孟子，而圣人之道益尊。(《论孟精义》卷六上)

孔、曾、思、孟一代代传递圣人之道而形成道统之传，随后成为道统之说的标准表述，尤其在程朱理学成为思想的正统之后，这样的道统之说更是学术和思想的基础性前提。不过在上面的这一段引文中，除了论说道统之说和道统之传，还有一点值得特别注意，那就是程子对曾子“笃实”品格的刻画。程子认为，曾子“传圣人之道以笃实”，也正是曾子的“笃实”品格，保障了圣人之道的确实传承。与解释“参也鲁”之“鲁”的含义联系起来，可以看到程子正是以“笃实”“诚笃”来解释曾子之“鲁”的含义的，这样就把汉代以来对“参也鲁”的批评性解释，转为正面的赞美了。小程子伊川先生曰：

> 参也鲁，然颜子没后，终得圣人之道者，曾子也。(《二程遗书》卷九)
>
> 曾子传圣人学，只是一个诚笃。《语》曰“参也鲁”……卒传圣人之道者，乃质鲁之人。人只要一个诚实。(《论孟精义》卷六上)

如果说上述引文的第一条还以“然”为转折，保留着一丝批评的遗迹，那么第二条则以“诚笃”与“质鲁”对应，把“参也鲁”的“鲁”，委婉转义为“诚笃”了。在汉代以来的注释中，王弼曾经注释“鲁”的含义是“质胜文也”。联系程颐对“参也鲁”的解释来看，伊川的“质鲁”与王弼的“鲁，质胜文也”的解释有顺承的关系，而王弼注文前的孔安国注，伊川显然不以为然，因此也就视而不见、置之不理了。总之，汉代以来对“参也鲁”的批评性解释，被“二程”消解了，他们认为“鲁”的含义是“质鲁”，是“笃实”，是“诚笃”，是“诚实”，是少言寡语但能够“默契”圣人之道。“默契”二字，见于朱熹《论语集注》，是朱熹对“吾道一以贯之”的注文。回到“二程”对“参也鲁”的扭转性理解，可以看到，“二程”之后宋儒对于

“鲁”的解释，就沿着程子开辟的新方向展开了。

程门弟子杨时曰：

曾子在孔门，当时以为“鲁”，学道宜难于他人，然子思之《中庸》，圣学所赖以传者也，考其渊源，乃自曾子。由此观之，聪明才智未必不害道，而刚毅木讷信乎于仁为近矣。(《龟山集》第十卷)

朱熹的同代人张栻曰：

曾子之鲁，其为学笃实，故卒能深造于道。(《论语解》卷六)

朱熹是宋代理学的集大成者，他的《论语集注》中所引用的对“参也鲁”的注释，显示了这种扭转的逻辑过程和对宋人新理解的肯定性质：

鲁，鲁钝也。

程子曰：“参也竟以鲁得之。”

又曰：“曾子之学，诚笃而已。圣门学者聪明才辩不为不多，而卒传其道乃质鲁之人尔，故学以诚实为贵也。”

尹氏曰：“曾子之才鲁，故其学也确，所以能深造乎道也。”

以上是《论语集注》“参也鲁”下的全部注文。《论语集注》的特点是兼顾文字训诂和思想诠释，所以朱子先顺承汉人旧注，曰：“鲁，鲁钝也。”但是，朱子不取“迟”义，又不取马融“曾子迟钝”的断语，转而引用程子“参也竟以鲁得之”的话。仅从程子这句话来看，“鲁”仍有否定含义，程子的感慨，只是惊异于曾子竟然得“鲁”之评。但是在朱子所引的程子第二条语录中，“鲁”的含义已经不是“钝”了，而成了“诚笃”，是“质鲁之人”具有的诚实品质。程子甚至进一步推广，以“学以诚实为贵”的结语，把“质鲁之人”所具有的“诚笃”品质解释成宝贵的为学正道。《论语集注》接着引用程颐弟子尹焞的话。而在尹焞的话中，曾子的“鲁”已经成为“其学也确，所以能深造乎道”的必要品质。至此，孔子对曾参的批评被完全扭向了正面的肯定。虽然朱熹本人在“参也鲁”的注文下没有发表自己的意见，但是他用前人注释，给出了一个理解“参也鲁”之“鲁”的新立场，这就是，曾子之“鲁”，是“诚实”，是曾子传承圣人之道的品质保证。

但是，孔子说“参也鲁”，并不只是说曾子，一起说的还有子羔、子张和子路。《论语》这一章的全文是：“柴也愚，参也鲁，师也辟，由也喭。”汉人的注释也都是批评性的，认为孔子说子羔“愚”，是说他愚直；说子张“辟”，是说他邪僻；说子路“喭”，是说他畔喭，意思是过于刚猛（王弼注：喭，刚猛也）。这样的意思，朱熹的《论语集注》都有顺承，并且在承袭汉注的基础上还有顺向的补充，如说子羔“知不足而厚有余”，说子张“习于容止，少诚实也”，说子路“粗俗”，皆没有像对曾子的“鲁”那样，做一种从批评到赞扬的方向性扭转。于是，当孔子对曾子的评语被扭转方向变成正面的肯定时，其他三子却仍然保持着孔子对他们的批评。

单单扭转孔子对曾子的评价而其他三位依然如旧，其间的不协调是很明显的。宋人也注意到这一点，因此在称扬曾子的基础上做了一些协调性的工作，这方面的努力在南宋赵顺孙编撰的《四书纂疏》中可以清楚看到。南宋有两部四书类的注释著作非常重要，一部是真德秀的《四书集编》，另一部是赵顺孙的《四书纂疏》。这两部先后编成的四书类著作都意在接续程朱理学的思想传统，虽然在理论的创造方面没有大成绩，但是在继承和形成程朱理学的论说规模上，却颇有捡择、归纳和推广之功。这两部书都以朱熹的《论语集注》为基础，不同之处只在于，真德秀只是为朱熹做补充，而赵顺孙的《四书纂疏》直接以朱熹的《论语集注》为经典，对朱熹的注文进行再注释。具体到对于“参也鲁”的注释，真德秀照抄朱熹，无所增益；而赵顺孙则对朱子的注文做了进一步的解释，解释的重点就在曾子的缺点怎么变成了优点上。下文为赵顺孙的注释：

鲁，鲁钝也。辅氏曰：“钝，谓迟钝，凡事不能明了，需用功夫乃透。”

程子曰：“参也竟以鲁得之。”《语录》曰：“曾子鲁钝难晓，只是他不肯放，直是捱到了透彻方住。不似别人，只略见得些小了便休。今一样敏底见得容易，又不能坚守；钝底捱得些略晓得处，便说道理止此，更不深求。惟曾子不肯放舍，若这事看未透，直是捱得到尽处，所以竟得之。”又曰：“只曾子资质自得便宜了。盖他以迟钝之故，见得未透，只得且去理会，终要洞达而后已。若理会不得便放下了，如何得通透？则是终于鲁而已。”又曰：“只是鲁钝之人，却能守其心专一。明达者每事要入一分，半上落下，多不专一。

又曰：“曾子之学，诚笃而已。圣门学者聪明才辩不为不多，而卒传其道乃质鲁之人尔，故学以诚实为贵也。”辅氏曰：“大抵聪明才辩者，所见虽快，所造则浅，方涉其藩而自谓入其奥者多矣。惟诚则有物，惟笃则有力，曾子之才质鲁，于道初若难入，而其求之也不敢有易心，故内尽其诚而无始终之异，外尽其力而无作辍之殊，此所以其造反深也。”

尹氏曰：“曾子之才鲁，故其学也确，所以能深造乎道也。”

以上是赵顺孙《四书纂疏》“参也鲁”下的全部注文。从形式上看，朱子的注文在赵顺孙这里成了需要注释的准经文，赵顺孙捡择出朱子的相关语录和朱熹弟子辅广的话，来进一步解释朱子的注文。因此，在赵顺孙的注文里累积的，是程朱一系数代学人对于曾子的理解。从内容上看，赵顺孙在继承程朱尊崇曾子的思想路向时，明显希望协调《论语》此章原本具有的批评意味，希望说明孔子对于诸位弟子的批评，为什么只有曾子所得之“鲁”能够合理地转为肯定性的话语，他采取的方式是用宋儒最重视的“功夫”，来说明曾子如何以锲而不舍的努力，把原本的不足变成了优秀品质。这一点，在赵顺孙引辅广的第一条注文“凡事不能明了，需用功夫乃透”，就已经点明了。按说，辅广是朱熹的学生，赵顺孙作为理学后进，引文当先引朱熹，再引辅广，以形成理学论说的历史性延续。但是，显然是因为辅广明确点出了“功夫”的重要，所以赵顺孙自己添加的第一条注文，就是引用辅广的“需用功夫乃透”一句。其后引用朱熹语录，捡择出来的也是朱子在这个方向上的论说，如“曾子不肯放舍”“终要洞达而后已”“能守其心专一”等，强调的仍然是“功夫”的锲而不舍和用心的诚悬专一。最后又引辅广称赞曾子“惟诚则有物，惟笃则有力”，终于以“内尽其诚而无始终之异，外尽其力而无作辍之殊”的功夫，获得造道之深的成就，其结穴之处，仍然是“功夫”二字。而赵顺孙本人在本章最后以“愚谓”提出的看法，强调的也是“功夫”，他说：“四者皆指其所偏，惟曾子能于偏处用功，故后来一贯之唯，至钝反成至敏。”赵顺孙承认在《论语·先进》的这一章中，孔子对四位弟子的评价都是否定性的，但是认为只有曾子能够“于偏处用功”，因此能够把缺点变成长处，最终成为道统的传承人。

赵顺孙的弥合努力也是有所继承的，他继承的当然还是程朱的传统。程颢曾经以曾子之“少”与“其后明道”相对应，来说明曾子由进道而得来的改变。朱熹编撰的《二程外书》和《论孟精义》都收入了程颢的一条语录，这条语录称：“明道曰：曾子少，孔子始也鲁观，其后明道，岂鲁也哉?”根据这一条语录，程颢显然认为孔子“参也鲁”的评语，是对曾子的最初看法，而曾子后来进入了“明道”之境，此时的曾子，“岂鲁也哉”？是不能够再以“鲁”来形容的。程颢的这一条语录，还见于罗从彦的《豫章文集》。罗从彦是杨时的学生，二程的再传弟子，他记载程颢的这一条语录，并没有以“明道曰”开头，而是在这条语录之后，署名“明道”。由此可知，朱熹编撰《二程外书》和《论孟精义》所引的这一条程颢语录，是来自罗从彦的记录，而罗从彦显然得自杨时。我们这样说除了杨时与罗从彦有直接的传学关系，还因为在杨时的《龟山集》里，也可以看到杨时推衍程颢之意而提出的类似看法。杨时说：

孔子云“参也鲁”，盖其初时。而后语之以“一以贯之”，曾子于此默喻，则其所得深矣。犹以为鲁，是学于孔门者独无所进乎？观《论语》所载曾子将死之言，孟子推明不事有若之意，又详考子思孟子传道之所自，是特以鲁终其身者邪？学有所患，在守陈编而不能断以独见之明，此其于古人是非所以多失之也。（杨时《龟山集》）

与程颢一样，杨时也使用了“初”与“后”的对照来描述曾子的进德，只是杨时的讨论更加细致，涉及宋儒特别看重的曾子之“唯”等内容，强调的要点，则是曾子绝不是“以鲁终其身”的。

由此可见，赵顺孙以“功夫”来说明曾子从“至钝反成至敏”的改变，是受到了程颢和杨时的影响的。程颢认为曾子始也“鲁”而后“岂鲁也哉”，杨时认为孔子对曾子有“初时”之“鲁”评和后来“语之以‘一以贯之’”的不同，绝不会“以鲁终其身”。这些论说都涉及曾子自身的改变。前文提到，程子对于“鲁”有一种转义的理解，这就是把“鲁”与“诚”连接，把“鲁”说成曾子具有“诚实”“笃诚”的优秀品质。这种理解表面上看起来，与这里所论曾子之“初”“后”的转变有点矛盾，因为在后一种论说中，“鲁”还是否定性的。但是，如果引入“功夫”，则“鲁”就是“笃诚”的功夫，能够带来“至钝反成至敏”的改变，就说得通了。当然，这种累积的论说和努力说通的追求本身，透露的还是理学诸人推重曾子的意愿和他们建立道统说的宗旨。

“参也鲁”的诠释从现象上看，只是《论语》解读中的一个小问题，但是围绕理解“鲁”的含义所发生的从批评到赞美的转变，反映出来的却是中国学术从汉唐到宋明的转型。这个转型是由一系列的改变构成的，而在所有的改变中，曾子的评价都必须改变。就经典而言，宋明理学的核心典籍已经从五经变成了四书，而曾子被认为是《大学》的作者，他的重要性当然不可忽视。从陪祀孔子的规模来看，颜、曾、思、孟后来成为“四配”，享受着在殿堂上陪祀孔子的荣耀，而曾子作为“四配”之一，在孔门的地位当然是高的。程子曾十分认真地批评汉唐时代推崇

“十哲”是俗说，理由就是“曾子传道而不与”，认为曾子传承道统，怎么可能不是孔子“门人之贤者”。当然，最能够表明曾子地位的还是道统说，曾子被认为是传递道统的关键人物，这样的人物，怎么可能“以鲁终其身”？所以，“二程”一定要改变“参也鲁”的传统解释，重新塑造曾子的形象，赋予曾子一个新的地位，因为曾子的新形象和新地位，本身就是宋明理学建构自身的重要方面。由此再来看“参也鲁”的解释，就可以明白这个《论语》注释的小小改变，实际上具有说明宋代学术转型的典型意义。

From Criticism to Praise: Discussion on the Interpretations of "Can Ye Lu"

Chen Jing

Abstract: Confucius appraised Zeng Zi with one statement "Can Ye Lu". However, in terms of the meaning of "Lu", later generations have different interpretations. Kong Anguo in Han Dynasty believed that "Lu" referred to "slowness", and the comment of Confucius to Zeng Zi was a criticism to his slow temperament. This understanding was kept until Early Song Dynasty, but Confucianism in Song Dynasty represented by Cheng Hao and Cheng Yi changed this understanding. They interpreted "Lu" into "being simple and honest", praising Zeng Zi instead of criticizing him like Confucius. After then, Cheng-Zhu's student Zhao Shunsun further introduced the concept of "Kung fu" to explain the reason for different interpretations on "Lu" from "slowness" to "being honest". The reinterpretation of "Can Ye Lu" might be a minor question in the analysis of *The Analects*, but in fact it significantly shows the academic transformation in Song Dynasty.

Keywords: The Meaning of "Lu"; Slowness; Being Honest; Kung Fu

About the Author: Chen Jing, Researcher at CASS Institute of Philosophy. Research interests and specialties: Chinese philosophy. Magnum opuses: *The Confusion on Freedom and Order: A Study of Huai Nan-zi*, *The Meaning of Freedom*, Selflessness: An Interpretation on Zhuang Zi's Theory on the Uniformity of All Things, etc. E-mail: chenjing-zhang@ 163. com.

朱熹《家礼》“四书”学理念探究

毛国民*

【摘　要】 自朱熹始，儒家经学发展格局从以“五经”为主演变为以“四书”为主的系统。《家礼》是这位“四书”学奠基人的重要礼学代表作品，其中蕴含诸多“四书”学理念。它将“天理节文”“人事仪则”贯通，使心性论落地于实际人生和社会关怀；力主庶民化，将中央集权的政教秩序治理模式转向了地方自治的治理模式，积极倡导庶民生活礼仪化及其存在理念与生活方式；与“四书”学“修齐治平”的人生理论相合，敬宗聚族而反佛家，尊亲、顺人性、缘人情而排“不孝”，崇入世而反出世。这些理念的灌入，使《家礼》伴随着“四书”学系统一并影响了后世上千年。

【关键词】《家礼》　“四书”学　地方自治　秩序重建

【基金项目】 2017 年国家社科规划基金一般项目“关系与契约互补的乡村治理研究”（17BSH082）

《家礼》作为朱熹即“四书”学奠基人的重要礼学代表作品，其中必然蕴含着诸多“四书”学理念。但是，以往的研究大多是让宋明理学

* 毛国民（1971～），博士，广东外语外贸大学外国文学文化研究中心研究员、政治与公共管理学院教授。主要研究方向为朱子礼学。主要著述有《他山之石：孟旦的中国人论与政治哲学研究》《清中期的礼学研究与荀学复兴：以汪中与凌廷堪的相关思想为中心》等。电子邮箱：mgm520520@ gdufs. edu. cn。

“湮没”了宋明礼学，甚至这位“四书”学奠基人的“礼学”也得不到应有的重视。本文将从“四书”学体用观出发，探讨《家礼》的“理”“礼”贯通；从“四书”学治道理论，去思考《家礼》如何从“国家制度构建”下移至“基层社会秩序构建”，如何实现“庶民化”和宗族自治；并从心灵塑造伦理层面，探析《家礼》如何“排佛”而塑造“四书”学所追求的理想人格。

一 “天理节文”“人事仪则”贯通

四书学系统下，朱熹《家礼》使儒学的性命天道之说，从心性论落地或接轨到实际人生和社会的关怀上，使理学理论与人生实践紧密关联起来。他多次呼吁“这个礼是那天理节文，教人有准则处”。（朱熹，2010a：1454）“理”贯穿于“礼”，而“理”又外化为“仪则”之礼。礼是制度文节，理是根本原则，礼只是理的外在表现，是社会之准则。于是，在朱熹这里“理”“礼”是贯通的。

（一）渗理学之思并纳礼入理

礼亦理也。宋人特别重视理学，强调因儒道重视人伦，而人伦贯于行“礼”之中，礼行则人伦之序显。这样，天理贯乎于其间，儒家之道和天道方立。于是，先王本乎于天理而制礼，先贤因人心而为之节文，这样其大体才能根乎于性命，这些便是礼与理的精义所在。程子曰：

> 礼亦理也，有诸己则无不中于理。君子慎独，“敬以直内，义以方外”，所以为克己复礼也。克己复礼则事事皆仁，故曰“天下归仁”。人之视最先，非礼而视，则所谓开目便错了。次听，次言，次动，有先后之序。人能克己，则心广体胖，仰不愧，俯不怍，其乐可知，有息则馁矣。
>
> 礼即理也，不是天理便是私欲。入于私欲，虽有意于为善，亦是非礼，无人欲即皆天理。（朱熹，1986：295）

可见，程子认为，“礼即理也”，所谓“敬以直内，义以方外”也。后来，朱子给予清晰解释，此礼“是天理之当然，减他一毫不得，添他一毫不得”。（朱熹，2010d：2885）圣人践履此礼，必定出于本心，且合于天理，即与天合一，礼理通也。但是，如果天理就是礼、礼就是理，那么礼与理的区别是什么？朱子在《答曾择之》中答曰：“礼即理也，但谓之理，则疑若未有行迹之可言，制而为礼，则有品节文章之可见矣。”（朱熹，2010e：2893）天理是内在蕴含的抽象之理，是形而上的，其须外化或具体化为形而下可行之礼，方能成为制约和规范人们行为的准则。因此，“只说理，却空去了。这个礼，是那天理节文，教人有准则处”。（朱熹，2010d：1454）可见，礼与理的区别即外化与内化的关系，礼义即是天理在现实中的贯通。礼的核心是礼义，即亲亲、尊尊之序，冠婚丧祭等礼只不过是亲亲、尊尊之天理外化的具体仪章度数。人们践履这些仪章度数，实际上心中有天理支撑。但万理不在他处，尽在具于心也，其未发时即为性，已发后即为情，那么合乎理者一定是合乎情的，而顺人性、缘人情却是圣人制礼的内在理路。《礼记·问丧》中有言“礼义之经也，非从天降也，非从地出也，人情而已矣”。

礼与理是内在关联的。朱子明确提出“礼者，天理之节文，人事之仪则也”。（朱熹，2010b：72）理贯穿于“礼”中，礼又将“理”外化为“仪则”。《书晦庵先生家礼》中，朱子高徒黄干论证曰：

> 昔者闻诸先师（朱子）曰：礼者，天理之节文，人事之仪则也。盖自天高地下，万物散殊，礼之制已存乎其中矣。于五行则为火，于四序则为夏，于四德则为亨，莫非天理之自然而不可易。人禀五常之性以生，则礼之体始具于有生之初。形而为恭敬辞逊，著而为威仪度数，则又皆人事之当然而不容已也。圣人沿人情而制礼，既本于天理之正，隆古之世，习俗醇厚，亦安行于是理之中。（黄干，2010：949～950）

可见，在朱子语境中，圣人制礼既“沿人情”“本于天理之正”，又行于天理之中，乃礼与理打通也。当然，礼学与理学是有区别的。[①] 礼学重在外部的制度与规范，礼的相关思想研究，有构建社会秩序的功能等；但理学重在内省，属于君子学的相关研究，内化而不在于外部的强制，目的在于人的精神升华。这样，我们可以用“礼”去要求别人，用“理”去说服别人，可以将理学作为我们的学术来研究，而礼学则可以作为礼仪来教化。“万物本乎天，人本乎祖”（《礼记·郊特牲》）。朱子《家礼》之祭祀、婚姻以及丧礼等，皆由此而发。而宋明理学，也希望祭祀发挥一种社会教化的功能，发挥凝聚共同体的作用，从二程到朱子都在努力针对社会转向下的“秩序”构建。他们制礼的哲学基础，首先是“理一分殊”理念，其次他们主张的宗族制度，也是“以理学为哲学基础的，而且张载、程颐、朱熹一脉相承”。（冯尔康，2009：168）

理学重“生命体验”，也推动了“礼之世俗化”。可以说，宋明理学“从来就不是枯燥的思辨概念，而是奠基于生命体验所展开的对话”。（林月惠，2008：1）因此，理学家们追寻一种更加顺应世俗人情，更加接近庶民生活实际，更加接近平民社会现实的礼仪。在此理学框架下，二程、横渠、司马光等理学家对“家礼”改革做出了重大贡献。朱子则本《仪礼》及程、张、司马诸礼书，而为《家礼》。其书盖参三家（司马、张、程）之说，而酌古今之宜者也，是此改革进程中的巅峰之作。正如朱子门人黄干所言：

> 世降俗末，人心邪僻，天理埋晦，于是始以礼为强世之具矣。先儒取其施于家者，著为一家之书，为斯世虑至切也。晦庵朱先生以其本末详略犹有可疑，斟酌损益，更为《家礼》。务从本实，以

① 刘晓东认为：“礼是外部对你言行的制约和限定，在这种制约和规范中，包含了很多礼的思想，形成了一种礼教，对人起到了教化的作用，从而能够使人产生君子意识。不是只求做良民，而是要做君子。理学，是一种精神的自我肯定，特别讲究内省的功夫，向内去观察自己，即化而不制。它只是教化，没有一些刑罚的手段来制约和规定。礼学的功效是巩固社会秩序；理学使人的精神得到了升华。”（刘晓东，2016）

惠后学。盖以天理不可一日而不存，则是礼亦不可一日而或缺也。先生教人，自格物、致知、诚意、正心，以修其身，皆所以正人心复天理也。则礼其可缓与？迨其晚年，讨论家、乡、侯国、王朝之礼，以复三代之坠典，未及脱稿而先生殁矣，此百世之遗恨也！则是书已就，而切于人伦日用之常，学者其可不尽心与？（黄干，2010：949～950）

由上可知，因为唐宋社会秩序的巨大变迁，古代礼学已经无法解决当下的现实问题。因此，学者既要“切于人伦日用之常”，也要尽心，因为此时的社会不仅需要革新的礼学来从外部治世，更需要宋明理学教人从内心反省。正所谓礼可以决事，但何以用来制心？乃理学也。

（二）浮文务本且须熟讲而勉行

《家礼》从心性论落地或接轨到实际人生和社会的关怀上，理学理论与人生实践紧密关联起来。因此，朱子为强调礼之本实和君子贵在礼之日用，从而既要具节文，又能取本实。他在《家礼》序①中云：“制礼应附先进之意，浮文务本，且熟讲而勉行。”（朱熹，2010c：873）当然，此处“附先进之意”，非《论语·先进》篇，而是孔子以古人为质朴，欲从古人之意也。

朱子制《家礼》，浮文务本。宋人建构宋代礼之秩序，需浮文务本，以人情趋于简便即可。例如，凶服古，而吉服今；国朝文德殿礼仪等。宋人只需抓住“本”即可，至于一些繁文缛节，不必细碎皆知，“笾豆之事，则有司存”也。今人须务本，否则易生私心。当然，务本而为，因人之材质不同也会有结果之差异。朱子曰：“须是先理会本领端正，其余事物渐渐理会到上面。若不理会本领了，假饶你百灵百会，若有些子私意，便粉碎了。只是这私意如何卒急除得！如颜子天资如此，孔子

① 朱子在序中指出：“大抵谨名分、崇爱敬，以为之本。至其施行之际则又略浮文务本实，以窃自附于孔子从先进之遗意。诚愿得与同志之士熟讲而勉行之。”

也只教他‘克己复礼’。其余弟子，告之虽不同，莫不以此意望之。公书所说冉求仲由，当初他是只要做到如此。圣人教由求之徒，莫不以时颜望之，无奈何他才质只做到这里。如‘可使治其赋’，‘可使为之宰’，他当初也不止是要恁地。”（朱熹，2010d：2880）如何“务本”？朱子曰：理会礼有次第，须从心处始。“今人须是理会身心，如一片地相似，须是用力仔细开垦。未能如此，只管说种东、种西，其实种得甚么物事！”（朱熹，2010d：2880）他进一步论证道：“公今且收拾这心下，勿为事物所胜。且如一日全不得去讲明道理，不得读书，只去应事，也须使这心常常在这里。若不先去理会得这本领，只要去就事上理会，虽是理会得许多骨董，只是添得许多杂乱，只是添得许多骄吝。某这说的，定是恁地，虽孔子复生，不能易其说，这道理只一而已。”（朱熹，2010d：2881）曾子临死时叮嘱：“君子所贵乎道者三，动容貌，斯远暴慢矣；正颜色，斯近信矣；出辞气，斯远鄙倍矣。笾豆之事，则有司存。”（朱熹，2010d：2878～2879）曾子将动容貌、正颜色和出辞气视为务本。孟子说：“诸侯之礼，吾未之学也。吾尝闻之矣，三年之丧，齐疏之服，饘粥之食，自天子达于庶人。”（朱熹，2010d：2879）这三项，便是大本大原。以上诸人虽各自表述不同，但都强调遵礼必须务本，须从心处始，须从日用处着力。就家而言当以“谨名分、崇爱敬”为本。朱子以“谨名分、崇爱敬”为本，认为“自其施于家者言之，则名分之守、爱敬之实”（朱熹，2010c：873）也。

礼需被熟讲而勉行之。礼需要宣讲，熟讲而后才能勉行之，因“中庸之德，不可须臾离”（朱熹，1986：306）也。我们可以将孝悌忠信等事撰成文章或者告示，或半年或三月聚民而读之，或城市或农村而宣讲和解说，使城、乡士庶之民皆能通晓礼仪制度，“及所在立粉壁书写，亦须有益古”。（朱熹，2010d：2877）

可见，礼重“践履”，践履行为是达到善的唯一有效途径。礼乃践履也，其本于天而肴于地，并最终达之于人伦日用之间，行乎于朋友、夫妇、父子之间也。礼须就切身处理会，才是本领。“某之诸生，度得他脚手，也未可与拈尽许多，只是且教他就切身处理会。如读虞夏商周之书，许多圣人亦有说赏罚，亦有说兵刑，只是这个不是本领。”（朱熹，2010d：2880～2881）因此，朱熹在《家礼》序中明确指出：

> 凡礼，有本有文。自其施于家者言之，则名分之守，爱敬之实，其本也；冠昏丧祭仪章度数者，其文也。其本者，有家日用之常礼，固不可以一日而不修；其文又皆所以纪纲人道之始终。虽其行之有时，施之有所，然非讲之素明，习之素熟，则其临事之际，亦无以合宜而应节。是亦不可一日而不讲且习焉者也。（朱熹，2010c：873）
>
> 三代之际，礼经备矣，然其存于今者，宫庐器服之制，出入起居之节皆已不宜于世。世之君子，虽或酌以古今之变，更为一时之法，然或详或略，无所折中。至或遗其本而务其末，缓于实而急于文。（朱熹，2010c：873）
>
> 大抵谨名分、崇爱敬以为之本，至其施行之际，则又略浮文、敷本实，以窃自附于孔子从先进之遗意。诚愿得与同志之士熟讲而勉行之。（朱熹，2010c：873）

这里，朱子明确强调礼之本实和君子贵在礼之日用，呼吁“具节文”而“取本实”，《家礼》须“熟讲而勉行之”。

二　以基层秩序建构为基点

以“五经”为主演变为以“四书”为主，这一经典文本系统的变化，不只是意味着思想和义理层面的变化，而且还对应着基于经典系统的政教秩序的转变。这些转变在朱子《家礼》中，有着比较明显的体现。例如，《家礼》本于《仪礼》，而《仪礼》的解释路向在朱熹处发生了根本变化，即《仪礼》作为一种国家制度转变为一种人的生活礼仪；基于“五经”系统的政教秩序（集权中央）转变为一种以“四书”为主之政教秩序（地方自治）。于是，《家礼》成为“庶民之礼”的标志，它不仅将礼学与理学关联起来，而且使理学之内省功夫“化而可制”为巩固社会秩序之手段，使本为自身修养的一种手段成为宗族礼序社会的建构纽带。

（一）“四书”学之《仪礼》诠释转向

朱熹极力反对王安石废除《仪礼》，将《礼记》作为考试科目的做法，强调《仪礼》乃为本、《礼记》乃为末，不可颠倒。礼有经，有变。经者，常也；变者，常之变也。然“先儒以《仪礼》为经礼……《礼记》，圣人说礼及学者问答处，多是说礼之变”。[①]（朱熹，2010d：2899）因而“《仪礼》是经，《礼记》是解《仪礼》。如《仪礼》有《冠礼》，《礼记》便有《冠义》；《仪礼》有《昏礼》，《礼记》便有《昏义》，以至燕射之类，莫不皆然”。（朱熹，2010d：2899）“三礼”之中只有《礼记》被认为重“言义理”，而受到当时（宋代）学者的重视，特别是以王安石为代表，为了政治、思想的需要，通过解释《礼记》等礼书，附会时事为其变法服务。但是，《仪礼》因其“详于器数，略于义理”而遭到漠视。朱子反对这种以“玄想心证”之法探知礼之真意，认为礼的价值意义如果在失去了“礼仪形式”之后，便无处着落了。实际上，义理与文皆不可废也。

四书学系统下的《仪礼》，乃指人之生活礼仪。《仪礼》的解释，有两个主要路向，即以郑玄为代表的《仪礼》是“曲礼”，以朱熹为代表的《仪礼》乃“经礼”。朱熹对《仪礼》的重释与转向，与《家礼》主张的“庶民生活礼仪化”，有着内在的一致性。朱熹以《仪礼》为基础，是以人的一生为核心，以人的各种关系为半径而形成的一种结构。（邹昌林，1992：152）相比之下，两种结构之功能也截然不同，以《仪礼》为基础形成的结构，体现宗权为上精神，重在齐家和统族；而以《周礼》与《仪礼》为“经纬”形成的结构，体现君权为上的指导原则，重

① 当然，《仪礼》中亦自有变，变礼中又自有经，不可一律看也。

心在治国理政。（邹昌林，1992：158）

《仪礼》为“经礼”，乃《家礼》庶民化的理念基础。朱熹改变了郑玄“《仪礼》为曲礼”的观点，真正使具“人之生活礼仪”特征的《仪礼》占据社会主导地位，庶民化的《家礼》获得了合理的理念和“经学”基础。实际上，将《仪礼》理解为“曲礼”也未为不可，因为《仪礼》所记之内容实属习俗一类，即人的生活礼仪。梁启超曾说：“无文字的信条，谓之习惯。习惯之合理者，儒家命之曰‘礼’。”（梁启超，1986：81）李亚农也说：“‘礼’就是恩格斯所说的‘数百年来的习惯’。整整一部《仪礼》都是记载古代社会生活各方面的习惯的。”（李亚农，1978：232）而《周礼》不同于《仪礼》，虽也是从习俗起源的，却经过官府（政府）改造，法律化、制度化了，它是“制礼”（李经纶），因而不能简单地归入习俗之列。作为文化来说，习俗（《仪礼》）固然是其最深层的基础，但它不是制度的核心。而《周礼》是一种国家制度安排，应该更接近中国文化根本特征的古礼核心。《仪礼》和《周礼》孰重孰轻，谁是“经”谁是“曲”，确有争议空间。然而，朱子旗帜鲜明的作此“定位”转换，并彻底否定“郑论”，其无非是为了《家礼》能够“庶民化”。

（二）基于“四书”系统的《家礼》庶民化

唐宋之际，贵族社会已经转向平民社会。宋徽宗颁定《政和五礼新仪》，社会上开始渐次出现《唐开元礼》中没有的“士庶”礼仪，如“庶人冠仪”“庶人婚仪”“庶人丧仪”等。《宋史·礼志》也第一次在正史的“礼志”中记述士庶婚丧嫁娶的情况，但是仍没有形成“礼下庶人”的礼制，真正的转折是在《家礼》问世之后。《家礼》为平民社会的建构设计了很多“庶民之礼”。

建祠堂：统宗聚族的场域。因科举而士庶文化混同，家庙难以维持，古礼中大宗的特权地位和文化独特性受到严重冲击。其中，九品中正制的破坏，使官僚阶层出现，原有大宗、士族的没落使得家庙制度受到不同程度的冲击。因血缘与地缘结构破坏而士族分离，以血缘与地缘相结合为基础的古礼特别是家庙制度受到挑战，因为古礼家庙制度往往同血缘与地缘密切结合，且家庙不能像人那样容易迁徙和流动。同时，因唐末的战乱，大量流户存在，士族分离。人口流动性逐渐增大，原有的以宗族为单位的家庙制度遭到破坏，而继之以家庭为单位。正如邱濬所述："古人庙以祀其先，因爵以定数，上下咸有定制。粤自封建之典不行，用人以能不以世，公卿以下有爵而无土。是故父为士而子或为大夫，父为大夫而子或为士，庙数不可为定制。且又仕止不常、迁徙无定，而庙祀不能有常所。"（丘濬，2015：346～347）如果"庙祀不能有常所"，那么宗族就失去一起正常活动的场所，失去宗族举行重要礼仪和族人之间连接的运作机制。这样，宗族的凝聚力在一定程度上受到削弱。因此，朱子认识到问题的严重性、时代需求性，为重新发挥宗族凝聚的功能，结合宋代已转型的社会实际，在司马温公"影堂"的基础上提出了"祠堂"制度。明朝邱濬在其《南海亭岗黄氏祠堂记》中，描述岭南黄氏一族按照《家礼》所述建立祠堂的过程。他记述曰："岭南僻在一隅，而尚礼之家不下于他方。南海亭岗黄氏，世有显宦。其先世在宋为奉朝大夫者，自凌江南徙以来，今若干世矣。其六世以前惟单传，六世以后支庶始繁衍。自是又若干世至处士洪僧者，为黄氏世嫡，乃谋于众曰：'吾侪承先世贻谋以有今日，为子孙者人竞殖产以自私，顾使祖宗无栖神之所，于心安乎？'盍相与建祠堂，众曰：'然'。于是择地于所居之东，如《家礼》制建屋一堂三室以为祠堂，堂之前有亭，翼以庖厨斋沐之所，外为三门缭以周垣树以松柏。专俾僮仆一人，司启闭焉。规制如《家礼》，而少异也。"（丘濬，2015：346～347）从黄氏祠堂记中可知，其家族从凌江南徙而来，已历数世，虽然尚礼之家不下于他方，但是子孙者人竞殖产以自私，而祖宗却无栖神之所，心不安也。于是，开始建立祠堂，其规制一如《家礼》，很少异。

置祭田：平民化之经济支柱。《家礼》卷二中写道："初立祠堂，则计见田。每龛取其二十之一，以为祭田，亲尽则以为墓田。后凡正位、祔位，皆放此。宗子主之，以给祭用。上世初未置田，则合墓下子孙之田，计数而割之，皆立约闻，官不得典卖。"（朱熹，2010c：418）因唐宋社会的巨大转型，均田制至唐已不能行，宋则无论矣。同时，两税法的实行也加速了士族的分离，加速了贫富进一步分化，私有土地也进一步租佃化。原有通过宗族所维持的均平主义和宗族凝聚力被彻底打破，族内贫富差距也越来越大，使得以往南北朝时常见的宗族内部的经济互助现象很少见了，宗族的凝聚力因而也大大削弱。按古礼，大夫士有田则祭，无田则荐。是有土者，乃得庙祀也。以前的士族一直拥有土地，但现在完全失去控制。"古者有田则有爵，今有爵者未必有田，而有田者往往多在于编民。今世拔士于民，苟服章缝习诗礼是亦古之士也。矧又时有掇科跻仕，虽比古之大夫亦未为过，既名为士大夫，而又有世业之田，则立祠以妥先灵，置田以给祭需，私家之事孰有先于此者?"（丘濬，2015：346～347）然世人果于殖产，而不果于行礼；急于贻谋，而缓于报本。这种情况令朱子等人担忧，如何解决此类问题，以报先德、以训后昆，让家之孝子、族之精英者，能发挥凝聚家族的作用，让他们发挥手头田地的作用，能真正收族归心，祭田有着重要的作用。邱濬在其《南海亭岗黄氏祠堂记》中，描述了岭南黄氏一族按照《家礼》，发挥"族之宗英"的作用，从而"置祭田，具祭器，晨必谒，出入必告，面正至朔，望必参岁，时伏腊及有新物必荐，有事必以告，四仲之日及忌辰必有事于正寝，一一按《家礼》以行"。（丘濬，2015：346～347）

制木主：平民化之丧器。宋代，朱熹和程颐二人"留下了令人注目的言论"（吾妻重二，2011），即他们认为唐代之前按礼只允许皇族及高官才能设置的木主，当今（宋代）也应该适用于一般士人，并且他们还重新设计了新的木主形式。首先，是"木主"样式创新。伊川减杀古礼，"杀诸侯之制"而创新"牌子"。他认为，"士庶不用主，只用牌子"。若遵照此礼，朱子认为会带来一些困境，特别是"科举制度"之后，原是平民阶层，后上升为"官僚"，难不成又要更换"牌子"为"主"吗？朱子曰："伊川制，士庶不用主，只用牌子。看来牌子当如古制，只不消二片相合，及窍其旁以通中。且如今人未仕只用牌子，到任后不中换了。"（朱熹，1986：449）因而，他提议："若是士人只用主，亦无大利害。"（朱熹，1986：449）况且"主式乃伊川先生所制，初非朝廷立法，固无官品之限。万一继世无官，亦难遽易。但继此不当作耳，牌子亦无定制。窃意亦须似主之大小高下，但不为判合陷中可也。凡此皆是后贤义起之制，今复以意斟酌，于古礼未有考也”。（朱熹，1986：449）朱子还详考伊川主式书属、称。本注：属，谓高、曾祖考。称，谓官或号行，如处士秀才、几郎、几公之类。最后得出结论，“如此则士庶可通用”。其次，简化“木主”材料的使用程序。“古者虞主用桑，将练而后易之以栗”（朱熹，1986：449），也就是说，先用“桑”制木主，至“练”[①] 而后变成“栗”制的木主，礼之程序甚是烦琐。因而，《家礼》云：“今于此便作栗主，以从简便。或无栗，止用木之坚者。”（朱熹，1986：449）也就是说，木主不需要在“练”的前后“更换”了。因为古者“虞主用桑练而后易之以栗”，此程序烦琐，因而《家礼》主张用栗或木之坚者制作，无须更换。

（三）从国家制度转向基层秩序建构

依据“四书”经典的宋明儒学心性论，也是地方自治的重要思想基础[②]。基于心性论，宋明儒者重教化而轻行政，特别强调地方自治。在宋明具体实践中，则以社仓取代常平仓和青苗法，以书院取代学校（官学），以家训、族规、乡约、书院学规等非行政力量约束民众行为，从而构建自治的基层秩序。“四书”系统下的《家礼》，融于朱子心性论体系，不主张从整体的国家层面和制度来构建制度，而是强调从每一个士人或民众“生老病死”之善来达到，因为整体国家的善主要取决于部分（宗族）的善，取决于每一个个体（士人或民众）的善。于是，《家礼》从收族敬宗的宗族（部分）自治出发，积极倡导庶民（个体民众）生活礼仪化，致力于塑造士人阶层和民众的存在理念与生活方式，从而达到或实现地方自治。

---

① 练，祭名，于父母去世13个月时，戴练冠，祭于家庙而得名。《荀子·子道》：“鲁大夫练而床，礼邪？”《礼记·檀弓上》：“小祥而着练冠练中衣，故曰练也。”

② 地方自治的思想基础是：组成整体的部分能够自发地形成秩序，而且整体的善取决于部分善的达成。

重教化而轻行政。宋以后的政治现实，是君主与科举出身的文官阶层共治天下。在这种情况下，君主是天命的承担者和最高的统治权威这一意义逐渐弱化，相应的，君主被理解为士人阶层（文官阶层）的代表。《家礼》的"庶民化"，也开启了士人因其教养和知识，或者得"道"，而有对民众教化之职责，有"先觉觉后觉"的义务。乡绅自治和从道不从君的理念，使君主在义理上是一个道德楷模，这符合"四书"学的理念。同时，《家礼》也发挥着重塑儒家伦理精神、构建君子心灵家园等功能。因为家、国同构，朱子认为作《家礼》可重塑儒家伦理精神和激发君子道德力量，从而完善社会秩序。因为《大学》有云，古之欲明明德于天下者，先治其国；欲治其国者，先齐其家；欲齐其家者，先修其身；欲修其身者，先正其心；欲正其心者，先诚其意；欲诚其意者，先致其知。致知在格物，物格而后知至；知至而后意诚，意诚而后心正；心正而后身修，身修而后家齐；家齐而后国治，国治而后天下平。自天子以至于庶人，一是皆以修身为本。其本乱而末治者，否矣。其所厚者薄，而其所薄者厚，未之有也。此谓知本，此谓知之至也。所谓治国，必先齐其家者，其家不可教而能教人者，无之。故君子不出家，而成教于国，孝者所以事君也。弟者所以事长也，慈者所以使众也。（司马光，1986：659）因此，司马光在其《家范》开篇，就明确提出："家人有严君焉，父母之谓也。父父、子子、兄兄、弟弟、夫夫、妇妇，而家道正，正家而天下定矣。"（司马光，1986：658）明于家道，天下莫不化也。

强调宗族自治。在郑玄《仪礼》解释体系下，国家礼制是主干，君权是制度的核心。而在朱熹《仪礼》解释体系下，则围绕宗子、男子一生活动展开，围绕"宗权"展开。宗权是仪礼的中心，人与人之间的关系都是围绕宗权展开的。"万物本乎天，人本乎祖"（《礼记·郊特牲》）。宗法立，人知来处而不忘本；宗法立，则可和谐社会，管摄天下，保家国平安。世人若能明谱系世族、确立宗子法规，则可"管摄天下人心，收宗族，厚风俗，使人不忘本"。（张载，1986：154）对个人与家族来说，"若宗法不立，则人不知统系来处，既死遂族散，其家不传"。（张载，1986：154）此方面，朱子《家礼》基本沿袭程子和张子的立场。他认为，人伦纲常乃是礼之大体，自今以往或有继周而王者，虽百世之远，所因、所革亦不过是坚守人伦纲常，坚守礼之大体而已。三代相继，也是此本；所因、所益，皆是此本；所损者，也只不过文章制度小过不及之间也。（朱熹，2010a：31）“古者子弟从父兄，今父兄从子弟，由不知本也。”（朱熹，1986：417）因为礼之本即立宗子法，这样才能管摄天下人心、收宗族厚风俗，才能使人不忘其本，才能使人知来处，才能明谱系、收世族。否则，若宗子法坏，则人流转四方，往往亲未绝而不相识也。（朱熹，1986：417）因此，《家礼》中的宗子对内掌握宗族大权、对上协助君主治理国家、对外则主理所在地方的自治。对国家而言，如果宗子不能得到合法确立，那么朝廷就没有“世臣”，就很容易出现那种贫贱之人一日而飞黄腾达，成为一代公卿以至公相的情况。这种没有经验和厚重积累，就扶摇直上，是非常危险的事。因此，朱熹认为如果宗法不立，就可能导致人死则族散，其家不传；宗法若立，则人们各自知道自己的来处，于是家族稳定、社会秩序井然，朝廷也因此大有所益。（朱熹，1986：417）可见，朱子希望《家礼》能发挥社会教化的功能，发挥凝聚宗族共同体的作用。

以“五礼”约束民众行为，构建基层秩序。朱子《家礼》之通礼、冠礼、昏礼、丧礼和祭礼“五礼”，从社会秩序构建上看，对古礼作从宜、从简之革新，从而引导和规范人们的日常生活秩序，发挥稳定社会秩序、和谐家园等功能。

可见，《家礼》基于理学天理观和道德修养论的宗族教化，其着眼点只是在宗族每个社会成员的自我心性修持上，人人敬宗成为宗法血缘意识在现实生活中的完美展示。这样，一旦每个宗族内的全体成员都能自觉地服从宗子的教化管理，那么服从天下之大宗、天子之领导也就理所当然，举国民众也将视之为当然的义务。如果再辅之以宗族组织的积极引导，将很容易实现社会关系的和谐以及政权的长治久安。可见，《家礼》的基层社会秩序构建和社会教化，虽然从基层社会秩序构建出发，但最终还是为了实现治国安邦的政治意图。

三 “四书”系统下以心性和实践积极排佛

朱熹的“四书”系统，开创了从心性论和实践角度来论述儒家修身、齐家、治国、平天下的世界观和人生理论，其《家礼》也深受影响。《家礼》从心性论出发，尊亲、顺人性人情而排佛家“不孝”之理念；《家礼》从实践出发，崇儒家入世之纲而反出世之佛家思想。

（一）敬宗聚族而排佛老

朱子身处的时代，不但官、民之家都不行冠礼，连学者也不能详述冠礼施行仪节。（孙致文，2015）一些儒家士大夫深感佛老之说严重影响了儒家学说的主流地位。宋儒迫切希望复兴“冠”“婚”“丧”“祭”等礼，以此重建和弘扬儒学的主流地位。“四书”学系统，强调事亲以孝、事君以礼，为公义经世，反对为私利遁世。就此出发，朱子认为佛老之学“只是废三纲五常，这一件事已是罪名极大，其它不消说”。（朱熹，2010d：3932）于是，他极力排抵释、道，坚守并弘扬儒家的品性，坚守儒家之礼。他解释曰：“不能复礼者，佛老是也。佛老不可谓之有私欲，只是他元无这礼，克己私了，却空荡荡地。”（朱熹，2010d：1454）

可见，在朱子看来宋代当时的民众已习染佛道，儒家学说已被严重削弱，急待重振古礼以匡正儒家社会秩序。实际上，在唐五代以后世俗民风已多为释、道二教所“浸淫”，儒学在民间的地位不免因之而大大削弱。因此，他迫切需要改变这种状况，当然也只有放弃“礼不下庶人”（《礼记·曲礼》）的古制，将原属上层贵族的儒家礼仪世俗化和平民化，最终推广至民间，方能抵御释、道二教的“浸淫”。

（二）尊儒入世之纲而反佛

“四书”学系统特别强调“入世”之纲，孔子曰“知其不可为而为之”，《论语》曰“以仁为己任”和“士不可以不弘毅”，《孟子》曰

“如欲平天下，当今之世，舍我其谁也”，《大学》曰“修齐治平”等，体现儒家敢于直面社会、直击现实问题的勇气，体现其治国安邦的政治目的。

受此影响《家礼》积极反佛，提倡入世，扬言“不作佛事”。（朱熹，1986：437）朱子反佛态度十分坚决，绝不允许丧礼中融入任何“异端”。在这一点上，司马温公也做了精彩论证，认为“不作佛事”乃是尊礼，否则即是被骗或违礼。他说：

> 世俗信浮屠诳诱，于始死及七七日、百日、朞年、再朞、除丧饭僧，设道场，或作水陆大会，写经造像，修建塔庙，云为死者灭弥天罪恶，必生天堂，受种种快乐，不为者必入地狱，剉烧舂磨，受无边波吒之苦。殊不知人生含气血，知痛养，或剪爪剃发从而烧斫之，已不知苦，况于死者，形神相离，形则入于黄壤，朽腐消灭，与木石等，神则飘若风火，不知何之，借使剉烧舂磨，岂复知之？且浮屠所谓天堂地狱者，计亦以劝善而惩恶也，苟不以至公行之，虽鬼可得而治乎？是以唐庐州刺史李舟《与妹书》曰：“天堂无则已，有则君子登。地狱无则已，有则小人入。”世人亲死而祷浮屠，是不以其亲为君子，而为积恶有罪之小人也。何待其亲之不厚哉，就使其亲实积恶有罪，岂赂浮屠所能免乎？此则中智所共知，而举世滔滔信奉之，何其易惑而难晓也。甚者至有倾家破产然后已，与其如此，曷若早卖田营墓而葬之乎？彼天堂地狱，若果有之，当与天地俱生，自佛法未入中国之前，人死而复生者，亦有之矣，何故无一人误入地狱，见阎罗等十王者耶？不学者固不足与言，读书知古者亦可以少悟矣。（朱熹，1986：437）

从此段议论可知，在司马温公看来死七七日和百日“饭僧”“设道场”“水陆大会”“写经”等“佛事”，是不可信的，理由如下。一是人死后“形则入于黄壤”“朽腐消灭与木石”“神则飘若风火”，哪有“入地狱剉烧舂磨”“受无边波吒之苦”之说呢？二是如果世人亲死，然后去“祷浮屠”，实际上是不“以其亲为君子”，而是将亲人作为“积恶有罪之小人”也。否则，如果视为“君子”，何必去“祷浮屠”？三是世俗之“佛事”导致大量浪费，甚至致人“倾家破产”。四是自佛法未入中国之前，人死而复生者，亦有之矣，何故无一人误入地狱见阎罗等十王者耶。《家礼》“三月而葬”，反对世俗信葬师之说。古礼有明确规定：天子七月必须下葬，诸侯五月必须下葬，大夫三月必须下葬，士逾月也必须下葬。司马温公曰：“世俗信葬师之说……至有终身不葬，或累世不葬[①]……悖礼伤义，无遇于此！”（朱熹，1986：437）与司马温公观点相同，朱子《家礼》也力排佛老。因世俗信奉佛老，相信葬师之说“择年月日时”、“择山水形势”以及“为子孙贫富”等，有的因此而“终身不葬”、“累世不葬”甚至“弃捐不葬”，此乃大不孝也。

（三）尊亲人伦大节而反佛

“凡有血气者，莫不尊亲，故曰配天”（《中庸》）。于是，“尊亲之至，莫之乎以天下养”（《孟子·万章上》），“人人亲其亲、长其长，而天下平”（《孟子·离娄上》）。“四书”系统话语体系下，朱子《家礼》尤其强调尊亲、重孝。例如，在日常生活中《家礼·司马氏居家杂仪》中要求：“凡父母、舅姑有疾，子妇无故不离侧，亲调尝药饵而供之。父母有疾，子色不满容，不戏笑，不宴遊，舍置余事，专以迎医，检方、合药为务。”“凡子事父母，乐其心，不违其志，乐其耳目，安其寝处，以其饮食忠养之。”在丧祭礼中，朱子继承古礼精髓[②]，主张“事死如事生”。“古人不祭，则不敢以燕，况今于此俗节，既已据经而废祭，而

① 司马氏论证曰：“世俗信葬师之说，既择年月日时，又择山水形势，以为子孙贫富、贵贱、贤愚、寿夭尽系于此。而其为术又多不同，争论纷纭，无时可决。至有终身不葬，或累世不葬，或子孙衰替忘失处所，遂弃捐不葬者。正使殡葬实能致人祸福，为子孙者，亦岂忍使其亲臭腐暴露，而自求其利邪？悖礼伤义，无遇于此！”

② “恩厚者，其服重；故为父斩衰三年，以恩制者。门内之治，恩掩义；门外之治，义断恩。资于事父以事君，而敬同，贵贵尊尊，义之大者也。故为君亦服斩衰三年，以义制者也。三日而食，三月而沐，期而练，毁不灭性，不以死伤生。丧不过三年，苴衰不补，坟墓不坯，同于邱陵。除之日，鼓素琴，示民有终也，以节制者也。”（《大戴礼记·本命第八十》）

生者则饮食宴乐，随俗自如，非事死如事生，事亡如事存之意也。”（朱熹，1986）“孝子之心，事死如事生，斯须不忘其亲也。”（朱熹，1986）

当然，倡尊亲的同时，朱子也极力反对佛教葬仪，因为世人受到浮屠诳诱，在人死后操办七七日、除丧饭僧等活动，有的还设立道场、作水陆大会等，浪费钱财，甚至还被欺骗，以为这样就能够为死者灭弥天罪恶、能进天堂等。（朱熹，1986：437～438）朱子认为，这不是尊亲行为，这是误入歧途。朱子《家礼》反对佛教葬仪，影响很深远，它能够使城市士民多变善，使因袭之弊得以革除，使尊亲、重孝之古礼大意得以落实。其中，《广西风俗》中就记载了类似事件，如：

> 自唐宋时，颇多不美，如民之贫者，归罪坟墓不吉，掘棺栖寄他处，名曰出祖；生子不举，溺之于水，名淹儿；临丧破家，供佛盛馔待客，名曰斋筵；病不延医，杀牛赛鬼，名曰毛药；民多出外，他人略卖其妻，曰卷伴。本朝德化所敷文风益振旧所污染，日以维新，凡冠婚丧祭渐遵《文公家礼》，城市士民亦多丕变。惟穷乡下邑家，以巫邪而败，婚以歌唱而成。盖犹有之，可见因袭之弊久矣，久则难变也。（章潢，1986：859）

唐宋以来有诸多陋俗，颇多不美，如民之贫者，归罪坟墓不吉，掘棺栖寄他处；临丧破家，供佛盛馔待客；病不延医，杀牛赛鬼。后冠婚丧祭渐遵《文公家礼》，城市士民亦多丕变，日以维新。《钦定盛京通志》中也曰：“王嵩，河南汲县人，成化进士，巡按辽东。举行朱文公《家礼》，丧禁佛事，遂至成俗云。”（和珅等，1986：285）《陕西通志》中也曰：

> 近世居丧或轻或重，居处饮食出入之节多无所变，衰麻月筭虽有差等殆成空文。丧，缙绅家多行《文公家礼》，不作佛事。乡民杂用俳优屡禁少止，哭奠亲友给帽布至戚，或孝衣丧礼。明邵布政禁作佛事，省金置椁砖墓殊悛人心。近时殡仪多用剧尚花火，知州

王廷伊以事不合礼，悉议革之。（刘于义等）

日本很早就受佛教影响，其丧葬一般采用佛教的"火葬"仪式。但是，朱子《家礼》力排佛老影响，坚决反对"火葬"。受其影响，山崎闇斋引《礼记·祭义》曰"父母全而生之，子全而归之，可谓孝"，主张在日本也禁止"火葬"，实行儒家式的"全身"土葬，强调"事死如事生"，力主"入土为安"。他说："钦明时佛法来焉，文武时火葬始焉，自是以降，佛法日行，神道日废，其间又有入鹿之乱，旧记、古史埌烬荡散，丧葬之礼，后世无闻其详。伊势之禁火葬，是犹隆古之遗风也。"（山崎闇斋，1978：771）再如，日本水户藩主德川光国，率先实行儒式葬礼。在他的影响下，水户藩历代藩主几乎都实行儒式葬礼。他也依《家礼》为夫人泰姬举行了儒家葬礼。其在《藤夫人病中葬礼事略》中指出："今葬礼不作佛事，惟泰姬之素志也。往年余讲《礼记·丧礼》《文公家礼》，泰姬听之曰：妾闻本朝上古葬礼近儒礼，近代佛氏横驰，乱本朝之大礼，妾愿终命之后，不亲近僧侣，举本朝之礼，以兼儒礼。"（冈田庄司，1986：1~2）德川光国不作佛事、不亲近僧侣，主张本朝之礼，当兼儒礼。这些理念都或多或少受到朱子《家礼》的影响。

《家礼》传入朝鲜半岛后，经官方学者的大力倡导，取代了佛教生活仪式在家庭礼制中的作用，并发展成为规范的社会行为方式。

综上可知，《家礼》是一部较为典型的以"四书"学理念创作的经典著作。从宋代礼学史整体来看，它的地位举足轻重，因为它是朱子礼学最核心的文本之一（另一个是《仪礼经传通解》），也是"四书"学"庶民化"理念的标志性成果。它力主从宜、从简、从俗之可实践之风，在整个中国礼学史上的影响、意义与价值都很大。从"四书"学理论看，朱子提出"礼者，天理之节文，人事之仪则也"，将礼与理打通，使"理"贯穿于"礼"，礼又将"理"外化为"仪则"；又将礼学与理学关联起来，使理学之内省功夫"化而可制"为巩固社会秩序之手段，使本为自身的一种修养手段成为礼序社会的建构纽带。再从"四书"学的礼学实践看，《家礼》的制定与刊行，确实使古礼"失灵"的社会变得有序很多，直至儒学重新焕发生命力，社会风气也日益纯正。特别值得一提的是，朱子从儒学入手，反对佛教，凝聚了人心，使儒家之礼恢复其主流地位，这样的巨大贡献不能被磨灭。

参考文献

〔日〕冈田庄司（1986）：《神代葬祭成立考》，神道学。

〔日〕山崎闇斋（1978）：《山崎闇斋全集》，塘鹅出版社。

〔日〕吾妻重二（2011）：《木主考：到朱子学为止》，吴震译，《云南大学学报》（社会科学版），(5)。

（清）和珅等（1986）：《钦定盛京通志》，载《景印文渊阁四库全书》，第502册，台湾商务印书馆。

（宋）黄干（2010）：《书晦庵先生〈家礼〉后》，载《朱子全书》，第7册，上海古籍出版社。

（明）丘濬（2015）：《南海亭岗黄氏祠堂记》，载《重编琼台稿》，卷十七，南方出版社。

（宋）司马光（1986）：《家范》卷一，载《景印文渊阁四库全书》，第696册，台湾商务印书馆。

（明）章潢（1986）：《图书编》，载《景印文渊阁四库全书》，第969册，台湾商务印书馆。

（宋）张载（1986）：《张子全书》，载《景印文渊阁四库全书》，第697册，台湾商务印书馆。

（宋）朱熹（1986）：《性理大全书》，载《景印文渊阁四库全书》，第710册，台湾商务印书馆。

——（2010a）：《仪礼经传通解》，载《朱子全书》，第2册，上海古籍出版社。

——（2010b）：《论语集注》，载《朱子全书》，第6册，上海古籍出版社。

——（2010c）：《家礼》，王燕均、王光照校点，载《朱子全书》，第6册，上海古籍出版社。

（2010d）：《二程外书》，载《朱子全书》，第15册，上海古籍出版社。

——（2010e）：《朱子语类》，载《朱子全书》，第15册，上海古籍出版社。

——（2010f）：《晦庵先生朱文公文集》，载《朱子全书》，第23册，上海古籍出版社。

冯尔康（2009）:《中国宗族史》，上海人民出版社。

梁启超（1986）:《先秦政治思想史》，中华书局。

李亚农（1978）:《李亚农史论集》，上海人民出版社。

林月惠（2008）:《诠释与工夫：宋明理学的超越蕲向与内在辩证》，台湾“中央研究院”、文哲研究所。

刘晓东（2016）:《礼学与理学》，《光明日报》，01－04（16）。

邹昌林（1992）:《中国古礼研究》，文津出版社。

孙致文（2015）:《朱熹〈仪礼经传通解〉研究》，大安出版社。

Exploring the Ideas of "The Four Books" Theory in Chu Hsi's *Family Ritual*

Mao Guomin

Abstract: The pattern of Confucian classics used to be dominated by "The Five Classics", but it has been transformed into a system which focuses on "The Four Books" ever since Chu Hsi appeared. *Family Rituals*, which contains ideas about "The Four Books", is the most representative etiquette work of Chu Hsi, a founder of "The Four Books". In *Family Rituals*, the author combines the heavenly principle with the norm of ethic moral, which makes the Confucian Temperament Theory more realistic and humanitarian; Chu Hsi stands for common people, and endeavors to reform the governance model from a centralized bureaucratic state to a local autonomy. He actively advocates ritual-oriented life of common people, ideas and lifestyles; these ideas coincide with the ethical philosophy in "The Four Books". These ideas advocate ancestor worship and clan cluster, at the same time, they strongly oppose Buddhism. They persuade people to respect parents, obey human nature, tolerate relative sensibility and denounce violation of filial piety. In addition, they maintain an active attitude towards society and are against detachment thinking. The integration of these ideas in the *Family Rituals*, along with "The Four

Books" system, have deeply influenced later generations for thousands of years.

Keywords: *Family Rituals*; "The Four Books" Theory; Local Autonomy; Order Reconstruction

About the Author: Mao Guomin, Ph. D. , Researcher at the Foreign Literature and Culture Research Center in Guangdong University of Foreign Studies, Professor in the School of Political Science and Public Administration. Research interests and specialties: Chu Hsi's etiquette research. Magnum opuses: *Stones from Other Hills: Donald Munro's Speech about Chinese and Political Philosophy Research*; *Etiquette Research and Xunzi Ideology's Rejuvenation in the Middle Period of the Qing Dynasty: Centering on Wang Zhong and Ling Tingkan's ideas*, *etc.* E-mail: mgm520520@gdufs. edu. cn.

守先待后："四书"系统下的儒家经学与政教秩序学术研讨会综述

仝广秀*

"四书"学在宋代的兴起和确立，是儒学史上的重要转折，使得中国学术格局产生了重大变化，由原来的以《五经》为主体演变为以《四书》为主导。这一经典系统的更易，不仅意味着诠释方法和思想义理层面的转化，同时也带来了政教秩序与文教制度的相应变革。如果对《四书》与"四书"之学的相关问题缺乏深入探讨，对"四书"学与经学的相互绾结、彼此影响不加详细审视，对"四书"学施加于政教秩序的形塑作用缺乏系统研究的话，就无法真正认识"四书"学与中国思想传统的关联，也无法真正理解现代中国的道路选择与文明形态。

从上述问题意识出发，由国家社科基金重大项目"四书学与中国思想传统研究"课题组、中山大学跨文化哲学研究平台、中山大学禅宗与中国文化研究院主办的"'四书'系统下的儒家经学与政教秩序"学术研讨会，于2017年12月8~10日在中山大学召开。大会共邀请了中国社会科学院、华东师范大学、同济大学、湖南大学、四川大学、重庆大学10余所院校和机构的50余位学者参加，并获赐论文40篇。学者们各抒嘉言、胜义叠见，对上述问题进行了细致而全面的交流探讨。从先秦

---

* 仝广秀（1986~），青年学者，毕业于中山大学哲学系，主要研究方向为古典诗学与政治哲学。电子邮箱：tgxsysu@163.com。

诸子到近现代思想家，从晚周、宋末到晚明、晚清，几乎每一个重大的历史转折时期和重要人物，会议均有讨论，展现出整全的学术视野和融贯的历史纵深感。

中山大学哲学系陈少明教授在会议开幕式上指出，儒家经学素有两个系统，前一个系统与政治、制度相关联，后一个系统与精神相关联。本次会议正是意在兼顾这两个系统，实现学术理念与社会现实的贯通。“四书”学是经典学问，政教秩序则是与时俱进的新问题。一代有一代之政教，而政教背后的理念和原则却有其恒久价值和鲜活生命力。本次会议乃是就经典学问来谈新问题，通古今之变，具有继往开来、守先待后的现实意义。会议的主要内容和特色，可以归纳为以下几个方面。

一 《四书》文本本身的义理诠释

中国社会科学院哲学所赵金刚研究员的《孟子与诸侯——经史互动当中的孟子思想诠释》和广州市社会科学院政法所孙占卿研究员的《立中道以距杨墨——孟子对政治合法性的拨乱反正》都以《孟子》为研究对象，并着力发掘《孟子》的政治向度。《孟子》一书主要展现孟子与种种不同身份之人的对话，有弟子、有论辩对手，也有诸侯。赵金刚研究员指出，孟子游历列国、游说君主，具有很强的政治关怀。然而后世对孟子的研究往往偏重心性，并认为其太过理想，“迂远而阔于事情”。事实上，孟子并非不切实际、不知变通，在面临不同的政治处境时，孟子会相应地采取不同的言辞。在与梁惠王、齐宣王、滕文公等诸侯的交谈中，在面对三家分晋、齐国伐燕等历史事件时，孟子的理想从未脱离具体的时空境遇，而是切实立足于战国时代的政治现实。对孟子之历史语境的还原，有助于进一步理解孟子的理想与主张。

孙占卿研究员认为，学界对孟子政治思想的研究往往遵循从心性到王道的论说结构，但对于一个政治思想家来说，现实问题才是其学说的直接动力，孟子亦不例外，“距杨墨”即是其面对的具体现实。杨、墨的“无父无君”势必会否定人伦和政治生活的合法性，孟子的“距杨墨”则意在持守中道，捍卫以敬德保民、孝悌人伦为基础的政治合法性。孟子的这一努力，在价值多元逐步消解价值本身的当今社会，具有重要的时代意义。

华侨大学国际儒学研究院杨少涵教授的《〈中庸〉“王天下有三重焉”诸说疏释》和中山大学哲学系赖区平研究员的《〈中庸〉戒惧三义与儒家修身工夫的三种进路》，都以《中庸》为研究对象。杨教授着眼于《中庸》第二十九章“王天下有三重焉”句，通过详细爬梳从古至今对该句的十余种解释并考校其得失，指出对“三重”之确切所指的把握必须紧扣《中庸》文本本身，在两种情况下予以辨析：一种是“三重”当指“上焉者”句中的善、征、信或“下焉者”句中的善、尊、信；另一种是“三重”或为后儒因孔子论三代之礼并涉《祭统》“三重”而作的旁批，后人误将其羼入正文。

赖区平研究员则着眼于《中庸》“君子戒慎乎其所不睹，恐惧乎其所不闻。莫见乎隐，莫显乎微，故君子慎其独也”之所谓“戒惧三义”，通过比较郑玄、朱熹、王阳明、邹守益等的不同解释，总结出儒家修身工夫的三种进路，即以事（身）为焦点的经学进路、以意为焦点的理学进路和以本体（心）为焦点的心学进路。这三种进路也是儒家修身学的三个演变阶段，有着因应各自时代的正当性，足以为修身学的当代实践提供参照。

中山大学哲学系张丰乾教授的《“知人”：君子之察言、观色、辨行》，主要基于《四书》文本，探讨了“知人”这一哲学实践活动的展开方式和重要意义。张教授指出，“言”“行”“色”与国家兴亡密切相关，不可不审慎敬畏，孔子以“知言”为“知人”的基础，孟子也将“得言”视为“养气”的开始。在《论语》中，孔子对日常生活中言行的适宜有着详细规定，与之相反的“巧言令色足恭”则在被批判之列。与此相应，君子应当将谨言慎行、贤贤易色作为修身要求。通过梳理和考察《四书》中的相关文本，张教授揭示了“言”“行”“色”对应的其实是人的两种认知功能——听与视，一个人是否具备良好德行的修养，最终要表现于外在的仪容和言行举止之上。因此，察言、观色、辨行就成为君子“知人”的必要途径。

二 “四书”之学的形成、流变及其哲学意蕴

（一）儒学转型与“四书”学的兴起

“四书”学的兴起堪称儒学的重大转型，既包括了经典系统的更易，也意味着学术范式与结构的改变。因此，如何从整体上把握这一范式转变，对儒学演进的体系、方法等作一提纲挈领式的考察，就显得极有必要。中国社会科学院陈静教授的《从批评到赞扬：简论“参也鲁”诠释意向的改变》和罗传芳教授的《体系与路径——儒学结构的特征及其演进》正是从宏观的视角来审视作为儒学转型的“四书”学之兴起，归纳和揭示这场转型的理路、特征和历史意义。

陈静教授选取了《论语·先进》“参也鲁”句为着眼点，通过对比汉儒和宋儒对此句的不同解释，以小见大地展示了学术转型的发生与“四书”学的基本特征。“参也鲁”是孔子对弟子曾参的评价，从汉代孔安国到宋初邢昺，一直对这一评价做出批评性的解释。“鲁”往往作“鲁钝”解，是孔子对曾参德行之失和心性不足的否定性评价。这种批评的解释立场，在“二程”那里发生了变化，程子将“鲁”解释为“笃实”，并将其视为曾参传承“圣人之道”的前提。程子之后，从杨时、张栻到朱子、赵顺孙，都沿袭了这一解释，并进一步从“诚笃”“功夫”等方面予以发挥。陈教授指出，这种从批评到赞扬的解释态度之转变，体现了理学道统说的形成，建立起了孔、曾、思、孟的道统传承谱系。宋儒重新解释“参也鲁”并推重曾子，正是为了标举道统的地位，使得未来的历史能够在道统的指引下展开。儒学史上的这场转型与宋儒建构道统的努力，对于今天仍处在转型期的中国文化来说，无疑具有积极的借鉴意义。

罗传芳教授首先从宏观角度对儒学的不同类型进行了区分和辨析，将“四书”学亦即宋明理学定位为一种道德哲学。罗教授指出，相对于

先秦儒家而言，宋明儒学显得更加精致和圆融，它虽然也设立了“天”或“天理”作为最高统摄，但其夙求和归旨依然在于道德心性。宋代“四书”系统对“五经”系统的取代，即为一个不断内在化的过程，思孟学派中的心性之学得到张扬，理论建构的程度越来越高，这是罗教授对儒学体系的总体定位。儒家道德体系根植于人自身，具有完满的自足性，以“仁”为核心和根本。这一结构性体系规定了儒学贯通内外的进路，将道德心性外在化，最终返回本心，实现内在超越。因此，致力于“知行合一”的阳明心学，正是儒家道德哲学和德性伦理的体现。罗教授最后将视线落在当下，指出儒家道德哲学存在缺陷，只能不断反求诸己而无法寻求外在突破，也影响了社会政治结构和学术框架的突破，这是值得我们认真思考的现实问题。

（二）朱子“四书”学研究

朱子既是“四书”经典体系的确立者，也是“四书”学的集大成者，因此朱子“四书”学堪称整个“四书”学史的枢要。聊城大学哲学系唐明贵教授《〈论语〉诠释与朱子理学体系的建立》通过爬梳《朱子语类》《论语集注》等著作，揭示了朱子如何通过诠释《论语》而建构起自己的理学体系。唐教授将朱子的建构工作归纳为本体论、心性论、工夫论三个方面：朱子将《论语》中的“天”解释为存在本质意义上的“天理”，从而建立起理学体系的本体范畴；将《论语》中的“性”解释为“受之天理”，建立了禀理成性的心性论；将《论语》中有关人伦日用的实践性内容予以充分阐释，建立起一套敬义夹持、内外交融的修身工夫。通过朱子的上述努力，理学体系达到了完全成熟的高度，产生了广泛而深刻的影响。

南昌大学哲学系许家星教授《朱子的道统世界》着眼于朱子道统说这一理学体系中最具创见、意义深远的核心话语，详细探究了其确切含义、来龙去脉和重要意义。许教授指出，朱子道统当指道之统绪，包含传道之人、传道之书、传道之法三方面内容。因此，朱子道统说是由人物谱系、经典文本、核心范畴三个主干构成的精密系统。这一系统由两条平行进路构成：一个是“二程”—《四书》—工夫的道德教化之路，另一个是濂溪—《太极图说》—本体的形上超越之路。朱子通过诠释《四书》旧典和树立《太极图说》新典的方式，实现了经学与道学的融合，构建了一套贯通形上形下的理论体系。道统体系的建构体现了朱子的历史继承性和时代创新性，对今天的中国哲学研究不无启发。

华东师范大学哲学系陈乔见教授的《朱子对孟子性善论的倒转及其理论得失》聚焦于朱子的人性论与《孟子》诠释，对孟子与朱子各自性善论的理路进行了比较和考评。孟子性善论的最终理据在于“人皆有之”和“我固有之”的先天道德情感，既非出于理论建构目的的人性假设，也非出于信仰或信念，而是基于人的某种普遍性事实及其规范作用。孟子对性善的证成，主要诉诸经验的方式。朱子性善论则主要是先验的理解方式，即先验地预设一个纯善无恶的本体，以此作为性善的根基，如此便扭转了孟子对普遍事实和经验的定位。陈教授最后评价了朱子性善论的得失：其得在于挺立本体，增强了性善论的超越性和普遍性；其失则在于从发生学的角度讲，颇难自圆其说。从现代学术发展视域来看，孟子基于经验事实的伦理自然主义应当更容易得到证成。

华南农业大学哲学系雷静教授的《标准所凸显的位与正心——朱熹〈大学〉视野下之〈皇极辨〉的哲学诠释》，从朱子“四书”学出发，以《皇极辨》为研究文本，辨析了朱子哲学中的几个关键概念。朱子在《皇极辨》中用“标准”来诠释“极”，取代了汉唐儒者“中”的释义，同时又吸收并囊括了“中”的方位含义，并赋予“中”以本体支持，以之为“位”的存在根据。另外，朱子所采用的“标准”一词，还是由日常语言到哲学语言的上升，而作为日常语言的“标准”所蕴含的“限格”之义，则被朱子用来诠释“正心”，这也体现了朱子联结道德与治道的努力。

中山大学（珠海）哲学系王堃教授的《坤道：女性伦理在工夫过程中的形成——朱熹女性伦理导论》选取了“坤道”这一概念，在工夫论视域下考察朱子的女性伦理。王教授指出，朱子工夫论使德性映现在主体的内在体验过程当中，其特征可概括为敬义夹持、涵养而致知的“坤道”。“坤道”作为一个念念接续的工夫过程，具有形式客观、材料主观的特性。在这一过程中，由“终之”进于“知至”而映现的“明德”的唯一性，赋予男女以履行义务的平等地位。王教授进一步总结了朱子女性伦理的体系性，并将其概括为“月映万川”“智崇礼卑”“权为变经”三个层次。

中山大学哲学系张清江研究员的《理学生死论辩中的性、形与气——以朱熹对张载“水冰”比喻的批评为中心》着眼于朱张二子的对话，从二子在生死问题上的分歧入手来考辨理学中的某些关键概念。张载以“水冰”之象解释生死，涉及体与性的关系。这一比喻遭到朱子的批评，认为其中羼入了佛教轮回的因素。张清江指出，二子在讨论生死问题时，都立足于天道流行的宇宙论架构，并以性、形、气等概念作为基本的观念要素，这是理学论述的共同场域；但由于对这些观念要素的含义及其关系存在理解差异，二子发展出了不同的义理形态。最典型的差异在于对性气关系的界定：张载将之界定为“不一不异”的体用关系，朱子则严守形上形下之分，以确保形上之“性”的超越性与规范性。

（三）朱子之后的“四书”学

“四书”学在朱子之时臻于圆融，圆融之后并未停下发展演化的脚步，后世儒者多有推进和发挥之功，使得“四书”学在朱子之后的各个时代呈现出多种样貌。广东第二师范学院政法系王光松教授的《陈白沙春阳台静坐事件考》以明代前期大儒陈献章为研究对象，以白沙“春阳台静坐”这一明代思想史上的重要事件为切入点，详细梳理了在门人、白沙和学派谱系对该事件记述的不同版本，通过考察不同版本或追慕或批评的不同态度，揭示了学派内部思想与权力的关系，并对“思想事件”之生成机制做了分析。

南京师范大学文学院杨新勋教授的《明李元阳本〈论语注疏解经〉析论》从文献学的角度，考察了明儒李元阳于嘉靖年间主持刊刻的《论语注疏解经》之版本源流与利弊得失。此本以元十行本之嘉靖重校修补本为底本，在版式和行款方面做了较大完善，对底本也做了全面校改，但也出现了不少误刻和误改。现代通行的北京大学出版社《十三经注疏》本和北京大学出版社的《儒藏》本皆未参考李元阳本，殊为遗憾。

同济大学哲学系陈畅教授的《从“以知解独”到“以自解独”——论阳明学派慎独工夫转向及其哲学意义》通过梳理阳明学的发展脉络，提出关于明清之际“自性理转向经史”的学术思想转型的一种理解方案。陈畅教授指出，阳明后学刘宗周、黄宗羲的慎独哲学代表着阳明学派的思想转向，这便是阳明心学体系中开出的，与明清思想转型有着内在关联的气学进路：二子建立了以元气论取代知觉论的心性论体系，实现了心学在主体性中追求“先天之学”“天地无心而成化”的客观性目标。

中山大学（珠海）哲学系姚育松研究员的《责任伦理与儒家工夫论：船山〈读四书大全说〉另解》以明清之际的大儒王夫之及其《读四书大全说》为研究对象，指出船山工夫论可透过韦伯所提倡的“责任伦理”，获得另一种可透过生活经验来想象并联结经典思想的诠释方法。儒家式的责任伦理之道德格律，也可由此总结为层层推进的四项：有志并有智、有必不为无必为、常经胜于权术、泊然于生死存亡。

安徽大学徽学研究中心徐道彬教授的《论戴震对朱熹的传承与礼敬》指出，戴震以“遂情达欲”商兑于朱子“存理灭欲”之说，成为乾嘉以后中国思想史上无法绕过的话题，也成为后世关注朱、戴关系的单一焦点。然而除了二子的差异之外，戴震对朱子学术思想和治学方法上的诸多传承，以及对朱子个人的始终礼敬，也应得到后世的关注。

华南师范大学政治与行政学院许雪涛教授的《宋翔凤〈大学古义说〉的解经意涵》通过详细的文本解读，指出身为今文经学家的宋翔凤解释《大学》侧重外在治世，而非宋学那样偏于内在；在方法上表现出汉学家侧重训诂的特点，在内容上强调礼义的阴阳五行宇宙论背景；同时对诚意心性也有发挥，展现出调和汉、宋的特点。

曲阜师范大学历史文化学院王晶的《徐复观〈大学〉“诚意”章诠释评析》聚焦于现代新儒家的“四书”学，指出徐复观将《大学》之“诚意”与“正心”分别进行两阶段划分：“诚意”第一阶段为意自身的坚持，第二阶段则贯彻到行为之中；“正心”第一阶段则为保持本心自己发露，可不涉诚意，第二阶段则是为防止心由生理欲望窃发而做的“诚”的功夫。徐复观的解释将“正心”之意扩大，使“诚意”与“正心”义理得到发挥，体现了新儒家之“四书”阐释的特色。

（四）域外“四书”学研究

“四书”学作为华夏文明的经典学问，不仅在本土得到长足发展，更在域外开枝散叶；不仅在朝鲜半岛、日本、东南亚等东亚文明圈传承，更远播西方，成为中西文化交流的重要内容。中山大学博雅学院傅锡洪研究员的《从伊藤仁斋的鬼神论看“四书”体系的瓦解与儒学的日本化》着眼于日本“四书”学，以17世纪思想家伊藤仁斋为研究对象。幕府时代的日本思想界以朱子学为主导，但自伊藤仁斋开始则试图用回到孔孟源初思想的方式来反对朱子。仁斋反对朱子以阴阳解释鬼神的思路，认为鬼神无形无声、不可闻见。如此便瓦解了天人之道的贯通，以人道否定天道，使天道、天理等超越性观念被悬置起来，从而开创了日本儒学的独特面貌。

中山大学哲学系王慧宇研究员的《早期来华耶稣会士对儒家修身观念的释译——以罗明坚拉丁文〈中庸〉手稿为例》，以16世纪来华传教士罗明坚的《中庸》拉丁文译稿为切入点，指出罗明坚用“Pietas”一词来翻译《中庸》的核心概念“仁”，而“Pietas”的词义十分丰富，有忠诚、虔敬、仁慈、友善、悲悯等多重含义。罗明坚的这一译法正是考虑到“仁”作为至德要道的优先性和统摄性，体现出其对儒家德目概念的深入辨析。

深圳大学哲学系余树苹教授的《创新的孔子与唤起式教化——〈通过孔子而思〉中的孔子形象》以美国学者郝大维、安乐哲的经典著作《通过孔子而思》（*Thinking Through Confucius*）为研究文本，考察了西方汉学家在处理中国思想传统时的方法和关切。余教授指出，该书特别强调孔子的“创新性”，并将这一观点贯穿始终。在该书作者看来，孔子是一位“文化实证论者”，既认可文化传统的权威性，同时又具备哲学思考的创造性。而在教化问题上，孔子以“言”“礼”“乐”为基本内容，以典范为标杆来进行唤起式教育。

三 “四书”学影响下的经学与政教

（一）“四书”学与经学的互动

在“四书”学的义理与方法的影响下，传统以《五经》为诠释对象的经学也相应地发生了变革，呈现出不同形态，与“四书”学形成了互动。湖南大学岳麓书院殷慧教授的《宋代礼理融合视野中的〈中庸〉诠释》与广东外语外贸大学政法学院毛国民教授的《朱子〈家礼〉之“四书”学理念探究》，均探讨了礼学与“四书”学的关系。殷慧教授指出，《中庸》兼具阐述礼义和阐发义理的双重功能，宋代的《中庸》诠释也兼顾了追寻礼乐秩序和创造理学新形态的统一。殷教授拈出“中和”这一《中庸》之核心概念，比较了汉唐经学和宋代理学对这一概念的不同界定。在汉唐经学中，“中和”属于礼学范畴，着眼于国家、社会层面，旨在节制欲望，“使其行得中”；宋代理学话语中的“中和”则既沿袭了以往对秩序的强调，又拓展出重视个人修养工夫的一面，强调礼乐刑政与道德性命的融会贯通。同时，宋代理学家吸收佛道思想，进一步主张体认天理、克制私欲，强调礼与理的统一。

毛国民教授指出，作为宋代礼学代表作的《朱子家礼》当中，也蕴含着诸多“四书”学理念：《家礼》将天理、人事仪则相贯通，落实于人生和社会关怀；主张从中央集权到地方自治的治理模式之转化，积极倡导庶民生活方式的礼仪化；与“四书”学“修齐治平”的伦理实践相结合，敬宗聚族、缘顺人情、崇尚入世。上述理念的灌入，实现了礼学与理学的交融，使得《家礼》伴随着“四书”学系统一并对后世产生了久远影响。

华南师范大学政治与行政学院刘体胜教授的《试论朱子的春秋学——朱子四书学视域下的考察》与重庆大学博雅学院黄铭教授的

《"行夏之时"的春秋学解读》，主要关注春秋学与"四书"学的关系。刘体胜教授指出，朱子并无明确的春秋学著作，对《春秋》的态度也游移不定，但若将这一问题置于朱子"四书"学的视域中进行考察，则未尝不可总结出朱子本人的春秋学。对于春秋学史上的某些关键问题，朱子皆有自己的主张。例如，在孔子与《春秋》的关系问题上，朱子调和了孔子"修"《春秋》与"作"《春秋》两种观点，认为孔子既有对鲁国旧史的因袭，也有创造、创制的一面；在"一字褒贬"的问题上，朱子明确表示反对；在《春秋》"义例"问题上，朱子则认为义例是周公所确立、鲁史所固有，孔子本人并未制定义例。

正朔问题一直是春秋学中的关键问题，因此《论语·卫灵公》"行夏之时"章在春秋学中有着充分讨论。黄铭教授首先探讨了"行夏之时"如何落实于春秋学这一问题，通过梳理和比较汉代何休"不显改周正说"与宋代胡安国、朱子"夏时冠周月说"，指出春秋学之所以将"行夏之时"纳入诠释范畴，是因为关涉到孔子是否改周之正朔。而春秋学视域下的诠释包含两个层面：一方面关注"继周"而王，属于官方层面的改正朔问题；另一方面关注"夏时得天之正"，属于民间层面的自用夏时。这两个层面其实可以合二为一，如果将孔子"继周"视为立万世法，那么通三统的夏时就与得天数的夏时相吻合，同时也与历史事实相符。

（二）"四书"学与政教理念

"四书"学的兴起与发展，对中国传统政教秩序产生了深刻影响，既表现在文教制度、治理模式等政治实践层面，也作用于家国观念、政治正当性等理论层面。与学术思想的转型相伴生，政教秩序也进行了相应变革，不仅在制度方面有所损益，而且也获得了政治理论资源的扩充。前述殷慧教授对宋代礼理融合的研究和毛国民教授对《朱子家礼》的研究，即体现了"四书"学理念对习俗与礼法的形塑作用；刘体胜教授对朱子春秋学的研究和黄铭教授对胡安国、朱子的正朔问题的研究，则体现了"四书"学为政治正当性证成所提供的思想资源。四川大学哲学系曾海军教授的《重问哲学何为——以晚周诸子论民为中心》，立足于“民”这一古典政教秩序的关键对象，从民生、民性、民情等角度考察了晚周诸子的政教关切。曾教授指出，自现代哲学学科建立以来，晚周诸子遭遇了“被哲学”的命运，其真正的思想意图却隐而不彰。事实上诸子的思考率皆出于“民”的名字，以政治生活为导向，关注具体的人伦日用与群体规范。晚周诸子对“民”的关切，为华夏政教的开展奠定了基调。

曾海军教授着眼于周秦鼎革的思想激荡时期，贵州大学哲学系王进教授的《〈四书〉与“天下国家”的建构——以郝经〈使宋文移〉为中心》则着眼于宋元鼎革的思想转型期，以元儒郝经《使宋文移》为研究对象，探讨了郝经如何利用“四书”学理念突破了传统夷夏观，建构起一套“天下国家”的政治共同体表达。作为经学视野下被视为“夷狄”的元朝之国使，郝经的使命不仅在于消解既有的夷夏之分，还要说服南宋接受崭新的天下秩序。通过“仁—天下”的理论建构和“理—势”的现实分析，郝经不但成功化解了基于传统夷夏观的宋元对立，曲折地完成了儒家的文明教化理想，而且在现实政治领域构建了一个包容各民族的“天下国家”，使中国重新成为一个大一统帝国。朱子“四书”学所蕴含的哲学性、义理性和抽象性，为郝经的政治论说提供了思想资源，对于“天下国家”的建构具有奠基意义。

中山大学哲学系马永康教授的《康有为的〈论语注〉与“发明孔教”——以对朱子的批评为线索》和中山大学博雅学院陈慧教授的《崇雅尚理——章太炎的文章观念与政教重建》关注的是另一个思想巨变时期——晚清民国，并以该时期的两位思想大家康有为、章太炎为研究对象。马永康教授指出，康有为批评朱子注《论语》过分偏重心性，且未能区分今古文，以致遮蔽了“大同、神明、仁、命之微义”。因此，康有为试图重释《论语》以阐发微言，强化孔子之道的社会政治维度和宗教性，为“发明孔教”张本。康有为的意图在于使“孔教”重新对社会生活发挥指导作用，其实质是处理宗教化儒学与现代性的关系问题。

陈慧教授指出，章太炎发挥《齐物论》中的“两行”之“至教”，并将其与儒家“名教”相结合，突破了原有的以儒学为中心的学术格局，完成了以训诂典章之学与名理之学为两大基石的“国学”建构。与此相配合的是章太炎的文章观念：文章体式与政教兴衰密切相关，文章形态对政教类型具有塑造作用。因此，文章也应实现“名教”与“至教”的结合。章太炎从中提炼出“雅”“理”两大标准，据此重塑文章典范，大力标举魏晋古文的价值并以之替代唐宋古文。“崇雅尚理”成为章太炎重建华夏政教文明的两大特征，既因应了西方文明的挑战，又保障了自身的主体性。

（三）“四书”学与文教制度

当“四书”学理念落实于政治实践层面，势必对具体的制度设计产生直接影响，其中最典型的莫过于以科举制为代表的文教制度。中山大学哲学系周春健教授的《元代科考程式“兼用古注疏”考论》、中山大学历史系刘勇教授的《从经筵讲章到科举读本——以张居正辑〈四书直解·大学〉的刊行和文本变动为例》和华南师范大学马克思主义学院陈椰教授的《晚明制义的四书新诠——以杨起元为个案》，都探讨了“四书”学与科举制的互动关系。周春健教授着眼于元仁宗皇庆年间恢复科举这一历史事件，揭示出“四书”学与元代文教之间若即若离的关系。当时的科考程式为：《四书》依据朱子《四书集注》，《诗》《书》《易》三经“兼用古注疏”，《礼记》“用古注疏”。此规定有着特殊的学术渊源及缘由，与唐、宋、明、清皆有不同。其重要意义在于，“兼用古注疏”可以使“治经者不敢妄牵己意而必有据依”，“使治经者必守家法，以求至当之归”。这一独特的历史现象一方面表明“四书”学已被元廷所接受，另一方面又说明程朱理学在元代尚不及明、清那样稳固，同时也反映出元代学术“犹有研究古义之功”的品格。

刘教授以万历初年在张居正主持下，由经筵讲章结集而成的《四书直解》为例，考察了在晚明极为兴盛的商业出版的直接助推下，经筵讲章与科举读本之间的转换和互动情形。刘教授指出，若从“经筵内”这个特定角度进行观察，《大学》文本和解释完全呈现出一元化取向。但经筵场域之外的《大学》文本解释，却呈现出多样化的观念主张，并得以付诸实践。这种内外差异可从制度规范与自我主张之间的落差加以审视，也即知识精英应付科举制度的要求与满足自我价值需求之间的两面性。从经筵讲章向科举读本的转化，也带来了正统文本及其意识形态的转化。

陈椰教授以晚明儒者、泰州后学杨起元的制义为个案，梳理了晚明科考制义推动下的《四书》诠释的多元面向：首先，由于深受王阳明“尊心”立场的影响，晚明“四书”学颇有新意；其次，由于“心”的主观开放性而具有超悟的特点，此时的“四书”学面临叛离正统政教的危机；再次，由于世俗化的时代诉求，此时的《四书》诠释更加肯定现实功利的追求，试图取得内在修养与外在事功之间的平衡；最后，服务于科举的《四书》讲章、制义文选点评一类的书籍，有力地推动了学术思想的普传、下传，对政教秩序产生了客观影响。

经过近两天的热烈讨论，本次“‘四书’系统下的儒家经学与政教秩序”学术研讨会取得了圆满成功，产生了积极良好的效果。正如中山大学哲学系陈立胜教授在闭幕式上所说，大会主要有论域跨度大、研究方法多元、具备跨文化视野三个特点。每个伟大的文明共同体都应当关注自身的精神高度与政教传统，应当承担起通变古今、守先待后的文明使命。我们希望本次会议能够重新唤起学界对德行教化的重视，发掘并接续古典政教秩序的积极因素，激励学术界进一步开展相关研究。

Keeping Past for Future: Summary of the Symposium on the Confucian Classics Studies and Political Civilization Order in *The Four Books* System

Tong Guangxiu

About the Author: Tong Guangxiu (1986 –), young scholar, graduated from Department of Philosophy, Sun Yat-Sen University. Interests and specialties: classical poetry and political philosophy. E-mail is tgxsysu@ 163. com.

热点聚焦

编者按：2017年10月3~5日，第五届“世界文化发展论坛(2017)”在迪拜召开，来自菲律宾、韩国、以色列、美国、阿拉伯联合酋长国、中国等国家的60余位学者，相聚在迪拜大学，共同讨论“‘一带一路’文化发展的现状与未来”这一事关“一带一路”共建和人类命运共同体建设的重大问题。本栏目刊登了论坛发起人与组织者江畅教授的致辞和大会通过的《第五届世界文化发展论坛（2017）迪拜宣言》，以及四篇各具特色的论文，以期让读者全面了解该论坛的主旨与内容。葛晨虹、吴西亮的《“一带一路”背景下的文化共识问题》认为“一带一路”命运共同体的建立和形成，既依赖共同的利益基础，也依赖文化的价值共识，中国文化的整体主义精神和包容品格，在“一带一路”命运共同体的规划中，是一种文化整合力量优势。王嘉等的论文《“一带一路”背景下大学生跨文化交流能力的培养》致力于为“一带一路”提供有力的人才支持，详细讨论了大学生跨文化交流能力培养的策略。美国塔夫茨大学（Tufts University）访学教授莉迪亚·埃米尔（Lydia Amir）的论文《全球新秩序视角下的“一带一路”倡议》从全球视角讨论了“一带一路”倡议，认为该倡议的实施将会推动全球建立一种新秩序。陈道德教授的论文《从我国古代航海事业的发展看“一带一路”的重大意义》通过回溯我国古代航海事业的发展与外贸关系的变化概况，探究了“一带一路”倡议对世界各国经济社会繁荣发展的重大意义。

“一带一路”：通往世界和谐和人类幸福之路

——在第五届“世界文化发展论坛（2017）”上的致辞

江　畅*

尊敬的伊萨·穆罕默德·巴斯塔基校长，尊敬的各位同人，女士们，先生们，朋友们：

大家上午好！

在美丽金秋十月的伊始，来自世界多个国家的学者、嘉宾相聚在现代化国际大都市、中东地区的经济和金融中心阿拉伯联合酋长国的迪拜市，共同探讨“一带一路”文化问题，这对于促进“一带一路”共建、推动人类命运共同体建设和构建全球治理新格局具有十分重要的意义。

首先，请允许我代表第五届“世界文化发展论坛(2017)”的主办方，并以我个人的名义，对各位嘉宾、各位同人出席这次论坛，表示诚挚的欢迎！这次论坛由宁夏大学、阿联酋迪拜大学、湖北大学高等人文研究院、中南财经政法大学哲学学院、北京师范大学哲学学院联合主办，由阿联酋迪拜大学孔子学院和宁夏大学政法学院共同承办。这次论坛能

* 江畅（1957～），博士，湖北大学高等人文研究院院长、教授。主要研究方向为价值论与伦理学，代表性著作有《幸福与和谐》《西方德性思想史》等。电子邮箱：jc1957@hubu.edu.cn。

在迪拜成功举行，我们要感谢宁夏大学、阿联酋迪拜大学、迪拜大学孔子学院、宁夏大学政法学院，特别是巴斯塔基校长和李伟教授为论坛的举行所做的巨大努力和卓越工作！

“世界文化发展论坛”自2013年以来，已经先后在中国的武汉、美国的明尼苏达、印度的古瓦哈蒂、巴西的圣保罗成功地举办了四届。来自不同国家的学者就“当代世界主流文化的现状与未来”、“经济不平等与世界公正”、“亚洲价值观与人类未来”和“和平、发展与人类共同价值”等重大问题进行了深入的探讨，在世界文化发展方面形成了广泛的共识，先后共同签署了《武汉宣言》（2013）、《明尼苏达宣言》（2014）、《古瓦哈蒂宣言》（2015）和《圣保罗宣言》（2016）。论坛的学术成果和宣言产生了广泛影响，为人类共同价值形成和人类命运共同体建设做出了积极的学术贡献。本届论坛的主题是“‘一带一路’文化发展的现状与未来”，其主旨是探讨“一带一路”丰富深厚历史文化意蕴和精神的传承和弘扬，“一带一路”文化建设发展的目标和任务，以“一带一路”经济建设促进其文化建设的意义和路径。我们希望来自不同国家的学者，特别是中阿两国的学者在一起，着眼于人类命运共同体建设和人类共同价值构建，共同讨论“一带一路”文化建设问题，为“一带一路”倡议的实施、为共建“一带一路”这一利在当代、功在千秋的伟业提供智力支持、理论论证和合理性辩护。

当今世界正处在一个加快演变的历史性进程之中，和平、发展、进步的阳光足以穿透战争、贫穷、落后的阴霾。经济全球化、人类一体化、世界多极化、文化多样化、社会信息化加速发展，人类越来越成为一个命运共同体和利益共同体。和平、发展、公平、正义、民主、自由，正在成为全人类认同的共同价值；构建以合作共赢为核心的新型国际关系，正在成为世界各国的普遍共识；打造人类命运共同体，正在成为人类社会发展的新目标、新追求。新的世界格局既创造了前所未有的发展机遇，也带来了需要认真对待的新威胁新挑战。共建“一带一路”倡议顺应当今世界发展的潮流，不仅具有重大的经济意义，而且具有重要的文化意义。共建“一带一路”将增进沿线各国人民的人文交流与文明互鉴，让各国人民相逢相知、互信互敬，共享和谐、安宁、富裕的生活。作为国际合作以及全球治理新模式的积极探索，它符合国际社会的根本利益，彰显人类社会共同理想和美好追求，将为人类命运共同体建设和世界和平发展增添新的正能量。可以说，“一带一路”是建设人类命运共同体之路，是追求世界和平、公正和人类安康、富裕之路。

大家都知道，“一带一路”（The Belt and Road，B&R）是“丝绸之路经济带”和“21 世纪海上丝绸之路”的简称，是古老丝绸之路的新表达。古老的丝绸之路包括陆上丝绸之路和海上丝绸之路，起始于古代中国，连接亚洲、非洲和欧洲的古代陆上商业贸易路线。它最初的作用是运输古代中国出产的丝绸、瓷器等商品，后来成为东方与西方之间在经济、政治、文化等诸多方面进行交流的主要通道。丝绸之路是几千年来亚洲和欧洲、非洲各国经济文化交流的友谊之路，它在促进沿线各国经济贸易往来和文明进步的同时，积淀了丰富而深厚的历史文化底蕴。

今天的共建“一带一路”倡议，适应全球化时代的新要求，在大力弘扬“丝绸之路”所体现的“团结互信、平等互利、包容互鉴、合作共赢，不同种族、不同信仰、不同文化背景的国家可以共享和平，共同发展”的“丝路精神”的基础上，赋予它全新价值意蕴和丰富文化内涵。其中最为重要的是“共建”这个关键词。共建的意思是共同建设，而要共同建设，就要和平共处、相互尊重、开放包容、交流互鉴、对话协商、互谅合作、共建共享、互利共赢、共同发展。所有这些新的理念都是“共建”的价值意蕴和文化内涵。这些精神元素反映和代表了当代人类发展的大方向、大趋势。因此，共建“一带一路”是人类通过共商、共建、共享、共赢走向一体化的具有重大创新意义的尝试和在全世界最有影响力的范例。

“一带一路”是宝贵的历史遗产，也是方兴未艾的当代事业。它不仅需要各沿线国家的共同建设，也需要各沿线国家乃至世界各国学者贡献智慧，为之出谋划策。这次世界文化发展论坛将“‘一带一路’文化发展的现状与未来”确定为主题，其用意正在于此。我们希望各国与会代表充分利用“第五届世界文化发展论坛”这一平台，共同探讨共建“一带一路”的时代意义和历史意义、“一带一路”的历史文化底蕴、“一带一路”文化传统的传承和弘扬、“一带一路”文化的内涵和意义、“一带一路”文化建设的目标和任务、“一带一路”文化发展的现状和前景、“一带一路”经济建设与文化建设的关系等有关“一带一路”共建的重大理论和实践问题，并在共同协商的基础上签署《第五届世界文化发展论坛（2017）迪拜宣言》。

我们相信，有与会代表以及世界各国学者的共同参与和努力，共建“一带一路”的宏图伟业必将发展得更加健康、更加顺利，必将更加彰显其文化含量和价值意蕴，必将大大加快世界走向和谐和人类走向幸福的步伐。

最后，预祝论坛取得圆满成功！

谢谢大家！

"The Belt and Road": The Way to A Harmonious World and Human Happiness

——A Speech on "The 5th Forum on World Culture and Development (2017)"

Jiang Chang

About the Author: Jiang Chang, (1957 –), dean and professor of the institute for advanced humanistic studies, PHD, the focus of research is axiology and ethics, representative works are *Happiness and Virtue* , *History of Western Virtue Thoughts*; E-amil: jc1957@ hubu. edu. cn.

附　第五届世界文化发展论坛（2017）迪拜宣言

弘扬“一带一路”文化　构建人类共同价值

2017年10月3～5日，来自菲律宾、韩国、以色列、墨西哥、美国、阿拉伯联合酋长国、中国等国家的60余位学者，相聚在阿拉伯联合酋长国的迪拜大学，共同讨论“‘一带一路’文化发展的现状与未来”这一事关“一带一路”共建和人类命运共同体建设的重大问题。

与会代表高度赞赏共建“一带一路”倡议，认为共建“一带一路”是一项利在当代功在千秋的宏伟事业。共建“一带一路”不仅可以推动沿线各国实现经济政策协调，开展更大范围、更高水平、更深层次的区域合作，共同打造开放、包容、均衡、普惠的区域经济合作架构，而且可以增进沿线各国的人文交流与文明互鉴，让沿线各国人民相逢相知、互信互敬，共享和谐、安宁、富裕的生活。共建“一带一路”是沿线各国共同打造政治互信、经济融合、文化包容的利益共同体、命运共同体和责任共同体的伟大实践，也是构建人类共同价值和建设人类命运共同体的大胆探索和有益尝试。“一带一路”是通往世界和谐和人类幸福之路。

“一带一路”是古老“丝绸之路”在当代的新表达。与会代表充分肯定和高度评价古老丝绸之路对于人类文明进步的重大历史贡献和所积累的丰富价值文化底蕴。与会代表主张，当代共建“一带一路”要珍视“丝绸之路”这一宝贵历史文化遗产，大力弘扬“丝绸之路”所体现的“团结互信、平等互利、包容互鉴、合作共赢，不同种族、不同信仰、不同文化背景的国家可以共享和平，共同发展”的“丝路精神”，并使这种精神薪火相传，在当代共建“一带一路”的伟大实践中发扬光大。在共建“一带一路”的过程中，要赋予“一带一路”新时代的文化内涵，努力实现经济“共建”与文化“共建”同步进行，用先进的现代价值文化理念引领“共建”实践。与会代表认为，沿线国家共建“一带一路”，对形成各国和平共处、相互尊重、开放包容、交流互鉴、对话协商、互谅合作、共建共享、互利共赢、共同发展等新时代“丝路精神”具有普遍意义，值得其他国家、其他区域借鉴。与会者相信，世界各国根据本国实际创造性地借鉴共建“一带一路”这一国际关系的新模式及其新理念，必将大大推动人类共同价值观构建和人类命运共同体建设的进程，必将有力促进持久和平、普遍安全、共同繁荣、和而不同的新世界的来临。

共建“一带一路”作为当代世界性的伟大实践，需要充分的智力支持、理论依据和合理性辩护。与会学者倡议世界各国人文学者，特别是“一带一路”沿线国家人文学者，高度关注共建“一带一路”事业，积极探讨共建“一带一路”的时代意义和历史意义、“一带一路”的历史文化底蕴、“一带一路”文化传统的传承和弘扬、“一带一路”文化的内涵和意义、“一带一路”文化建设的目标和任务、“一带一路”文化发展的现状和前景、“一带一路”经济建设与文化建设的关系等有关“一带一路”共建的重大理论和实践问题。各国学者要充分发挥自身的理论和学术优势，为共建“一带一路”倡议和实践“鼓”与“呼”，运用学术和理论的力量指引并推动人类从“一带一路”走向世界和平、公正和人类安康、幸福。

“一带一路”背景下的文化共识问题

葛晨虹　吴西亮*

【摘　要】古“丝绸之路”随着历史发展，已成为一种中国与西方政治经济文化交流的历史符号，今天的“一带一路”，也是一个融经济、政治、文化于一体的宏大叙事框架。其中，文化共同体是打造“一带一路”命运共同体的重要因素。在“一带一路”发展设置中，中国走出去，请进来，经济利益上互利共赢，文化沟通上互尊互鉴互融，积极倡导中国文化海纳百川、天下一家、世界合和的价值理念。“一带一路”命运共同体的建立和形成，要依赖共同的利益基础，更依赖文化的价值共识。事实上，中国文化的整体主义或共同体精神，包容开放的文化品格，在当前“一带一路”的合和共赢、打造命运共同体的规划中，是一种文化特质，也是一种文化整合力量优势。

【关键词】“一带一路”　合作共赢　文化共识

【基金项目】“伦理视域下中西政治文明比较研究”（17JJD720007）

“一带一路”构想的提出沿用了中国古“丝绸之路”之称。丝绸之路由德国地理学家李希霍芬于1877年提出，因丝绸商道而得名，后这一

* 葛晨虹（1958～），哲学博士，中国人民大学教授，教育部伦理学重点研究基地主任，主要研究方向为伦理学，代表性著述为《中国社会道德发展研究报告》。电子邮箱：ge@ruc. edu. cn。吴西亮，中国人民大学博士研究生。

概念成为古代中西经济贸易和政治文化交流通道的统指。2013 年国家主席习近平在出访中亚和东南亚国家期间，提出共建“丝绸之路经济带”和“21 世纪海上丝绸之路”的倡议。2015 年，国家发展改革委、外交部、商务部联合发布了《推动共建丝绸之路经济带和 21 世纪海上丝绸之路的愿景与行动》，由此，中国顶层提出了一种跨时空、跨国家、跨文化的“一带一路”建设构想，规划建设一个与沿线国家的经济合作、政治互信、文化共识、利益共享的命运共同体。

一　文化是“一带一路”经济发展的重要软实力

“一带一路”是经济发展倡议，这一构想，规划了一个连接欧亚、带动沿线 40 多个国家的经济带，将中国市场与国外市场结合起来，将中国的技术优势、产能优势和一定的资金基础、经济发展经验等，与各沿线国家的市场和资源条件融通起来，互利合作，共建共赢。

但“一带一路”又不单纯是一个经济贸易和市场发展方案，至少我们不能仅仅把它当作经济贸易之路来确立和理解。如同古“丝绸之路”随着历史发展，已成为一种中国与西方政治经济文化交流的历史符号一样，今天的“一带一路”，也是一个融经济、政治、文化于一体的宏大叙事框架。其中，文化共同体是打造“一带一路”命运共同体的重要因素。

当今世界，文化被称作“软实力”。文化无论在国家实力还是国际竞争力中，作用权重都愈益凸显。约瑟夫提出“文化软力量”在一个国家实力中的核心作用；习近平也曾明确指出：文化的力量，或者我们称为构成综合竞争力的文化软实力，总是“润物细无声”地融入经济力量、政治力量、社会力量之中，成为经济发展的“助推器”，政治文明的“导航灯”，社会和谐的“黏合剂”。（习近平，2013：136）21 世纪以来，中国和许多国家一样，都已进入政治、经济实力基础上更关注文化软力量的阶段。事实上在国际竞争中，文化软实力的作用也被越来越多的国家意识到了。亨廷顿提出的“文明冲突论”中，美国前国家安全顾问布热津斯基强调的“文化统治”问题中，都蕴含着对文化影响力的特别重视。

功能学派代表帕森斯把共同体视作一个由文化、社会、人格以及行为组成的“系统”，系统整合是帕氏社会功能理论的核心概念。而在系统整合理论中，帕氏又特别推重价值和文化的整合功能。其理论在“社会运行系统”中，第一层次放置的就是“文化系统”，而在我们的普遍话语和思维体系中，通常习惯以政治、经济、文化的序列来表达。文化包含的内容很多，有价值理念、理想信念、社会法律、道德规范、宗教信仰、科学技术、文学艺术以及相关表意符号等。其中价值模式最为核心，它定位着文化系统的性质，为市场规则、社会制度的合法性提供直接论证。

在强调“软实力”主打词的当今世界，在强调中西方融通、共赢的“一带一路”思路语境中，我们必须学会文化的“思维前置”，习惯把表达价值理念的“文化系统”放置在“社会功能系统”的首位。在考虑命运共同体问题时，把文化共同体的问题提到议事日程上来。

现代发达成熟市场的重要特征之一，就是它的运行发展具有不同于自发市场的文化理性的规导，经济发展不仅是市场的、经济学的，也是法律的、伦理道德的、文化的。正如中国诸多政治精英、学界精英所认识到的，在经济全球化时代，要和平发展，在共享经济和技术力量的基础上，还必须有政治互信和文化包容与文化共识规导方寸，保驾护航。

二 中国“群体取向”“天下情怀”传统与“一带一路”的包容共赢

家国情怀、群体取向，是中国传统文化的一个价值原则，也是中华文明的典型特质和一大优势。中国古代“家国同构”的社会历史形态，决定了中国传统文化中的群体本位价值取向。梁启超曾说：“吾中国社会之组织，以家族为单位，不以个人为单位，所谓家齐而后国治是也。”

群体本位价值取向有一个特征，即人们往往不总是从满足个人需求出发来概括个人和他人的利益关系，而是以群体为本位，以整体利益为出发点和归宿，来概括人与人的利益关系和社会关系。也就是说，在许多时候往往更多地考虑满足他人利益需要和整体利益需要。整体主义原则或思维模式，往往要求人们更多考虑的是义务而不是个人权利，是满足群体大家的需求而不是首先从满足个体利益出发，由此达到和而无争。孔子强调“君子和而不同”，《周易大传》强调“天下一致而百虑，同归而殊途”，都是要人们宽容开放地对待多元思想和意识。

中国人由浓厚的家国情怀延伸出的天下情怀，使中华文化形成了“天下一家”的意识理念。强调群体价值取向的儒家传统文化，也强调个人义务和对家族群体乃至国家、民族的责任。诸葛亮的“鞠躬尽瘁，死而后已”，范仲淹的“先天下之忧而忧，后天下之乐而乐”，顾炎武的“天下兴亡，匹夫有责”，已成为中华民族精神的重要内容。中国传统文化中的群体价值取向，在一定意义上促生了某种公利价值取向，它使中华民族至今仍具有强大的凝聚力。自古以来无数仁人志士，创造了无数可歌可泣的爱国主义事迹，都是这种群体主义精神的体现。也只有注重群体价值取向、公利取向的中国传统文化，才能孕育出以“合和”为特征的理论思维。在人与自然关系上，中国文化主张“天人合一”；在人的身体与心灵关系上，主张“性情合一”；在社会人际关系上，强调“仁礼和谐”；在国家关系方面，强调“协和万邦”。中国早在《尚书》中就提出“百姓昭明，协和万邦”的理想，主张百姓和睦相处，国家间友好往来。这种协和万邦的包容性使中国人历来以宽厚开放的心态对待来自他者的多元文化，而五十六个民族大家庭和谐昌盛地发展，也已成为一种中国特色。

天人合一的思维方式，还使中国传统文化形成了天、地、人多元合一的哲学理念。这种多元合一的文化理念，使儒学不断吸收融合各家各派思想，在形成一种绵延不绝的思想体系的同时，也培养了“泰山不择细壤故成其大，沧海不遗点滴始成其深”的中华文化的包容特性。中国传统文化的精髓之一即“自强不息，厚德载物”，厚德载物也是在说天地的德性就是承载万物，天地合则万物生而四时行。这种哲学理念思维对中国文化产生了极大影响，在使思想生命力生生不息的同时，形成了兼收并蓄的文化传统。

中国传统文化博大精深、绵延流传的必然性是和上述生生不息、包容开放的文化特质分不开的。在保持民族文化根基的基础上，消化吸收他者文化，兼收并蓄的同时也以自己文化的博大深厚融合同化着他者文化。佛教起源于印度，最终在中国经儒道佛合流后形成中国化的佛教文化，成为中华文化中重要的组成部分。习近平主席在联合国教科文组织总部演讲中对此做了深刻阐述："佛教产生于印度，但传入中国后，经长期演化，佛教同中国儒家文化和道家文化融合发展，最终形成了具有中国特色的佛教文化，给中国人的宗教信仰、哲学观念、文学艺术、礼仪习俗等留下了深刻影响。"（洪修平，2014）

事实上，正是中国文化传统中的"海纳百川"的开阔胸怀和包容能力，使华夏文明历经五千多年历史变迁而绵延不断，在人类四大文明中独树一帜传流至今。这与中华文明传统蕴含的"自强不息""厚德载物""勤劳勇敢""家国情怀""群体取向"等深层精神追求有关，也与中华文明不断同其他文明交融互鉴发展积淀有关。

中国传统文化中的这些价值原则和观念取向，在历史中国和现代中国发展中，都发挥着巨大的社会共同体的维护和规导作用。在"一带一路"倡议中，也应发挥文化整合的作用。汤因比说中华文明将为世界"提供无尽的文化宝藏和思想资源"，这是有缘由和道理的。

经济全球化的日益发展，把各国利益和命运比以往任何时候都更加紧密地联系在了一起。中国国家领导人在各种场合明确发出中国声音，倡导中国的合作共赢价值观，倡导在国际关系中践行正确的义利观。"国不以利为利，以义为利也。"习近平说："中国将永远向世界敞开怀抱，也将尽己所能向面临困境的人们伸出援手，让我们的'朋友圈'越来越大。"习近平还说，"大国之间相处，要不冲突、不对抗、相互尊重、合作共赢"。季羡林先生曾呼应鲁迅先生的"拿来主义"写了《我们要奉行"送去主义"》，提出了"送去主义"，认为拿来与送去是相对而言的，主张“把中国文化的精华送到西方国家去，尽上我们的国际主义义务”。在“一带一路”发展设置中，我们也要在发展经济互利、规则互利的基础上，请进来，走出去，经济利益上互利共赢，文化沟通上互尊互鉴互融，积极倡导中国文化中的“海纳百川，有容乃大”、天下一家、群体共赢、世界合和的价值理念。

三　“一带一路”命运共同体与共同体精神

应该说，和平发展，打造世界命运共同体，是中国传统文化一贯的文化理念，也是中国政府的清醒认识。

中国国家主席习近平 2014 年在巴黎联合国教科文组织总部发表演讲时，就阐述了中国与他国和平共处的世界意识，以及各国应有的文明交流互鉴的理念，指出人类文明因多样才有交流互鉴的价值。文明交流互鉴不应以独尊某一种文明或者贬损某一种文明为前提。人类在漫长的历史长河中，创造和发展了多姿多彩的文明，不论是中华文明，还是世界上的其他文明，都是人类文明创造的成果。我们应该推动不同文明相互交流、相互尊重、多元和谐，让文明交流互鉴成为增进世界各民族相互了解、相互尊重的桥梁，成为维护世界和平发展的共同价值理念。

人类文明本就应该是多元多彩的，同时，文明不能有高低、优劣之分，各民族应当是平等的，各种文明也应当是平等的，平等是交流互鉴的前提。要秉持平等、虚心、包容的态度了解和理解他民族的文化真谛，傲慢和偏见是文明交流互鉴的最大障碍。习近平主席强调，只要我们都秉持平等精神、包容精神，世界就不会存在普遍的“文明冲突”，就可以实现文明和谐。

在 2016 年的二十国集团（G20）杭州峰会开幕式主旨演讲中，习近平针对当下世界经济问题和困境，再次呼吁各国树立互利、合作与共赢价值观，强调树立“人类命运共同体”意识，以全球伙伴关系来应对各种发展机遇和挑战。习近平强调：“在经济全球化的今天，没有与世隔绝的孤岛。同为地球村居民，我们要树立人类命运共同体意识。伙伴精神是二十国集团最宝贵的财富，也是各国共同应对全球性挑战的选择。”当今世界，“你中有我，我中有你”，“各国经济，相通则共进，相闭则各退”。

在 2017 年的新年贺词中，习近平再次向世界发出构建人类命运共同体的呼吁。他说：“中国人历来主张‘世界大同，天下一家’。中国人民不仅希望自己过得好，也希望各国人民过得好。”“我真诚希望，国际社会携起手来，秉持人类命运共同体的理念，把我们这个星球建设得更加和平、更加繁荣。”

习近平在建党 95 周年庆祝大会上给出中国方案：“推动形成人类命运共同体和利益共同体。”“以和为贵”“和而不同”，习近平在中国传统“和”文化基础上提出构建“命运共同体”的理念，体现了博大的天下情怀。

“一带一路”命运共同体的建立和形成，要依赖共同的利益基础，更依赖文化的价值共识。一个群体、国家，一个共同体存在，在一定意义上可以“看作一个拥有某种共同价值、规范和目标的实体，其中，每个成员都把共同的目标当作自己的目标……共同体不仅仅指一群人，它是一个整体”，其中就包括价值目标上的文化共识。（俞可平，1998：175）斐迪南·滕尼斯在《共同体与社会》中，揭示了共同体的这个重要维度。他认为，除了“共同的生活环境”“共同的生活特征”外，共同体还需具备一些更加深刻而持久的共同性加以维系，即人们的归属感、认同感等文化心理因素。（滕尼斯，1999：64、74）柏林也指出：“归属于一个愉快地认同的群体的欲望已经被看作人类的一种自然的需求：家庭、氏族、部落、社会等级、社会秩序、阶级、宗教组织、政党，最后是民族和国家……拥有共同的祖先、共同的语言、习俗、文化传统、记忆。”（徐迅，2005：376）所以，没有群体价值认同，没有共同文化心理纽带，共同体缺乏文化整合和精神支撑，这个共同体就一定很难持久存在，良性发展下去。

中国今天提出“一带一路”命运共同体设想，倡导共建、共赢、共享思路，不是偶然的，作为“中国方案”，它来自深厚的传统文化底蕴和中华民族特有的思维模式。中国传统文化中的群体主义已有深厚历史积淀，中国文化素有的“家国情怀”，“群体本位”取向，“天下为公”、世界和合发展的理念，以及中华民族爱国主义精神和社会责任意识等，都已成为整合凝聚中华民族共同体的重要文化共同体。卢梭曾对这些生活共同体的基础做过分析，他指出“共同体的根基要到人原初的激情或情感中去寻找，从这些情感中能产生比任何人为纽带更加神圣和牢靠的纽带”。（刘诚，2005）他同时也指出，这种情感就是“每一个的爱国者对于国家的爱是和母亲的奶一同吸入进去的，这个爱是他的全部生命”。（张焕庭，1979：138）爱国家，就是一种最深沉最基本的文化精神。中华民族就拥有浓厚的爱国主义精神。在我国历史上，每当国家、民族处于危亡之际，就会激发出人们内心深处的爱国情感和国家民族利益高于一切的共同体精神。这也是我们这个民族历经无数磨难仍能屹立于世界的文化根本。李泽厚在《什么是道德？——李泽厚伦理学讨论班实录》中认为，“情本体”文化，中国特有的文化“智慧”，“人类整体的生存延续”这样的“至善”文化“无疑是中国对于人类的贡献”。（李泽厚，2015）中国文化的整体主义或共同体精神，中国的群体取向文化和“海纳百川”的包容文化，在“弥合”或“融合”碎片化社会问题中，在当前“一带一路”的和合共赢、打造命运共同体的战略规划中，都应当被看作一种必要的文化资源和整合力量。

总之，中国“一带一路”方案决定与沿线各国一道，打造利益共同体、责任共同体和命运共同体，但这一切首先要建立在价值凝聚和文化共识的基础之上。“思想有多远，我们就能走多远”，“一带一路”建设中，包容共赢的文化共识和共同体精神有多少，其和平发展、互利互惠、共建共享共赢的蓝图规划就能实现多少。

参考文献

〔德〕斐迪南·滕尼斯（1999）：《共同体与社会》，林荣远译，商务印书馆。

洪修平（2014）：《中国佛教文化的独特性》，人民网（http：//history. people. com. cn/n/2014/0828/c386265 - 25555395. html），08 - 28。

李泽厚（2015）：《什么是道德？——李泽厚伦理学讨论班实录》，华东师范大学出版社。

刘诚（2005）：《卢梭两个世界》，《学术书评》，第2辑，广西师范大学出版社。

习近平（2013）：《之江新语》，浙江人民出版社。

徐迅（2005）：《民族主义》，中国社会科学出版社。

俞可平（1998）：《自由与社群》，三联书店。

张焕庭（1979）：《西方资产阶级教育论著选》，人民教育出版社。

The Issue of Cultural Consensus under the Background of "The Belt and Road"

Ge Chenhong, Wu Xiliang

Abstract: With the historical development of ancient "Silk Road", it has been a historic symbol of political and cultural communication between China and western countries. Similarly, the present "One Belt and One Road" is also a magnificent narrative outline which contains the elements of economics, politics and culture. Cultural community is an important factor which forms "One Belt and One Road" community. In the development plan of "One Belt and One Road", while China goes out and the other country gets in, China and other countries have been partners of mutual benefit. In terms of cultural communication, China and other countries reach mutual respect and learn from each other. Chinese cultural ideas, such as "all rivers run into sea", "all under heaven are of one family", and "world is peaceful and harmonious" have been actively proposed. In order to form and build "One Belt and One Road" community, it is necessary to form a basis with common interest and cultural consensus. In fact, the collectivism or the spirit of community, and the cultural inclusiveness in Chinese culture, in present strategy of building "One Belt and One Road" community, is a kind of cultural character as well as an advantage of cultural integration.

Keywords: The Belt and Road; Win-win Cooperation; Cultural Consensus

About the Authors: Ge Chenhong, (1958 –), Ph. D. , Profesor at Renmin University, Dean at Key Reseach Base in Ministry of Education. Research interests and specialties: ethics. Magnum opuses: *Report on Moral Development in Chinese Society*, etc. E-mail: ge@ ruc. edu. cn.

Wu Xiliang, Ph. D. Candidate at Renmin University.

全球新秩序视角下的“一带一路”倡议*

〔美〕莉迪亚·埃米尔 著　李家莲　李文龙 译**

【摘　要】“一带一路”倡议是由中国国家领导人习近平主席提出的建设“丝绸之路经济带”和“21世纪海上丝绸之路”的构想。“一带一路”旨在通过路上丝绸之路（SREB）与海上丝绸之路（MSR）加强亚欧国家间的联系与合作，尤其是加强与中华人民共和国、路上丝绸之路各国和海上丝绸之路各国的联系与合作。由于很多人尚不熟悉这个新倡议，我将首先介绍“一带一路”倡议，目的是使人们更好地理解它背后的计划、所涉及的众多国家以及巨大的经济效益。其次，我将对其进行简要评价。由于学术界对于“一带一路”倡议给出的信息有限，我不知是否可以将其理解为代表了中国倡导的国际新秩序的开端，但我相信，“一带一路”倡议可以被含糊地理解为致力于建立一种新的全球秩序，重要的是直接讨论这种可能性并认识到这既是该倡议挑战所在也是其吸引人的地方。

* 本文旨在献给我的父亲阿伦·埃米尔（Aryeh Amir），他是外交部大使，毕业于索邦大学国际关系系，他临终前读过的最后一本书是关于中国的，他要我帮他找到并带回家。在他过世后的第二年，我手上拿着这本书，并把他临终前强调过的部分内容吸纳进了这篇文章中。

** 莉迪亚·埃米尔，女，哲学博士，美国塔夫茨大学访问学者，主要研究方向为价值论与伦理学，代表性著述为《现代哲学中的幽默与好生活：沙夫茨伯里、哈曼与克尔凯郭尔》。电子邮箱：lydamir@ mail. com。李家莲，女，哲学博士，湖北大学高等人文研究院暨哲学学院副教授，湖北大学农村社区研究中心研究员，主要研究方向为西方伦理学，代表性著述为《道德的情感之源》。李文龙，哲学硕士，主要研究方向是西方伦理学。

【关键词】“一带一路”倡议 亚欧国家 全球新秩序

导 言

“一带一路”倡议（B&R），是由中国国家领导人习近平主席提出的建设“丝绸之路经济带”和“21世纪海上丝绸之路”的构想。“一带一路”旨在通过路上丝绸之路（SREB）与海上丝绸之路（MSR）加强亚欧国家间的联系与合作。

2016年中，“一带一路”的英文名称由One Belt and One Road（基于对“one”的误解）正式改为“Belt and Road Initiative”。这一倡议凸显了中国将在推动以其为中心的贸易网络中，在全球事务中发挥更大的作用。2013年9～10月，李克强总理对亚欧部分国家进行访问期间，正式提出了路上丝绸之路（SREB）与海上丝绸之路（MSR）的概念。

2014年3月，中国国务院总理李克强在提交的政府工作报告中，要求充分发挥孟中印缅经济走廊和中巴经济走廊的作用，加快“一带一路”倡议的实施。2015年2月，推动“一带一路”建设工作领导小组成立。中国充分重视“一带一路”倡议的实施，推进“一带一路”建设工作领导小组直接向中华人民共和国国务院汇报工作，国务院副总理张高丽担任领导小组组长，王沪宁、汪洋、杨晶和杨洁篪担任副组长。

一 “一带一路”倡议简介

在简评这一倡议前，先介绍一下“一带一路”倡议的核心思想。“一带一路”倡议按照地理区域布局涉及六条“走廊”和海上丝绸之路。具体包括从中国西部到俄罗斯西部的新欧亚大陆桥、从中国北方到俄罗斯东部的“中蒙俄走廊”、从中国西部到土耳其的“中国中亚西亚走廊”、从中国南部到新加坡的“中国印度支那半岛走廊”、从中国南部到缅甸的“中缅孟印走廊”、从中国西南到巴基斯坦的“中巴走廊”以及从中国经新加坡到地中海的“海上丝绸之路”。“一带一路”倡议的覆盖面主要是亚洲和欧洲，大约60个国家，同时大洋洲和东非部分国家也覆盖在内。

就成本而言，人们预计，在一个不明确的时间表内，各方已累计给该项目投资了4万亿~8万亿美元。该倡议已经被用来与以美国为中心的贸易关系（跨太平洋伙伴关系及跨大西洋贸易与投资伙伴关系）做了比较。

“一带一路”倡议有望弥合“基础设施缺口”，从而加速亚太地区和中东欧的经济增长：据世界养老金委员会（WPC）专家估计，未来十年，除中国以外的亚洲国家每年用于基础建设的债务投资将高达9000亿美元。同时专家们指出，这些国家基础设施支出不足50%。正是因为对资本的长期大量需求，许多亚洲和东欧的国家领导人表示很愿意加入这个以基础设施建设为导向促进经济增长和“真正资产”的国际金融机构。《环球时报》为“一带一路”开设了新闻专版，牛津大学也启动了与“一带一路”倡议相关的研究项目。

（一）丝绸之路经济带

2013年9月和10月，中国国家领导人习近平访问中亚和东南亚时，提出共同建设“丝绸之路经济带”和“21世纪海上丝绸之路”的倡议。从本质上讲，“带”包括位于中亚、西亚、中东和欧洲的原丝绸之路上的国家。该倡议要求通过建设基础设施，增加文化交流和扩大贸易，增强该地区的凝聚力。除原丝绸之路所辐射的国家外，“带”也延伸到了南亚和东南亚相关国家。所覆盖的国家大都是中国倡议建设的亚洲基础设施投资银行（AIIB）的成员。“一带一路”中的“带”被划分成三个主要区域：北部、中部、南部。北部指中亚，俄罗斯到欧洲；中部指中亚，西亚到波斯湾和地中海；南部指中国，东南亚，南亚，通过巴基斯坦到印度洋。中国的“一带一路”倡议将与哈萨克斯坦的光明大道基础设施计划联系，从而与中亚协同发展。

海上丝绸之路，也被称为“21世纪海上丝绸之路”，是一个互补性的倡议，旨在通过中国南海、南太平洋与印度洋的水域连接，促进南亚、大洋洲和北非的投资与合作。

2013年10月，习近平在访问印度尼西亚时发表演讲首次提出“海上丝绸之路”倡议。与“丝绸之路经济带”一样，“海上丝绸之路”的大多数国家都加入了由中国倡议建设的亚洲基础设施投资银行。

东非，特别是桑给巴尔，在完善当地港口建设并在内罗毕和坎帕拉间建造了现代标准轨道线路之后，将成为海上丝绸之路的重要组成部分。

2014年5月，李克强访问肯尼亚并与肯尼亚政府签署合作协议。根据这项协议，蒙巴萨和内罗毕将建成延伸约2700公里（1677.70英里）的铁路线，耗资约2.5亿美元。

2015年9月，中国国际油服与通用电气就建造风力涡轮机签署战略合作协议，确立了推广清洁能源计划，并致力于增加撒哈拉以南非洲地区能源消费者的数量。

（二）密切相关的网络建设

中巴经济走廊（CPEC）和孟中印缅经济走廊（BCIMEC）与“一带一路”倡议密切相关。在媒体的报道中，两条经济走廊与“一带一路”的区别经常被忽视，中巴经济走廊瓜达尔港的建设，经常被认为是中国“海上丝绸之路”与“陆上丝绸之路”的纽带。

中巴经济走廊是巴基斯坦目前正在建设的基础设施项目。起初项目估值460亿美元，现价值570亿美元。中巴经济走廊旨在通过建设现代化的交通网络、众多的能源项目和经济特区来快速实现巴基斯坦基础设施现代化，从而加强经济建设。2016年11月13日，当中国货物经陆路运往瓜达尔港口，最终运入非洲及西亚时，中巴经济走廊正式发挥效用。

（三）资金和地缘经济

2013年10月，中国首次提出将亚洲基础设施投资银行作为专门从事基础设施项目贷款的银行。2015年，中国宣布部分投资超过1万亿元（1600亿美元）的基础设施项目正在规划或建设中。2015年6月29日，

“亚洲基础设施投资银行协议”的法律框架在北京签署。采用多边开发银行的模式和运营原则，法定资本为1000亿美元，其中75%来自亚洲和大洋洲的国家。中国作为最大的出资国，持有26%的股权。

2014年11月，习近平宣布计划创建一个400亿美元的发展基金，这项基金将与为“一带一路”创立的银行体系区别开来。同时，与传统基金项目借款的模式相比，这项基金将主要用于商业投资。巴基斯坦卡罗特水电站项目是丝绸之路基金的首个投资项目，但并不是中巴经济走廊投资规模较大的部分。

2016年1月，三峡建设公司在距伊斯兰堡50公里（31英里）的卡罗特水电站建设项目开始动工。作为丝绸之路基金的首个外资项目，中国政府承诺到2030年为止，向巴基斯坦提供至少3.5亿美元的水电站建设资金。

2015年3月29日，习近平主席在博鳌亚洲论坛（BFA）年会上的讲话中表示：“中国经济深度融入全球经济，是亚洲乃至世界经济的重要驱动力……中国的投资机遇在扩大。基础设施互联互通和新技术、新产品、新业态、新商业模式的投资机会正在不断涌现……中国对外合作的机遇在扩大。我们支持多边贸易体制，致力于多哈回合谈判，倡导亚太自由贸易区，推进区域全面经济伙伴关系谈判，倡导筹建亚投行，全方位推进经济金融合作，作经济全球化和区域一体化的积极推动者。”

习近平强调指出，丝绸之路基金和亚洲基础设施投资银行从地缘经济的角度出发，将促进中国与沿线国家的贸易与投资合作，促进沿线国家的互联互通与新型工业化，促进各国共同发展。

（四）基础设施建设和教育

1980年以来，大多数亚洲和东欧国家追求短期主义出口导向的新自由主义发展政策，工业化国家对基础交通设施的投资不足，相反中国的基础建设及以高铁为代表的现代陆运技术悄然发展。

世界养老金理事会（WPC）专家认为，“一带一路”倡议是以基础设施建设驱动的经济发展框架，改革开放至今，这一框架促使中国经济快速发展，最终可能会影响整个欧洲甚至全世界的经济模式，从而建立国际经济新秩序。

以西安交通大学为中心的大学联盟旨在通过研究与探索，给予“一带一路”倡议理论支持。除经济领域外，法律领域也将从法治精神和法治文化方面服务“一带一路”发展。

以上是关于“一带一路”含义、巨大规模计划及其未来影响几方面的简述，接下来将对其关注点进行简评。

二 简评“一带一路”倡议

《纽约时报》认为“一带一路”是“一个全球经济的中国之路”，由于其复杂性和相关影响因素，对“一带一路”进行简评也是极富挑战的。首先，鉴于“一带一路”倡议已经处在实施过程中，本文评述不包含倡议决策前因素，也不对实施过程产生影响。其次，由于该倡议的实施刚刚开始，评估其成功和可能的结果是极具挑战性的。那么本文的研究是否就没有意义了呢?

这个问题的答案取决于评价这一倡议所用的标准。由于学术刊物上的可用信息有限，并且从功利主义角度去评价这一倡议也是不成功的。我不知是否可以将其理解为代表了中国倡导的国际新秩序的开端，正如马丁·雅克（Martin Jacques）在《大国雄心》中的推测一样：“西方世界的结束和全球新秩序的诞生。”雅克开创性的研究奠定了“一带一路”的理论基础，他推测中国将启动一个新的全球秩序，并描述了中国之所以能推动新秩序建立的几个特征。分析中国的这些特点对所预期的全球秩序的影响，将有助于评估我们是否能真的目睹后者的诞生。我相信“一带一路”倡议隐含了建立国际新秩序的目标，作为哲学家，从反对人士的角度出发，直接解决问题，更有利于倡议的实施。首先，我要说明除非更深刻的问题得到解决，否则从功利主义的角度来评价这项倡议是不合理的。为了说明这一点，我列出了关于倡议的争议与批判背后的动机。给出这些动机前，我想先说明我自己对“一带一路”倡议的理解。

（一）功利主义无用论

关于“一带一路”的争议已经被中国和国际社会提上了议程，因为这项倡议的实施离不开与许多独立国家的合作。虽然，一些国家（例如澳大利亚）拒绝和“一带一路”扯上任何关系，但是，另一些已经参与或者希望能参与这项倡议的国家与地区的领导人正在面临亟待解决的内部问题和中国构想之间的利益冲突。

例如，在2016年的施政报告中，香港特别行政区行政长官梁振英宣布，他打算成立一个海事部门，以加强香港的海上物流贸易，与北京的经济政策保持一致。在整个施政报告中，梁振英提到“一带一路”不少于48次，却只提到了少量的细节，以及一些与此倡议相关的宏观的经济措施。这也使得评论家认为这场施政报告与香港人民无关，因为此报告回避了香港人民更为关注的问题。

《纽约时报》上的文章认为，在倡议已经开始实施的老挝，所进行的复杂的工程与农业社会的需要是不一致的。有人抱怨说，中国雄心勃勃的计划忽视了这个非常贫穷国家的能力和实际需要。

在这篇文章中，Jane Perlez和Yufan Huang强调，“习近平计划中的每个国家都有自己的战略优势”。中国的规划者们正在绘制从布达佩斯到塞尔维亚贝尔格莱德的铁路线，为中国货物通过希腊的港口流入欧洲提供另一条通道。庞大的基础设施项目，以及亚洲、非洲和欧洲的数百个项目，构成了中国雄心勃勃的经济和地缘政治议程的中坚力量。中国国家主席习近平从表述与意义上建立联系，为中国的建筑公司创造了新的市场，并出口了国家主导的发展模式，以寻求建立深厚的经济联系和牢固的外交关系。

中国政府认为这一举措具有重要的现实意义，与周边国家加强基础设施互通，将减少贸易壁垒。

中国已经在巴基斯坦、尼泊尔、斯里兰卡、孟加拉国和阿富汗等几个南亚国家投资了数十亿美元，以改善基础设施，这对中国的贸易体制和军事都有利。2016 年印度官方外资流入 FDI 排名显示，中国已成为印度增长最快的外资（FDI）来源国之一，排在第 17 位，这一数字高于 2014 年的第 28 位和 2011 年的第 35 位。

而且，詹姆斯敦基金会（Jamestown Foundation）的分析表明，“一带一路”倡议也为习近平领导的经济发展带来了“顶层设计”，使一些以基础设施为重点的国有企业获得了盈利的商业机会，以保持 GDP 高速增长。通过要求省级企业必须申请由国家提供的贷款，参与区域地带和道路项目建设，北京作为行政中心也能够对其他地区产生更好的约束作用，减少“离心力”。

这些考虑表明，一个简单的功利主义方法，通过衡量那些受其长期影响的人的幸福感（总体快乐或痛苦的缺失）来评估这一倡议的效用，注定是会失败的。它将会失败，如同所有功利主义的核算实际上都失败了——因为都是基于概率的评估，并且从缺乏知识的经验论角度出发，而且结果必然偏向于那些发起的单位。所有关于伦理学介绍的书目都会提到这些。这样的计算将无法证明其能公平分配未来利益，或者因为怀疑（关于未来的利益）或者因为嫉妒和恐惧（通过这个倡议的成功，利益的不公平分配，最终打破当前的权力平衡）而被拒绝。

中国将明显受益于这一举措，除非对中国银行控制风险能力的担忧是真实的。这些邻国和其他遥远的发展中国家，也将在经济上受益。一些利益在短期内实现，部分则是长远利益，这一点并不像人们希望的那样，认为该倡议的反对者是不理性的。但最重要的是，经济上的考虑有时会被其他担忧所推翻，而这些担忧往往不够明确。除非这些担忧是无法解决的。我相信，这些担忧指的是中国将在东亚地区建立的新秩序因战略本身而土崩瓦解。

（二）中国新的全球秩序的特征

马丁・雅克推测中国将启动一个新的全球秩序，并描述了中国之所以能推动新秩序建立的几个特征。分析中国的这些特点对所预期的全球秩序的影响，将有助于评估我们是否能真的目睹后者的诞生。如果答案是肯定的，我们可以更好地解决存在的争议及问题，从而获得更多国家及地区对“一带一路”倡议的支持。

21 世纪标志着中国进入全球思维的时刻。如果中国继续发展壮大，成为世界的头号强国，那么它可能会采取美国和英国之前的方式享受全球霸权。2009 年，雅克写道，这一进程最为突出的效果是在东亚地区，中国已经成为东亚地区事实上的中心。这对每个国家来说经济的发展与市场的壮大都是日益重要的，这是目前正在形成的新经济秩序与模式的关键驱动力。至少直到最近，中国的外交态度始终保持不变，仍然是充满决心且有意识保持低调。

就像美国的情况一样，中国的全球霸权将反映这个国家历史的以及当代的特殊特征。有时人们认为，这些将是西方的价值观，是被英国、欧洲以及后来美国所珍视的。但是大英帝国时代已经结束了，欧洲失去了它的力量，而美国可能正在衰落。西方的狂妄自大并没有像人们所期望的那样充满了国际化的视野，他们并没有认识到，其经验并不适用于所有的重要事情。（科恩，1984：95）这意味着，这些全球霸权所赋予的价值并不一定能在新的全球秩序中占有一席之地。

可能影响中国特色价值观的因素中包括中国漫长的历史，一个文明国家，而不是一个民族国家的兴起，特有的朝贡系统，不同的政治传统替代传统西方资本主义的新的范例模型。

如果这些价值观确实在“一带一路”倡议中得到体现，我们可能会得出这样的结论：对于“一带一路”的担忧即指对中国所倡导的国际新秩序的担忧。如果这一问题得以阐明，那么消除这些担忧与顾虑的办法就更加清晰明朗了。

结　论

在卡尔·维克（Karl Vick）和查理·坎贝尔（Charlie Campell）关于习近平和唐纳德·特朗普（Donald Trump）一起作为“年度风云人物”

（Vick and Campbell，2017）年度奖的候选人的文章中，他们提到中国今后将通过宣传“具有中国特色的社会主义”来倡导这条道路。

这些记者得出这样的结论：“似乎没有人知道这意味着什么。”

然而，对于“一带一路”倡议中这些特性是否和如何更全面地体现超出了本文的范围。从某种程度上来说，“一带一路”倡议规模巨大，并不是一篇文章能研究透彻的，关于“一带一路”的很多问题的答案都会在倡议推进过程中逐渐清晰。

Evaluating The Belt and Road Initiative Toward a New Global Order

Lydia Amir; trans. by Li Jialian Li Wenlong

Abstract: The Silk Road Economic Belt and the 21st-century Maritime Silk Road, better known as The Belt and Road Initiative（*OBOR*）, The Belt and Road（*B&R*）and The Belt and Road Initiative（*BRI*）（*OBOR*）is a development strategy proposed by China's leader Xi Jinping. It focuses on connectivity and cooperation between Eurasian countries, primarily the People's Republic of China（PRC）, the land-based Silk Road Economic Belt（SREB）and the oceangoing Maritime Silk Road（MSR）. As many readers may be unaware of this recent initiative, I first introduce the The Belt and Road strategy in order to better appreciate its ambitious plan as well as the numerous countries and heavy financing it involves. I then follow with an evaluation of this enterprise. However, as there is limited available information on the initiative in academic publications, I have chosen to consider whether this strategy represents the beginning of a new Chinese world order. As I believe that the Belt and Road strategy is implicitly judged as aiming at such a new global order, it is important to directly address this possibility and consider that which is challenging and intriguing about this beneficial initiative.

Keywords: The Belt and Road Initiative; Eurasian Countries; Strategy

About the Authors: Lydia Amir, Ph. D. , Visiting Professor from Tufts University. Research interests and specialties: axiology and ethics. Magnum opuses: *Humor and the Good Life in Modern Philosophy*: *Shaftesbury*, *Hamann*, *Kierkegaard*, etc. E-mail: lydamir@ mail. com.

Li Jialian, Ph. D. , Associate Professor at Institute for Advanced Humanistic Studies and School of Philosophy in Hubei University, Researcher at the Rural Community Center of Hubei University. Research interests and specialties: western ethics. Magnum opuses: *The Origin of Sentiments in Morality*, etc. E-mail: lijialian@ 126. com.

Li Wenlong, Master in Philosophy. Research interests and specialties: western ethics.

从我国古代航海事业的发展看“一带一路”的重大意义

陈道德*

【摘　要】 2013年，习近平总书记在出访中亚和东南亚国家期间，先后提出了共建“丝绸之路经济带”与“21世纪海上丝绸之路”（简称“一带一路”）的倡议，为构建“人类命运共同体”指出了一条康庄大道。这一倡议不仅可以进一步增进我国与“一带一路”相关国家的经贸往来，同时，也让许多相关国家，摆脱由少数经贸强权所主导的所谓“区域经贸合作关系”圈的束缚，增加选择合作伙伴的机会，营造更宽广、更畅达的合作发展空间，这一倡议具有划时代的战略意义。本文通过回溯我国古代航海事业的发展与外贸关系的变化概况，探究“一带一路”倡议对世界各国经济社会繁荣发展的重大意义。

【关键词】 “一带一路”　人类命运共同体　中国古代航海事业

2013年，习近平总书记在出访中亚和东南亚国家期间，先后提出了共建“丝绸之路经济带”与“21世纪海上丝绸之路”（简称为“一带一

---

* 陈道德（（1953～），哲学硕士，湖北大学哲学学院暨湖北省中国文化研究中心教授。研究方向为逻辑学和中国伦理思想史，代表性著述有《二十世纪意义理论的发展与语言逻辑的兴起》《符号学视野下的先秦名辩学研究》。电子邮箱：daodechen@ aliyun. com。

路”）的倡议，为构建“人类命运共同体”指出了一条康庄大道。这一倡议不仅可以进一步增进我国与“一带一路”相关国家的经贸往来，同时，也让许多相关国家，摆脱由少数经贸强权所主导的所谓“区域经贸合作关系”圈的束缚，增加选择合作伙伴的机会，营造更宽广、更畅达的合作发展空间。这一倡议具有划时代的战略意义。本文通过回溯我国古代航海事业的发展与外贸关系的变化概况，探究“一带一路”倡议对世界各国经济社会繁荣发展的重大意义。

一　远古至先秦：我国先民渡江渡河的探索之路

远古时期，生活在黄河流域的先民为了克服河流阻隔给交通带来的困难，学会了制造渡河的工具，那时人们把这种工具称为“舟”。

殷墟出土的甲骨中已有“舟”（“舟”）字。《说文》云：“舟，船也。古者共鼓、货狄刳（kū）木为舟，剡（yǎn）木为楫，以济不通。”“舟”是一个象形字，象船形。两边象船帮，中间三条线代表船头、船舱和船尾。段玉裁在注中说：“古人言舟，汉人言船。”共鼓和货狄是尧舜时代的人，“刳木为舟”就是把整个大木头中间挖空用以做舟；“剡”的意思是削、刮，“剡木为楫”意思就是把较小的木头削刮成桨，用以划船。这说明早在尧舜时代我们的先民便已经学会了制造“舟”和“桨”，并用此渡江渡河，“以济不通”。

春秋战国时期，渡江渡河能力渐趋成熟，可视为中国古代海河航行事业之形成期。1958 年，江苏省武进县奄城乡挖掘出一个长 11 米，宽 0.9 米用整段原木挖空制成之物，经测定，此物便是春秋时期之独木舟。半个多世纪以来，出土文物中也有战国时期的水战图纹，其中就有两层或三层结构之战船。

值得一提的是，春秋战国时期，先民们已知将天文星象知识应用于海上航行，即利用“北极星”作为导航之星座。《尚书·洪范》载：“月之从星，则从风雨。”同时先民也知利用潮汐及海洋定向之潮流等，辅助航行。据史记载，战国时期就曾有为避乱而经由海路远徙朝鲜者。日本所谓的“弥生时代”[①]，伴随着中国人的移入也出现了来自中土战国，甚至春秋时期之陶器、铁器与铜器等。此外，据考战国时期在东南沿海及西南之百越地区，已有船只往来于南海海域，远至番禺进行贸易。综上可见，先秦时代中国人不仅已具海洋航行之能力，并且海外探险与海上贸易往来亦逐渐频繁。

二 秦汉至隋唐：厚植航海能力开拓海上丝绸之路

秦、汉是中国开疆辟土的重要朝代。秦始皇一统天下后，曾四次沿海巡行。始皇二十八年（公元前219年）东巡首次有计划经海路至琅邪，建“琅邪台”。并准方士徐福之请，率童男、童女数千人，入海求仙。始皇三十三年（公元前214年），经略岭南，设南海、桂林、象郡三郡，并正式纳入版图。三十七年（公元前210年），始皇东巡，返至琅邪，徐福再请命东渡日本，终不归。由此可见，秦代已能建造可渡海洋之大船。

汉代，造船与航海技术更有发展。不仅能建造十余丈高之三层大“楼船”，及类型繁多的各种船只，发明了“舵”“风帆”等诸多船舶推进工具，还发明了降低沉船危险的“横隔舱”结构，为造船技术之重大进步。武帝时南越再度纳入中国版图，并开设番禺、徐闻、日南（越南、顺化）等港口，置“译长”经营海外贸易。元封二年（公元前109年）秋，曾水陆并进，征讨朝鲜。海路由山东出发，乘“楼船”渡渤海。定其地后，分置真番、临屯、乐浪、玄菟四郡。（班固，1962：194）其中，乐浪（今朝鲜西北之大半）成为中国经朝鲜半岛，来往日本之海路交通要津。东汉桓帝时，更有大秦（罗马）王安敦遣使由海道至日南来献之事。足见当时黄海、南海航路的交通状况即“海上丝绸之路”的原初面貌。

---

① 日本古史中有所谓“弥生时代”，乃源自考古学者在东京的“弥生町”发现无花纹、带红色的陶器，据考，这些陶器来自中国，时间大约是公元前3世纪。

三国时期，地处江南沿海之吴国曾“遣将军卫温、诸葛直将甲士万人浮海求夷洲及亶洲”。（陈寿，1971：1136）丹阳太守万震所著《南州异物志》，也曾详述当时航行于南海帆船之“驭风技术”。（万震，2002：48）东晋安帝隆安三年（公元399年），有孙恩、卢循等人，以海岛为基地起事叛乱，所造战舰，不计其数。其中“八槽战舰”实力强大，或以之为中国造船及航海史上之一大成就。义熙十二年（公元416年）八月，刘裕率军北伐后秦，部将王镇恶率水军“乘蒙冲小舰，行船者皆在舰内，秦人见舰进而无行船者，皆惊以为神”。（司马光，1976：3708）至于南北朝，据《南齐书·祖冲之传》载：建武（公元494～497年）中，祖冲之“造千里船”，能“日行百余里”。（萧子显，1972：906）

隋文帝于开皇九年（公元589年）命杨素于长江上游建造“五牙”大舰（魏征，1973：1283），以及可容百余将士的黄龙舰及平乘舰、舴艋舰等各型战舰。炀帝大业元年（公元605年）春，敕王弘“于扬州造舟及楼船”五千余艘，“其龙舟，高四十五尺，阔五十尺，长二百尺，四重”。（辛德勇，2006：16～18）大业三年（公元607年）三月，炀帝令朱宽、何蛮入海求访异俗，至于“流求”。大业六年（610年），炀帝再遣陈棱、张镇周，发东阳（今浙江金华）兵万余人，自义安郡（今广东潮州）渡海征讨琉球。隋军破其都邑，俘万余人而还。隋炀帝大业十年（公元614年）二月，炀帝征兵讨伐高丽。由来护儿率领水师，从山东东莱出发，循渤海、黄海沿岸，渡渤海湾，到达高丽。由此可见隋代的造船技术及水师远航能力。

唐承隋兴，舟船建造技术大大提升，又逢贞观、开元两盛世，国力强盛，因此造船业十分发达，诸多海港都有造船厂，能造各型船舰。此时已能采用“榫接钉合”（或称“钉接榫合”）的连接技术来提高船的牢固度。比“垂穿铁钉”之搭接技术更为先进。① 唐代的海船普遍设有多帆与船舵装置，且具多个水密隔舱，航行中能利用侧逆风行驶，抗沉

① 1960年和1973年，在江苏扬州施桥镇与如皋县，先后出土两艘唐代木船，均使用“榫接钉合”技术。

性更好。据明代宋应星的《天工开物》记载，唐代已能锻造四爪船锚。（宋应星，1976：274～275）德宗之时，杭州知府李皋还发明所谓“车船”，在船的舷侧或艉部装上带有桨叶之“桨轮”，靠人力踩动桨轮轴，代替橹、桨划行前进。由于造船技术的提高和造船业的兴盛，唐代对外贸易范围大大拓展。除了往来朝鲜、日本及南亚等周边地区外，还在原有航路基础上开辟了远抵波斯湾、红海甚至非洲大陆的航线，奠定了后人所谓“海上丝绸之路”的基本范围。此时中国对外贸易，已由汉以来内陆“丝路”为主发展为海陆并举。

唐代以来中国海事活动出现巨大突破，标志即为大大延伸了“海上丝绸之路”的航线，实现了海路取代陆路的历史性更替，扩大了对外贸易的范围，在世界范围内获得了广泛影响。因唐代与外国交往频繁，盛誉远播，是以直到明、清甚至晚近，海外人士犹称华人为“唐人”。（张廷玉，1974：8395）

三　两宋至元明：承前出新创造古代海事活动高峰

到了宋代，都市繁荣兴盛，农业技术也多有改进，生产力提高，且传统工业发达，分工更精细，产品种类多，质量也佳，为对外贸易提供了有利条件。宋初，朝廷认为“海上贸易获利最为丰厚”，以“开洋裕国”作为国策，重视对外贸易。太宗之时，曾遣内侍持敕书与金帛，分四路前往海外，招蕃商来华贸易。加之以当时西北之“丝路”已完全为西夏所阻隔，东南沿海之港口已成为主要的外贸中心。因对外贸易实务的需要，神宗元丰三年（公元 1080 年），制定了中国首部“对外贸易法”，名为《广州市舶条法》，并附有蕃商犯罪专门罚则。同时，在各主要外贸港埠，设立“蕃市”，专卖外国商品，更有专供外国人居住之“蕃坊”，并设“蕃学”，供外商子女接受教育。由此可见，当时海外来华贸易的外国商人之多。今广州与泉州市区犹有蕃客墓，为当时海外商贸繁盛提供了有力的佐证。

南宋时，东海除了中国商船外，也有日商船只。而对日之往来，则以明州（宁波）、泉州及福州为主港口。且当时香料贸易相关之收入，竟占南宋全国岁入的二十分之一，甚至更多。（脱脱，1977：4537）

指南针的发明，使航海事业“如虎添翼”。北宋元祐年间沈括发现地磁对指南针的影响，这一发现，使指南针的应用更为精确。南宋时，将指南针更进一步改良成为精密的“罗盘”，广泛地应用于航海。此时，指南针也经由阿拉伯人传入欧洲，推动了欧洲的航海事业。据史料记载，南宋初期李纲曾在荆湖一带建造所谓“飞虎战舰”，傍设四轮，每轮八楫（桨叶），四人旋斡，据称可日行千里。（李纲，2004：392）此外，宋代所造大型海船，已经采用“龙骨”这一尖底结构，不仅可使速度加快，且可以减轻摇晃。欧洲地区直到18世纪末19世纪初才知道采用这种方法造船，比中国晚了好几百年。

元朝建立以后，对外之交通、商贸更为方便而广阔。元世祖至元十六年（1279年）起，曾四度派遣杨庭璧等使者，自泉州出海，远航至印度诸国。成宗元贞二年（1296年）时，亦曾遣周达观自温州出访真腊（今柬埔寨）。当此之时，不但海上之航行已能掌握并利用季风之规律，且“罗盘”也已改良得更为精确，在航海之应用也更为普遍，成为航海必备之工具，借以保障航行之安全与稳定。

元朝时，航海所需之造船技术、导航设备及航行海图等重要条件，我国多领先于欧洲，堪称当时世界最先进水平。元代不仅重建了统一的中国，并且使中国取代了阿拉伯人的地位，成为当时世界最大的海洋贸易国家。

明太祖洪武年间，为了加强海上对外贸易，设立了泉州、宁波、广州三个“市舶司”。之后，虽曾为预防海寇的骚扰，而数度施行“海禁”，罢废舶司。但成祖即位后，即复置“市舶司”，以处理朝贡、贸易之事，并进一步于永乐三年（公元1405年）六月十五日，派遣太监郑和出使西洋，统率27800多人，大小船舰240多艘，较大的船舶名为“宝船”，有63艘，从江苏太仓刘家港（今称浏河镇）出发。在历代所累积的造船、相关设备等技术与航海经验基础上，郑和远航舰队之装备、性能及规模达至巅峰，堪称世界一流。所以，今天研究中国古代造船工艺之学者，认为“秦汉、唐宋、元明，为中国造船的三个历史高峰时期”。

对于航海来说，另一个值得关注的是航海地图，被推定为洪武二十二年（1389年）绘成，以中国为中心的《大明混一图》，北起蒙古高原，南至爪哇岛，东到日本，西至欧洲与非洲。比欧洲人之地理大发现，先绘出了南非的三角形，早约百年，也反映了14世纪末，中国人更为开阔的世界视野。

总之，郑和七度远航，前后28年中，抵达了30多个国家及地区，开启了人类历史上空前的外交及海路商贸之旅。其成就超越了晚于郑和近百年横渡大西洋到达美洲的哥伦布。郑和七度远航，不仅积累了丰富的航海经验，同时也宣扬了国威，拓展了中国人的海外视野。但令人扼腕的是，郑和七下西洋的诸多官方档案资料竟然无故亡佚。今天人们所了解的一些事实，大多是从随行的通事马欢所著的《瀛涯胜览》，费信所写的《星槎胜览》与幕僚巩珍所写的《西洋番国志》等史料中获得。

整体而言，15世纪末至16世纪初，正当西欧早期之航海强国开始向外扩张之时，中国在经济、军事、科技和文化等方面，多还处于领先之状况。明末清初之际，西方传教士大批东来，促进了西学的东传，较先进的绘制地图方法也随之引进，使地理知识不断增进，当然也让中国人对世界有进一步之认识。

由此可见，我国古代航海事业的发展不仅为今天的“一带一路”奠定了坚实的物质基础，而且提供了丰富的可供借鉴的经验。

四 “一带一路”：构建“人类命运共同体”的康庄大道

“一带一路”经济合作发展计划，涵盖60多个国家，44亿人口，占全球三分之一的GDP，贯串世界四大古文明。含以西安为起点，经中亚、南亚、中东、俄罗斯到欧洲的“丝绸之路经济带”；与由福建循海路，往南连接东南亚、南亚、非洲到欧洲之“21世纪海上丝绸之路”。海路与陆路两者相应相接，从而形成一个多国经济合作的互惠链。

就历史之传承意义而言，“丝绸之路经济带”承继了我国汉朝时由张骞两度出使西域，所开通的外交、贸易之路的光荣精神；而“21世纪海上丝绸之路”，则明显继承了自盛唐以来，到明朝郑和七下西洋，所开创的海上贸易成就之荣耀。

总之，在“经济全球化”的浪潮中，“一带一路”为构建“人类命运共同体”指出了一条康庄大道。

参考文献

（汉）班固（1962）：《汉书》，中华书局。

（晋）陈寿（1971）：《三国志》，中华书局。

（宋）李纲（2004）：《李纲全集》，上册，王瑞明点校，岳麓书社。

（宋）司马光（1976）：《资治通鉴》，中华书局。

（明）宋应星（1976）：《天工开物》，钟广言注释，广东人民出版社。

（元）脱脱等（1977）：《宋史》，中华书局。

（三国吴）万震（2002）：《南州异物志》，载骆伟、骆廷辑注《岭南古代方志辑佚》，广东人民出版社。

（唐）魏征（1973）：《隋书》，中华书局。

（南朝梁）萧子显（1972）：《南齐书》卷五十二，中华书局。

辛德勇（2006）：《大业杂记辑校》，三秦出版社。

（清）张廷玉（1974）：《明史》，中华书局。

On the Significance of "The Belt and Road" from the Development of China's Ancient Maritime Industry

Chen Daode

Abstract: In 2013, Chinese president Xi Jinping successively put forward the proposal of building "silk road economic belt" and "the 21st century maritime silk road" (referred to as "The Belt and Road"), during a visit to central Asia and southeast Asia countries, which pointed out a broad road for the construction of "human destiny community". This proposal can not only make the economic and trade contact between China and the countries along "The Belt and Road" become prosperous, but also let many relevant countries get rid of the constraints of so-called "regional economic and trade cooperation relations" dominated by a few big trade powers, and at the same time, it also increases the chances of choosing partners, creates a broader and smoother cooperative development space. Therefore, this proposal is of epoch-making strategic significance. This thesis explores the significance of "The Belt and Road" proposal for the prosperous development of economy and society of various countries through tracing back the development of China's ancient maritime industry and the change of foreign trade relations.

Keywords: "The Belt and Road"; Human Destiny Community; Development

About the Author: Chen Daode, (1953 –), Master of Philosophy, Professor at School of Philosophy in Hubei university, and Hubei Chinese Culture Research Center. Research interests and specialties: logic and the history of Chinese ethical thoughts. Magnum opuses: *Development of Meaning Theory and Rising of Language Logic in the 20th Century*, *Study of Pre-qin Name Theory from the Perceptive of Semiology*. E-mail: daodechen@ aliyun. com

“一带一路”背景下大学生跨文化交流能力的培养

王　嘉　隋林宁*

【摘　要】 习总书记于2013年9月与10月，先后提出共建“丝绸之路经济带”和“21世纪海上丝绸之路”的伟大倡议。“一带一路”是中国人民在延绵发展的“古丝路”的基础上，结合复杂多变的国际形势提出的全球治理的“新思路”。国之交在于民相亲，民相亲在于心相通，实现民心相通的关键在于加强不同文化间的沟通与交流。大学生作为传播中华文化、传递中国声音的文化使者，其跨文化交流能力水平的高低，在极大程度上决定构建民心相通工程的成败。高校作为培养大学生跨文化交流能力的主阵地，应及时捕捉教育教学新热点、营造高校跨文化交流的新氛围、创设培育跨文化交流能力的新课程，为“一带一路”建设提供有力的人才支持。

【关键词】 “一带一路”　跨文化交流　大学生

【基金项目】 国家社科基金一般项目“思想政治教育网络意见领袖的培育和可持续发展研究”（15BKS107）；辽宁省经济社会重

* 王嘉（1979～），博士，大连理工大学马克思主义学院副教授，主要研究方向为思想政治教育基础理论与方法，代表性著述有《网络意见领袖研究——基于思想政治教育视域》《大数据时代思想政治教育的转向》《大学生社会主义核心价值体系认同力模型构建》等，电子邮箱：wangjiadlut@ sina. com。隋林宁（1992～），大连理工大学马克思主义学院博士研究生，主要研究方向为思想政治教育基础理论与方法，电子邮箱：1454408219@ qq. com。

点项目“大数据背景下的大学生思想政治教育创新研究”（2016lslktzdian－24）

一 “一带一路”背景下大学生跨文化交流的意义

（一）跨文化交流是通心工程的基础

2015年3月，外交部、商务部联合发布《推动共建丝绸之路经济带和21世纪海上丝绸之路的愿景与行动》，将“一带一路”沿线各国的合作重点概括为“五通”，即政策沟通、设施联通、贸易畅通、资金融通以及民心相通。其中，民心相通是“一带一路”建设的社会根基。受国家政治导向、民族风俗、地理位置等因素的影响，各国的文化复杂多样。中国积极融入世界的过程，也是与异域文化平等交流、包容借鉴的过程。跨文化交流在加强中华文明与沿线其他国家文明的平等互鉴，增强各国民众之间通心交流的过程中发挥着巨大的作用。

跨文化交流能够及时消除误解，夯实民意基础。长期以来，中国政府一直扮演着对外开放主导者的角色，很多走出国门的企业往往无法摆脱政府在其身后的影响，企业行为极容易被误认为是政府操纵主导的行为，这为“中国威胁论”提供了生长与扩散的温床。对于中国政府提出的“一带一路”倡议，绝大多数沿线国家表示支持与肯定，但仍存在一小部分无意误解或有意曲解的声音。中国倡导区域内平等合作之举往往被误解为其谋求自身的区域霸权与主导地位；中国积极推动区域内经贸往来与互惠互利，往往被诽谤为“中国版本的马歇尔计划”；中国推动区域互联互通，积极参与国际往来合作的行为更是被曲解为对抗美国霸权的地缘政治战略。这些误解与曲解的产生，与我国政府注重经贸往来，忽略人文交流的惯常思维密切相关。借助政府的解释消除误解往往是一种表面行为，通过推动跨文化交流，让民众看清事实的真相往往更具说服力。通过政府宣传与民间交流的结合，让沿线民众更为全面地了解中国，理解中国的“一带一路”倡议，既不是抗衡美国的地缘政治阴谋，也不是将国内过剩产能盲目向外输出的经济诡计，而是中国为沿线国家建立的一个开放包容的合作平台，是为实现全球治理现代化提出的中国方案。

（二）跨文化交流是构建文明共同体的关键

中国政府在“一带一路”倡议中明确指出在共商、共建、共享原则的指导下，打造政治互信、经济融合、文化包容的利益共同体、命运共同体和责任共同体。（国务院，2015）具体来说，中国作为一个蓬勃发展的发展中国家，既不同于发达国家，又异于一般的发展中国家。我们需要以不同的义利标准对待“一带一路”沿线发展程度不同的国家，对于欧洲发达国家我们强调利益共同体，对于非洲发展中国家我们强调责任共同体，而对于周边国家我们强调命运共同体。但究其根源，“一带一路”的核心在于文明共同体的构建。文明是一个国家、一个民族的血脉，不同种群因所处文明的不同而刻有不同的印记。只有不同的文明间实现平等交流、包容互鉴，才能够实现人类共同的愿景。

跨文化交流能够增进人类文明的交流，促进文明的共生与共享。在“一带一路”的背景下，沿线各国的跨文化交流渠道日益拓宽、跨文化交流层次逐渐加深，已经渐渐由一般的文化现象交流深入文明层次的碰撞。任何一种文明，不论其植根于哪片土壤，生长于哪种环境，都是可以进行相互交流、相互借鉴的，并在不同文明的碰撞中谋求进一步发展。正如习近平总书记所说：“文明因交流而多彩，文明因互鉴而丰富。文明交流互鉴，是推动人类文明进步和世界和平发展的重要动力。”（习近平，2014）跨文化交流能够为不同种类文明的碰撞提供契机与平台，促进沿线各种文明在彼此尊重、和平共处的基础上共同发展。“一带一路”不仅是一条促进沿线各国互联互通、经贸合作的经济路，更是一条推动沿线不同文明相互碰撞、共存共生的文化路，在包容理解的基础上构建人类文明共同体，进而实现人类共同期待的美好愿景。

（三）跨文化交流是大学生实现人生价值的重要能力

大学生作为跨文化交流的重要参与者，不仅能够促进中华文化与“一带一路”沿线国家文化的深度交流，进而推动中国与沿线国家共同愿望的实现，而且能在不同文化的交融与涵养中，实现自身的人生价值。大学生在进行跨文化交流时，不仅需要对本土文化以及异域文化拥有浓厚的兴趣，而且需要具备一定的跨文化交流能力与素养。因此，大学生既要深入广泛地了解本土文化与异域文化，又要学习相关国家的语言、掌握一定的跨文化交流技巧。在这一过程中，大学生往往能够从许多方面有所提升，在一定程度上实现自身价值。人生价值是个人价值与社会价值的统一体，个人的价值往往需要在社会实践中实现。大学生在掌握一定的文化知识以及跨文化交流技能的基础上，往往需要在参与跨文化交流的实践中实现自身的社会价值。在与不同文化的交流中，传递优秀中华文化、讲述中国故事，增进外国友人对中国的了解，在推动“一带一路”倡议稳步实施的过程中实现自身的人生价值。

二 “一带一路”背景下跨文化交流的契合点

在“一带一路”背景下进行跨文化交流，既与古代丝绸之路中文化交流的历史相契合，又与目前各国文化发展的现实需要相契合。同时，还在一定程度上与沿线国家共同的文化价值追求相吻合。由此可见，在“一带一路”背景下进行跨文化交流，既顺应文化发展的要求，又具有现实的可行性。

（一）文化传承中的历史契合

古代丝绸之路，彰显了汉唐时期的繁华与兴盛，丝绸、陶瓷及茶叶等中国产品源源不断地出口至沿线各国，推动了沿线地区经济的迅速发展。虽时隔数千年，我们仍可以从诗人张籍的诗句“无数铃声遥过碛，应驮白练到安西”中，领略到古丝绸之路的盛景。古丝绸之路不仅仅是商贸之路，更是文化之路。古丝绸之路促使各类文明聚集于此，以开放包容的态度，发展了世界文化的多样性。西汉使臣张骞及往来不绝的商贾，都以自身的跨文化交流活动推动不同文明之间的交流与碰撞。尤其需要指出的是，佛教就是经由印度传至西域，然后进入中原，并与中华文明进行较为深入的融合。由此可见，前人的跨文化交流活动不仅促进了各种文明的共荣发展，更为今天的跨文化交流活动提供了历史范例。相比于古丝绸之路，"一带一路"在传承古丝绸之路共处、交流、繁荣精神的基础上，在空间以及性质上做出了创新性发展。这种创新既表现在"一带一路"所涵盖的国家更多、范围更广，由陆地走向海洋，实现了海陆联动，又表现在发展理念、发展路径的转变，实现了新的格局。因此，在"一带一路"的背景下，更需加强沿线各国的跨文化交流，营造稳定的发展环境。

（二）文化发展中的现实契合

目前，随着科学技术的不断创新发展，人们越来越不满足于眼前所见的事物，而是希望借助新媒体了解更多的新鲜事物。随着"一带一路"建设的展开与深入，人们着重关注的不是沿线国家经济的发展，而是沿线国家各具特色的风土人情与文化精华。因此，人们往往会借助互联网、电视等媒介了解其感兴趣的异域文化，并利用闲暇时间到当地去切身领略不同文化所带来的别样感受。生活中，人们这种渴望了解异域文化、感受异域文化的需求在一定程度上推动了跨文化交流的实践。正是基于对异域文化的好奇以及对人类文明的尊崇，世界各国的人们往往会在对本土文化有所了解的基础上，积极探索异域文化中的未知元素。"一带一路"沿线分布着六十多个国家和地区，涵盖了诸多人类文明的发源地，无论是文化传统，还是风俗习惯，都为人们提供了丰富的探索空间。人们的这种文化猎奇心理与跨文化交流活动相契合，在满足自身好奇心理的过程中，推动跨文化交流的实践，进而推动沿线国家文化的进一步繁荣发展。

（三）文化追求中的价值契合

“一带一路”沿线各国开展跨文化交流活动，致力于区域内文化间包容发展，是因为其拥有共同的文化追求。“一带一路”作为推动人类文明互动与创新的重要载体，能够有力地推动欧亚大陆重回人类文明的中心位置。在漫长的历史发展过程中，东西方文明曾因古丝绸之路而得以交流与融合，欧亚文明珠联璧合，成为世界文明的中心。随着奥斯曼之墙的建立，欧亚文明赖以沟通的丝绸之路被切断，欧洲的发展不得以转向海洋。借助于中国的指南针、火药等科技发明，欧洲以殖民掠夺与统治的方式开启了全球化进程。至此，东方文明逐渐走向闭关保守，世界文明开始进入以西方为中心的时期。随着美国的崛起，西方文明的中心开始由欧洲转向美国，欧洲逐渐走向衰落。现如今，“一带一路”倡议的提出，使得沿线的东方国家以及欧洲国家迎来了前所未有的重回世界文明中心的契机。由此，沿线各国纷纷制定相应的政策方案，以期在与中国“一带一路”倡议对接的过程中，实现自身文化的发展以及文明的复兴。

三 “一带一路”背景下大学生跨文化交流亟待重视的问题

大学生作为“一带一路”倡议下开展民间跨文化交流活动的主要群体，能够在深入了解沿线国家文化的基础上，广泛传递中国声音，为沿线国家的人民全方位了解中国提供素材，进而夯实沿线国家的民意基础，实现民心相通。然而，大学生跨文化交流活动往往不是一帆风顺的，因受到多种因素的影响，跨文化交流的效果往往大打折扣，其中较为主要且亟待解决的问题有以下四个方面。

（一）跨文化语言应用能力欠缺

语言是传递文化信息的重要载体，是大学生理解、融入异域文化的前提与基础。由于“一带一路”沿线国家较多，各国所使用的官方语言也是复杂多样。在沿线的六十多个国家及地区中，官方语言超过五十种，加之部分地区方言种类繁多，为大学生学习相关国家的语言增加了难度。长期以来，我国大部分高校将英语、日语、法语、德语等语言学习作为外语学习的主体，忽视了对“一带一路”沿线国家语言的学习，以致相关的语言人才较为缺乏。英语作为国际通用语言，虽然可以在一定程度上帮助我们了解沿线国家的风土人情，但若想真正融入当地居民的生活，深入了解他们的思维方式与文化风俗，便需要较为熟练地掌握当地居民所使用的本土语言。目前，大学生跨文化交流中的语言障碍不仅表现为语种繁多、难以学习，而且表现为大学生实际运用语言的能力较低。对于国外语言的学习，很多学生往往停留在单词识记与书面考试层面，实际运用语言的能力较为欠缺。例如，大部分学生能够在书面考试中取得较为优异的成绩，但在与当地居民进行交流时较为困难。这种“哑巴式”的语言学习模式，制约了大学生运用国外语言进行交流的能力，难以推动跨文化交流的顺利进行。

（二）跨文化交流意识较弱

跨文化交流意识，主要是指交流者对异域文化的理解与感知能力。具体来说，就是大学生在与拥有不同文化背景的人进行交流时，对双方之间的文化差异具有敏锐的察觉力，并在此基础上给予包容和理解。大学生在进行跨文化交流的过程中，跨文化意识淡薄主要表现在以下几个方面。

一是，大学生感知异域文化的差异性较为迟钝。大学生对于异域文化的了解与认知，往往局限于书本所学的知识或网络搜索所得的零散信息。异域文化往往会随着实践的改变而不断变化，大学生所掌握的相关信息往往滞后于异域文化的更新进程。因此，大学生在进行跨文化交流时，很难及时根据异域文化中的事物与现象之间的内在联系，感知其中的差异性，致使其很难对异域文化进行全面而深入的了解。

二是，大学生在跨文化交流的过程中发现问题的能力不足。大学生在沿线国家进行跨文化交流的过程中，往往将全部的精力集中于文化现象的观察以及文化活动的参与上，难以在第一时间捕捉到跨文化交流过程中出现的问题。大学生这种及时发现问题能力的欠缺，常常导致其不能在问题发生之初，及时地采取应对措施，最终导致大学生在跨文化交流中常与当地居民出现文化摩擦甚至文化冲突。

三是，大学生在跨文化交流中的包容意识较弱。包容，是大学生适应异域文化的前提，更是其进行跨文化交流的基础。在跨文化实践的过程中，大学生应尊重异域文化成员所拥有的价值取向、思维方式以及行为表现。针对跨文化交流中出现的差异现象，大学生应当在承认、接受这一差异的基础上，深入挖掘这种差异产生的原因，而不是直接予以否定。作为跨文化交流活动的参与者，大学生应当认识到，人们的思维方式与行为表现是由其所处的文化背景决定的，在实践中应当尊重这些不同。然而，很多大学生在进行跨文化交流的过程中，往往过分强调自己的价值观与思维方式，甚至期望将自己的价值观凌驾于异域文化成员的价值观之上，最终导致跨文化交流与沟通活动的终止。

（三）对母文化与异文化的理解不深入

跨文化交流的实质是大学生在充分理解、认同母文化的基础上，尊重其他的文化，并积极与之交流，以谋得共同发展。目前，大学生在进行跨文化交流的过程中，往往存在自身文化底蕴不够深厚的问题。这种问题一方面表现为大学生对自己母文化的理解不够深入，另一方面表现为大学生对异文化的理解不够全面。

很多大学生在学习异文化之前，对养育自己的母文化并没有进行深入的学习与了解，随着对某种异文化学习的不断深入，往往会逐渐冷落甚至放弃自己的母文化，而全盘接受某种异文化。这种对母文化理解较为浅薄的行为，很容易导致大学生渐渐失去跨文化交流的根基。对母文化的认同与热爱以及保持自己的文化本色是大学生赢得他人尊重的关键，也是开展跨文化交流的前提。大学生进行跨文化交流，倘若没有丰厚的母文化底蕴作基础，往往会在跨文化交流的过程中随波逐流、失去自我，既不能为国外友人提供全面了解中国的信息，又不能在某种异文化领域有所成就，最终只能导致跨文化交流的失败。

大学生在进行跨文化交流的过程中，还会为了迎合某种异文化，而强迫自己刻意模仿异文化群体所表现出的行为。面对母文化与异文化之间的差异，很多学生往往选择刻意地去回避文化之间的差别，而不是在正视文化差别的基础上探寻解决问题的有效途径。这种回避心理，往往会导致大学生逐渐弱化自己的母文化特征，并期望以此获得异文化群体的尊敬，其结果可想而知。

除此之外，大学生在进行跨文化交流时，往往还存在对异文化理解不全面的问题。很多大学生在与某一异域文化进行实地交流之前，往往没有做好充分的准备，更多的是凭借自己的好奇与热情。但事实上，在准备不充分的情况下进行跨文化交流，往往会因语言、风俗等不同，与当地民众沟通交流时较为困难。基于这种情况进行的文化交流，往往很难实现跨文化交流的目的，有时甚至会因为某些文化差异而引起不必要的文化争端与文化冲突。

（四）跨文化交流的方式较为单一

大学生在进行跨文化交流的过程中，可供其选择的跨文化交流形式较为单一，较为常见的方式是作为对口学校的交换生进行短期访学。这种访学形式的跨文化交流，在一定程度上能够推进"一带一路"沿线国家的文化交流，有助于各国文化的互通互鉴。但是，这种交换学习的方式，时间往往较为短暂，作为交换学习的学生往往仅仅停留在对异域文化现象的表层观察阶段，难以对其进行深度挖掘，导致文化之间的交流程度较浅。同时，这种交换学习的方式，涉及的群体往往较小，更多的是高校中学习外国语专业的学生，而其他专业的学生进行跨文化交流的机会较少，导致异文化群体不能全面地了解中国。最后，这种交换学习的环境往往局限于校园，作为交换学习的学生通常要花费大量的时间进行课堂学习，很难真正融入当地居民的日常生活，往往导致文化之间的交流更为官方化、学术化。由此可见，大学生跨文化交流的形式还需要进行不断丰富与发展，以便能够适应跨文化交流的需要。

四 “一带一路”背景下提升大学生跨文化交流能力的策略

高校作为培养大学生跨文化交流能力的主阵地，应当在“一带一路”的背景下，及时调整相关的教学内容与课程设置，肩负起跨文化交流人才培养的重任，为“一带一路”倡议的顺利实施与蓬勃发展提供强有力的人才保障。

（一）把握跨文化交流的方向

大学生在进行跨文化交流的过程中，科学准确地把握跨文化交流的方向，是实现文化互通互鉴的基础与前提。高校应当加强对学生的思想引领，着重引导大学生在进行跨文化交流时，合理把握以下两对关系。

一是，指导思想一元与文化形式多元的关系。作为一个社会主义性质的国家，我国改革开放以来之所以取得重大进步原因就在于坚持了指导思想的一元化。习近平总书记强调：“宣传思想工作就是要巩固马克思主义在意识形态领域的指导地位，巩固全党全国人民团结奋斗的共同思想基础。”（习近平，2013）这就要求我们在复杂多样的跨文化交流形式以及灵活多变的跨文化交流格局中，始终坚持马列主义、毛泽东思想以及中国特色社会主义理论体系的指导地位不动摇。在指导思想一元化的基础上，鼓励大学生开展形式多样、内容丰富的跨文化交流活动，为促进“一带一路”沿线国家的文化交流贡献力量。坚持指导思想的一元化，并不意味着我们要向沿线国家传播、渗透社会主义的意识形态，但也不意味着我们可以完全放弃自身的社会主义属性。大学生在进行跨文化交流的过程中，既不强调意识形态的输出，以免给个别反动势力留下“文化渗透”的口实，又不脱离意识形态的主旋律，以免被极端势力渗透、腐蚀。

二是，母文化与异文化之间的关系。在进行跨文化交流时，文化会不断地发展、变化，这就要求大学生相应地具有跨文化交流的适应能力，但这种异文化的适应能力并不意味着大学生要因此放弃自己的母文化。

母文化是一个人赖以生存与发展的文化根基，是大学生进行跨文化交流的文化保障。在对待异文化时，大学生应时刻保持开放包容的态度，在理解文化差异的基础上，进行母文化与异文化的交流。具体来说，合理把握母文化与异文化的关系，就是既要尊重异文化，并不断调整自己的思维模式与行为方式以适应文化差异，又要始终如一地保持自己的文化本色，保持自己对母文化的认同与归属。保持自己的文化本色就是要求大学生明确自己的文化渊源，清楚地知道自己所属的文化种类，并在进行跨文化交流的过程中有意识地弘扬自己的母文化。在此基础上，充分尊重异文化，避免将自己的母文化置于异文化之上，要在彼此充分尊重理解的基础上，实现平等交流与共同发展。

（二）增设提升跨文化交流能力的课程

针对大学生跨文化语言应用能力弱、母文化与异文化理解不全面以及跨文化交流技能欠缺等实际问题，高校应当及时改变原有的课程设置，增设相应的课程以提高学生的跨文化交流能力。

1. 语言选修课程

语言作为跨文化交流的主要媒介，是推动“一带一路”沿线国家文化交流的重要力量。在“一带一路”倡议中，我们着重强调夯实民意基础，实现民心相通。语言恰恰是促进民心相通的重要工具。目前，我国高等院校中以英语作为主要的语言学习课程，同时以法语、日语、德语等小语种作为辅修课程，专门针对“一带一路”沿线国家语言进行学习的专业少之又少。众所周知，相通的语言是不同文化群体消除障碍并进行深入交流的前提。我们倡导与“一带一路”沿线国家进行广泛而深入的交流，可是却缺乏相应的语言人才，这在逻辑上是说不通的。因此，高校应适当增设“一带一路”沿线国家的官方语言作为语言类选修课程，满足跨文化交流学生不同的语言学习需求。与选修课程相对应，还应开发更多的语言学习产品。一方面应及时编撰适应学生各个阶段学习情况的语言类教材、辅导材料；另一方面应根据学生的学习兴趣有针对性地开发相关的语言学习软件。总的来说，高校适当地开设“一带一路”沿线语言学习课程，既可以促使学生掌握相应的语言技能，又使学生在语言学习的过程中了解不同国家的文化。

2. 文化选修课程

针对大学生在跨文化交流过程中文化底蕴较浅的现状，高校应当开设相应的文化选修课程，这类课程既包括对本土文化的学习，又包括对异域文化的了解，能够在很大程度上增加学生的文化知识储备。对于中华优秀传统文化的学习，高校可以依托文学专业，增设相关的国学选修课、礼仪选修课等，加深学生对数千年中国传统文化的理解，增强学生的文化归属感。对于“一带一路”沿线国家文化的学习，高校可以聘请具有跨文化交流背景的教师以及外国优秀留学生等担任选修课程的教师，为大学生较为详尽地介绍某种异域文化。在此基础上，还可以通过文化交流角、文化交流沙龙等形式，开展文化专题活动。大学生在此类文化交流活动中，既可以通过主讲人的描述来了解某种异域文化，又可以在彼此间的交流与活动中提升跨文化交流的技能。

3. 跨文化交流技能课程

大学生在进行跨文化交流时，不仅需要掌握语言、文化等基础性能力，还需学习跨文化交流的专门技能。这种专门的技能主要包括跨文化移情能力、发散思维能力、跨文化协调能力以及灵活适应能力等。高校在增设跨文化交流技能课程时，可以聘请外国语学院从事跨文化研究的专家与学者作为本门选修课程的主讲人，从多个角度对大学生的跨文化交流能力进行系统而全面的训练。为了更好地提升学生的跨文化交流技能，本门选修课程可以邀请相关的外国留学生参与其中，这样既能够在实际交流中提升学生的跨文化交流技能，又能有效地促进不同国家文化之间的交流。

（三）创新跨文化交流的形式

创新跨文化交流的手段与形式，是激发大学生跨文化交流兴趣，提升“一带一路”沿线国家文化交流效果的重要途径。习近平总书记指出：“锐意创新，用海内外读者乐于接受的方式、易于理解的语言，讲好中国故事，传播好中国声音。"（习近平，2015）这就要求我们在进行跨文化交流的过程中，积极探索新的跨文化交流形式。

1. 线上与线下相结合

目前，大学生进行跨文化交流的方式主要有交换学习、志愿服务等形式，总体较为单一，既不能满足大学生渴望了解异域文化的需求，又不能有效推动"一带一路"沿线的文化交流。随着互联网的迅猛发展，可以将实地线下交流与网络线上交流结合起来，为大学生的跨文化交流提供新的方式与新的平台。实地线下交流的过程中，大学生可以深入当地居民的日常生活中，收集各具特色的文化符号，感受当地的风土人情与文化氛围，同时将所见所闻所感详细地进行记录，为线上读者提供一手资料。同时，线上读者可以与线下交流者进行实时的视频与音频交流，针对线上读者有关异域文化的某些问题，交流者不仅可以即时回答，而且可以通过视频让线上读者直接领略异地的风土人情。这种线上与线下的交流不仅仅局限于国内读者与国内交流者，还可以扩展到国内读者与外国友人之间的跨文化交流过程中。当学生对异域文化中的某种问题存在疑惑时，可以在线上咨询当地的外国友人，及时地得到高质量的反馈，有效地推动"一带一路"沿线国家的文化交流，加强不同文化背景的人们之间的交流与合作。

2. 行走的课堂

随着科技的不断发展以及学生需求的多样化，跨文化交流与学习已经逐渐脱离固定的教室，形成一种行走的课堂模式。国外有很多国家与高校展开了相应的尝试，其中最为成功与典型的当属美国的海上学府项目（Semester at Sea）。这一项目的主要学习方式是，学生与教师乘坐游轮，按照既定的航线进行为期三个月的航行。当游轮在海上航行时，学生跟随老师进行相关专题知识的学习；当游轮停靠港口时，学生可以深入当地居民的生活，无论是做义工，还是进行社会兼职，都可以较为全面地了解当地的风土人情，在很大程度上推动跨文化交流的实现。

随着"一带一路"设施联通目标的逐步实现，依托新亚欧大陆桥与西伯利亚大陆桥，我国已经逐渐形成东、中、西三条中欧铁路运输通道，在连接国内主要铁路枢纽城市的同时，联通沿线的欧洲国家与城市。其中包括俄罗斯、德国、法国、英国等 11 个欧洲国家以及 29 个主要城市。基于以往的成功经验，我们可以以“一带一路”沿线建构的铁路网为依托，尝试以“列车上学习、列车下交流”的形式开展跨文化交流。既可以让学生在旅途中学习专业的文化知识，又可以给学生搭建跨文化交流的平台；既可以满足学生希望了解异域文化的需求，又为沿线国家的友人带去了中国声音。

托克维尔认为，小国的目标是国民自由、富足、幸福地生活，而大国则注定要创造伟大与永恒，同时承担责任与痛苦。针对国际社会出现的种种问题，中国勇于承担大国责任，以“一带一路”倡议作为解决方案，推动区域内跨文化交流与合作，努力传递中国声音。大学生作为传播中华文明的文化使者，在讲述中国故事、实现民心相通的过程中，必会推动人类美好愿景的实现。

参考文献

国务院（2015）：《推动共建丝绸之路经济带和 21 世纪海上丝绸之路的愿景与行动》，新华网（http://www.xinhuanet.com/world/2015 - 03/28/c_1114793986.htm），03 - 28。

习近平（2013）：《在全国宣传思想工作会议上的讲话》，中国共产党新闻网（http://cpc.people.com.cn/n/2013/0821/c64094 - 22636876.html），08 - 19。

——（2014）：《在联合国教科文组织总部的演讲》，新华网（http://www.xinhuanet.com/world/2014 - 03/28/c_119982831.htm），03 - 28。

——（2015）：《关于人民日报海外版创刊 30 周年的重要批示》，人民网（http://politics.people.com.cn/n/2015/0521/c1001 - 27038345.html），05 - 21。

Cultivating the Intercultural Communication Competence of College Students within the Context of "The Belt and Road"

Wang Jia, Sui Linning

Abstract: In Sep. and Oct. 2013, General Secretary Xi Jinping successively proposed a great initiative of building a "Silk Road Economic Belt" and "The 21st Century Maritime Silk Road". "Belt and Road Initiative" is the "new idea" of global governance, which is based on Chinese development in "ancient Silk Road", facing the complicated and changeable international situation. Good state-to-state relations are based upon friendly feelings between the people while understanding each other is the basis for such kind of feelings, the key to realizing the empathy among different peoples is to strengthen the communication among different cultures. As the cultural ambassadors that transmit Chinese culture and Chinese voice, college students' intercultural communication competence determines the success or failure of the realization of empathy among different peoples to a great extent. Colleges and universities as the main position of cultivating students' intercultural communication competence should stand ready to capture education new hot spot, create a new atmosphere for cross-cultural communication and cultivate new curriculum on fostering intercultural communication competence, so as to provide strong talents support for "The Belt and Road".

Keywords: "The Belt and Road"; Intercultural Communication; College Sstudents

About the Authors: Wang Jia (1979 –), Ph. D., Associate Professor and Ph. D. Supervisor at School of Marxism, Dalian University of Technology. Research interests and specialties: basic theory and method of ideological and political education. Magnum opuses: *Research on Network Opinion Leaders-Based on the Perspective of Ideological and Political Education*, *The Turn of Ideological and Political Education in the Era of Big Data*, *The Construction of the Identity Power Model of the Socialist Core Value System for College Students*, etc. E-mail: wangjiadlut@ sina. com

Sui Linning (1992 –), Ph. D. Candidate at School of Marxism, Dalian University of Technology. Research interests and specialties: basic theory and method of ideological and political education. E-mail: 1454408219@ qq. com.

七纵八横

游离于社区营造与城市观光之间

——旅游人类学视野下的博物馆展览探析

刘　凡*

【摘　要】博物馆作为文化的象征，早已成为都市定位不可或缺的部分。它作为东道主—游客、目的地—客源地之间联系、互动的桥梁和纽带，是旅游系统和旅游人类学研究体系的重要组成部分。本文从博物馆空间中的社区营造、文化观光与博物馆的符号经济切入，论述了在传统东道主与游客研究中被忽略的博物馆的介体作用，分析了博物馆与游客凝视的关系，针对国内博物馆的问题和现状提出了旅游人类学视角下的解决方案。

【关键词】旅游人类学　博物馆　社区营造　城市观光

【基金项目】2016年国家社科基金项目“数字时代民族博物馆公共教育的当代重构”（16BMZ081）；全国教育科学“十二五”规划教育重点项目“美术馆公共资源的再利用”（DLA150263）

博物馆作为文化的象征，早已成为都市定位不可或缺的部分。今天的博物馆摆脱了单纯将展品依托艺术史或者学科知识论述排列的传统手

* 刘凡（1980～），博士，武汉纺织大学教授，主要研究方向为艺术学、民族学、博物馆学。电子邮箱：liufanfan2003@163.com。

法，其角色也不再局限于一位典藏品的管理者，而是一位更注重从史学、社会学、人类学、哲学的角度构思展览的策展人，一位试图综合学术权威与大众认知的文化教育者，甚至是一位文化机构收支平衡的经营者。博物馆因自身丰富的文化资源以及学术背景，加之其知名的建筑设计、得天独厚的地理位置，早已成为城市观光与社会融合的中介，不仅是社区互动的纽带，也是城市文化形象的代表。

一 作为介体的博物馆

博物馆作为东道主—游客、目的地—客源地之间联系、互动的桥梁和纽带，是旅游系统和旅游人类学研究体系的重要组成部分，对旅游体验的质量起着举足轻重的作用。在以往的研究中，介体作为客体景观建构中的一部分，经常被作为客体而消解，即回归了传统的“两端式”（东道主与游客）研究，而消隐了介体的“纽带”本质以及其在社区营造与城市观光中引发的特性问题，博物馆被明显“弱介体”化了，缺乏把博物馆介体作为一个整体单元而进行的独立研究。

（一）博物馆空间里的社区营造

在后现代消费社会中，博物馆的性质发生了明显的改变。它不仅仅是研究、收藏和教育的机构，也兼具休闲、观光、娱乐和城市宣传等功能。参观者不仅满怀敬畏之心去观看，更希望馆方能以活泼有趣的方式去再现寻常人家、简朴屋舍以及日常事务。从以前的“光晕氛围”到如今的“怀旧”，从革命现实主义到后现代主义的反精英色彩，作为介体纽带的博物馆越来越意识到要根据观众背景的不同去改善不同的参观经验。首先，博物馆作为旅游产业中重要的文化朝圣地，它是本地游客自我确认和族群认同的象征地，如何满足本地观者的需求，参与在地社区的文化营造、实现社区关怀，是博物馆在设计馆内展览以及开展相关活动时必须思考的重要问题。其次，博物馆也是外地游客和国际游客了解作为“他者”的异文化的集散地。社区文化的营造也是非本地游客加深对当地民族、族群的认识，获得对异文化认同的重要方式。在博物馆内如何营造社区文化，如何利用博物馆的资源实现社区关怀，是值得学界深入探讨的重要议题。

台湾学者杨增泉将社区营造定义为："以社区共同体的存在和意识作为前提和目标，借着社群居民积极参与地方公共事务，凝聚社区共识，经由社区的自主能力，配合社区总体营造理念的推动，使各地方社区建立属于自己文化的特色。"（杨增泉，2006）社区营造可以从产业、古迹保存、民俗活动、现代艺术活动等方面切入，每一个方向都遵循着社区共同的文化生态与利益，大体可分为三个阶段（见表1）。（文建会，1995）

表1　社区营造工作的阶段模式

	第一阶段	第二阶段	第三阶段
目标	认识社区 建立社区意识	社区共识形成 一定的动员参与 形成发展蓝图构架	社区全面参与公共事务，并持续讨论各项公共议题 由社区监督执行计划
方法	社区资源调查 观摩其他社区 寻求专业咨询 出版社区刊物 发展社区议题 成立社群组织等	继续挖掘社区资源 持续出版社区刊物 引进地方政府之参与 争取部分的建设资源 居民参与规划 社区自发性讨论未来社区蓝图 透过教育系统与乡土教材向下寻根	居民参与持续成长 居民逐渐主导各项地方事务之推展 争取建设与执行资源 持续传播理念与认识社区之工作等

归纳来看，社区营造理念强调的是："共同体意识、人的营造与培养、重视创造性、自发性与自主性的参与、采用由下而上的方法、关怀社区整体。"（陈其南，1996）而博物馆的本质是促进社区意识的形成，这正好与社区营造的概念相似。"在社区营造中，博物馆亦扮演了重要的角色，它不仅是地方文化发展的重要指标，也是辅助学校、家庭和社会教育的学习场域。"（李莎莉，1996）博物馆通过展览、收藏和教育不断与社区发生关系，特别是一些区域性博物馆，在不断挖掘社区资源的同时，建构着社区的文化。博物馆在社区营造运动中不仅

被视为一项具体的成果，同时也是加强社区繁荣的手段或过程。

在如何让观众特别是让不同受教育背景、年龄和阶层的观众都能享受博物馆所提供的文化资源与服务的问题上，不同国家的博物馆做了不同尝试。例如，美国政府为了反映美国黑人社区议题并强调社区参与和经营，于20世纪60年代创建了安那考斯迪亚社区博物馆。（Kirrane & Hayes，1993）为了打破传统博物馆以建筑为界的局限性，法国博物馆学家于20世纪70年代开始了生态博物馆运动。（张誉腾，2004）除了博物馆界自身的反思和实践外，学术界也开始反思博物馆的角色定位。在这种思潮下，“英国工党自1997年执政以来，将促进族群融合并改善贫富不均的问题视为政府重要的施政目标之一。在执行上，除了传统的社教机构之外，庞大博物馆群亦被工党纳入促进社会融合及解决各种社会问题的机构”。（陈佳利，2009）政府提出的社会参与平等政策鼓励博物馆以新思维、新方法来打破传统博物馆的形象，积极推动博物馆和社区的互动，“希望透过文化的力量，扩大文化参与和表征权，让博物馆成为最多数的民众亲近与学习的场域，进而促进社会的改革”。（陈佳利，2003）比如，伦敦博物馆2001年11月至2002年4月展出的“伦敦的声音”，“将口述历史部门多年来收集的成果，以电脑多媒体的方式呈现，让民众自由选择有趣的故事来听，尤其是少数族群移民的经验及生活中所遭遇的点点滴滴”。（陈佳利，2003）

博物馆与社区保持联系与互动，是一项长期且富于挑战的活动，需要博物馆在藏品保护与社区服务中找到独特的方式与定位。与多数美术馆将藏品放在储藏室珍藏起来不同，英国莱斯特郡有一项艺术品租借服务，它始于20世纪40年代，历史悠久。其初衷是让学生不用长途跋涉到博物馆欣赏英国当代艺术原作。迄今，共有900多件现代艺术作品，包括绘画、版画和雕塑等，甚至还有亨利·摩尔、大卫·哈克尼等大师的作品，都出借给当地的学校，以供学生学习之用。对于大多数博物馆来说，这种做法是不可思议的。出于藏品保护、安全风险等各种因素，艺术品都与大众相隔甚远，而莱斯特郡的博物馆通过租借服务，变成了全民艺术欣赏的资源中心。

（二）文化观光与博物馆“符号经济”

观光或旅游在现代人的生活中所扮演的角色益显重要，在观光旅游中，“我们看见的一切事物，在某种程度上是被人建构的符号，建筑物尤然。每当我们成为游客，眼前所有一切，皆是各式各样的符号或旅游俗套”。（约翰·厄里等，2016：20）在符号市场中，博物馆作为最理想的符号经济建构场所，通过象征交换，其必然产生地位、权威、流行、文化、教养等符号，使其本身成为欲望对象，以满足个人提升自我的需求。“作为公共设施的博物馆，正是孤独且个别化的现代人寻求提升自我的最佳选择。”（Bocock，1995：28）

随着观光事业的发展，参观博物馆已经是观光旅游不可或缺的一个环节，特别是对那些文化底蕴深厚的游客来说更是如此。“新一代的博物馆参观者是希望结合知性发展、文化艺术体验和休闲娱乐三大原则为一体的‘观光朝圣者’。而博物馆在今日世界中为求生存发展，也直接受到群众休闲心理、观光及娱乐事业的影响，提供许多寓教于乐的休闲体验活动。因此，参观博物馆在当前‘休闲取向’与‘文化观光’浪潮下，已被列为观光活动中不可或缺的环节之一。”（许功明，1994）博物馆在参观者的心中如神圣的殿堂，象征着国家的权力、专家的学识和艺术家的天赋。

丹麦文化部将文化观光分为“五大类型：一、文化遗产观光；二、事件型观光；三、学习性观光；四、宗教文化观光；五、生活型文化观光。参观博物馆主要归属于学习性的文化观光，可见博物馆作为文化观光的场域之一，尤其强调其所具备的教育功能”。（刘大和，2006：47）

就博物馆而言，在充当社区营造与城市观光的介体时，一方面它作为文化符号的建构场所满足了游客对观光旅游中提升自我的需求，另一方面，在不断介体化的过程中，博物馆也不断地受到观光事业的影响，这个影响可以分为三方面。（胡家瑜，1994）

第一，博物馆本身为了争取经费、寻求发展或出于其他大众化政策考虑等因素，开始朝争取观光群众支持的方向运作，希望吸引更多观光群众作为博物馆的观众。

第二，为了配合观光的需求，促使许多地方利用文化观光的理念，以展示文化作为吸引观光客和发展观光的主要内容。

第三，观光行为对当地社会物质文化的影响。受观光影响的器物，经过价值转换，有的成为博物馆保存的文化器物的代表。

台湾学者胡家瑜指出："第二种现象主要是因观光客到达一个不同的地方后，总期望看到心目中想象的地方文化特色，而这种预期心理除了对当地社会生活造成一些影响和改变外，也开始刺激许多地方构想出设立一个受到保护、控制的区域，以地区之上特殊历史、群族风貌等文化遗产作为保存和再现的主题，并在其中塑造所谓的模型文化，来满足观光客对于'异文化'情境的需求。另外，消费者的主权加上流行品味的趋势，已彻底改变博物馆的社会角色。"（胡家瑜，1994）"当今观光客寻求的是'探险'，即是将目标放在对当地人文有更深入认识的旅游上，他们不再满足只是观看，而期望参与，直接体验当地文化的洗礼。"（MacDonald，1989：25）

通过恢复博物馆在东道主与游客这种二元研究中的介体地位，可以看出，一方面"博物馆提供一种'物质欲望'提升的管道，使得人们得以从当代生活的疏离中，透过创造力与自主性的体验，实现他们的'类存在'"。（Bocock，1995：36）这是每个游客在文化观光的过程中所期望实现的个性化的自我提升。另一方面博物馆作为文化资本的符号，为了实现文化资本的利益最大化，不断调整自我以吸引更多的游客，来争取更多的经费。同时，观光行为也改变着博物馆藏品的解读方式。

二 博物馆与凝视的主客体转化

（一）"游客凝视"的理论流源

"凝视"是一种关于视觉体验的观看行为，最早可追溯到古希腊的柏拉图时代。柏拉图认为，观察是由神赋予人类的感知，客观的万物都始于“神谕真理”。到了现代，法国哲学家米歇尔·福柯从“临床医学的凝视”角度来阐释“凝视”，将其扩展到具有权力话语的政治意识形态层面。福柯对“凝视”的诠释可以概括为：第一，作为一种观看方式，凝视是人的目光投射，是凝视动作实施主体施加于承受客体的一种作用力；第二，在现代社会，凝视是有形的、具体的和普遍存在的，凝视象征着一种权力关系，它是一种软暴力；第三，对社会发展和人类进步而言，权力不仅意味着压制，更意味着生产。（福柯，1999，2001，2003）

“凝视”理论在哲学领域的研究也影响到了旅游学的发展。英国社会学家约翰·厄里在其著作《游客的凝视》（*The Tourist Gaze*）中，借用福柯的“医学凝视”理论，从现代与后现代文化、工业社会与后工业社会、大众旅游与后旅游的范畴去研究旅游，提出了“游客凝视”理论。他指出：“游客凝视关注的是愉悦，是假日、旅游和旅行。这种凝视，像医学凝视一样，是一种被社会组织化和社会系统化的‘目光投射’，同知识、权力、话语等现代性特征有着密切关系。”（刘丹萍，2007）无论是凝视者还是被凝视者，双方皆置身于一组系统的社会关系之中，并“结合技术性、符号性、组织性的论述，替参观者‘建构’魅力，或是海德格尔所谓的可以强化‘自身需求和规矩’的外力”（约翰·厄里等，2016：21）。也就是说，“游客凝视”是一种隐喻的说法，“它不仅指‘观看’这一动作，而是将旅游欲求、旅游动机和旅游行为融合并抽象化的结果，代表了旅游者对‘地方’的一种作用力”。（刘丹萍，2007）

旅游转向论在21世纪初由毛兹等学者提出，毛兹的“相互凝视”的概念着眼于东道主与游客面对面往来之际所展现的反抗与力量。针对主客权力关系，毛兹提出更复杂的相互影响的关系模式，在他看来，权力是流动的且无所不在的，“相互凝视可以约束、规范主客双方的行为，导致双方看起来像吊在线上的傀儡，双方刻意回避对方，相互疏远，以负面的态度、行为对待彼此。再也没有‘支配者’与‘被支配者’的分野，因为双方施展权力的同时，自己也被权力所支配”

(Maoz, 2006)。

(二)展览与游客凝视

游客凝视并不是一成不变的，会随着不同社会、社群和历史时代的发展而发生改变。由于游客的阶级、年龄、性别、族群的不同，凝视的方式与内容也会大相径庭。“因此，游客凝视的形成有其先决条件，必须先有一个社会活动与符号体系，如此才能替旅游行为标示明确的位置。”(Maoz, 2006) 厄里在论述游客凝视产生过程时，特别强调“游客凝视”是社会塑模、后天习得的“观看方式”，因此要探讨“游客凝视被建构与强化的过程，审慎思考究竟是谁或者什么东西授予它权力，还要剖析凝视行为究竟对它的对象，也就是‘地方’，带来了什么样的后果”(约翰·厄里等, 2016: 3)，并探究凝视的实施者——游客的行为如何在这样一个体系中产生以及跟其他社会行为如何相互影响。

在商业氛围浓厚的当下，博物馆被赋予了消费文化的特征，博物馆越来越像在做生意，游客也把参观博物馆当作消费来看待，逛博物馆与旅游、逛街无异。全球范围内一窝蜂地兴建主题公园、购物中心、文化遗产中心，博物馆在运营上不得不向市场靠拢，不能免俗地去经营一家有格调的咖啡馆或书店，绞尽脑汁地去策划令人叹为观止的展览，并出现了“博物馆品牌”这一新概念。比如，所罗门·R. 古根海姆博物馆，最初因为其位于纽约第五大道上的著名建筑以及一系列著名展览而出名，如今在威尼斯、毕尔巴鄂、阿布扎比都设立了连锁分馆，已成为全球博物馆领导品牌。消费文化带来的是博物馆展览的商业化运作，凝视行为也成为反映市场供需关系的一种媒介。

博物馆作为文化观光的重要场所，折射出当今社会与时代的价值符号体系，博物馆的展览以及各种活动可以使游客处于知识生产的空间、消费的空间、重新认识自我的空间，它担当着引导游客转向纯粹且非物质的商品、满足人们精神欲望的角色。博物馆的展览为游客提供了脱离日常生活的知识，令人们在行动上仔细观察事物，却不牵涉物质的消耗。

从游客的凝视体验来看，按照厄里的说法，博物馆游客对博物馆的凝视可以分为："浪漫凝视"和"集体凝视"。"浪漫凝视"的游客以审美体验为目的，对博物馆所具有的艺术价值和地方历史有向往之情，并由此升华为一种崇高的宗教式情感。"在游客的浪漫凝视下，以博物馆为代表的艺术、文化、教育之旅在某种程度上都带有朝圣的意味，或者是为了实现某个理想或愿望，或者是由于对某个对象的痴迷与沉醉，或者纯粹是对某个神圣的事物怀有崇敬之情，去博物馆参观就如同一种现代的文化朝圣，是从世俗上升到神圣的过程。"（盛洁桦，2016）"集体凝视"的游客喜欢以群体形式出行，将博物馆当作一种社交场所，将博物馆的展品当作谈资，在社交体验中获得愉悦与满足。博物馆如同其他大众景点一样，只是一个观光的场所、一个拍照的布景或舞台，藏品或艺术品的历史价值，并不是他们关注的对象。

西方的游客凝视理论特别强调游客的身份认同对旅游目的地的影响，当游客在凝视特定的博物馆藏品时，经常会受制于个人的经验与记忆，而"各种规则、风格，还有在全世界四处流转的各地影像与文本，也都会形成我们凝视的框架"。（约翰·厄里等，2016：3）完全不懂绘画的游客，在面对画框内那些遥不可及的艺术作品时，只能按照被建构的知识背景以及作品所具有的名声与价值来表达敬意。

凝视向来不可能是单方面的，作为主体的游客凝视在将目的地客体化的同时，被看的民众也将建构出他们认为的既可以使游客对物质空间产生美好感受，又能再现当地风貌的真实舞台。"游客的凝视显然会入侵别人的生活领域……于是，被看的民众与当地旅游业者联手用人为、矫作的方式，建构出一座又一座的幕后场景，以所谓的'真实舞台'营造'旅游空间'。"（约翰·厄里等，2016：12）许多博物馆还邀请演员扮演历史人物，在现场与观众互动，邀请他们参与演出。"比如，比米什露天博物馆内，游客可去各家商铺饰演不同的角色，而维根码头文物中心则鼓励观众走进模拟学堂，体验当年上课的情形。"（约翰·厄里等，2016：175）

三　国内博物馆的实践

近几年，随着旅游观光经济的日益高涨，国内博物馆游在城市观光中的地位越来越受到关注，特别是一些遗址类博物馆因有历史文化古迹，如皇宫、园林、陵寝、庭院、民居、考古遗址等，颇受欢迎。另外，一些具有世界声誉的大型博物馆也是人山人海。与这些知名的博物馆相比，其他博物馆并没有受到游客的青睐，甚至仅一墙之隔，也无法吸引墙那边的游客。下面笔者将从旅游人类学的视角来分析其中的原因。

（一）介体角色的缺失

作为东道主—游客、目的地—客源地之间联系、互动的桥梁和纽带，博物馆应该在梳理和整合当地社区文化与城市观光中发挥重要作用。在文博系统的博物馆中，综合类和历史类博物馆最多，占大半部分。截至 2014 年底，在国家文物局年检备案的博物馆达 4510 家，其中综合类 1743 家、历史纪念类 1840 家、艺术类 411 家、自然科学类 196 家、专题类等 320 家。但是，国内博物馆在挖掘本地资源方面缺乏新意，许多综合类和历史类的博物馆提供的藏品单一，没有深入挖掘本地的资源，缺乏与社区的互动，不能根据游客背景的不同去改善其参观体验，因此难以吸引游客。

长期以来，我国对博物馆的“非营利”性质的认识不足，片面地将“非营利”等同于“非盈利”，造成了博物馆完全倚靠政府有限的拨款，同时又滋生了博物馆畸形的体制和衙门似的作风。博物馆分属于文物部门，还处于计划经济体制下，经营和管理都缺乏主动性，自我定位为高雅文化，不屑于满足社区群众和游客的需求。过于重视收藏和保护，而轻视了实际运用。特别是在展览策划方面，由于缺乏对展品的深入研究和有效策展手段，也不经常参与社区的调研以及各项公共事务，无法策划出既有学术价值，又能吸引大众的展览主题，不能经常变换展览内容，使得博物馆难以持续性地吸引观众。藏品展示也缺乏新意，涉及多学科交叉以及经费问题，人才和资金的匮乏使得展出效果模式化，加之同质化的藏品，造成了一种藏品堆砌的效果。

（二）凝视体验的不足

游客凝视体验是变化而多元的，它随着时代、社群和社会而改变，博物馆作为一个公共文化场馆，在与游客凝视互动的过程中，一直处于被动状态，以为只要摆出几件镇馆之宝就可以吸引人来参观，而造成这种局面的一个重要原因是专业人才的匮乏。我国的博物馆大多隶属于国家文物局，馆长多为技术专家，缺乏经营意识和博物馆学的相关知识，博物馆行业的相关人才培养也处于起步阶段，很多博物馆存在人员过剩而人才不足，特别是知识结构不合理的现象，缺乏专业型、技能型、管理型人才。

除了博物馆的人才问题，增加游客凝视也需要旅游业对博物馆的关注。国内有关部门对博物馆的管理缺乏应有的远见，并没有深度挖掘博物馆产品的内涵。以旅行社为代表的旅游经营者追求利益的最大化，一味地满足游客对纯娱乐型旅游项目的需求，忽视了博物馆所能带来的教育、民族认同以及国家论述等体验，“博物馆是一种高品味的旅游资源，它使得旅游活动从纯粹的娱乐升华为高层次的精神文化享受”（盛洁桦，2016）。在开发和设计产品时，旅行社往往规避高雅严肃文化产品存在的高风险和高成本，缺乏凝视双方的互动。

针对上述问题，博物馆在社区营造与城市观光之间应做好游客与目的地之间的桥梁与纽带，策划出有吸引力的展览主题、设计出有创意的展览陈设、增加与观众互动的展览环节、善于利用各种媒介，并不断丰富展览的教育项目，只有这样，不论是“浪漫凝视”还是“集体凝视”的游客才能在一种适宜的凝视环境下完成凝视的活动，使博物馆成为城市文化目录中最能反映城市历史和文化底蕴的介体。

参考文献

Kirrane, S. & Hayes, F. （1993）：“Do it Yourself”, *Museum Journal*, （2）.

MacDonald, G. F. etc. （1989）：*A Museum for the Global Village*: *The Canadian Museum of Civilization*. Quebec: Canadian Museum of Civilization.

Maoz, D. (2006): "The mutual gaze", *Annals of Tourism Research*, (3).

Bocock, Robert (1995):《消费》, 张君玫等译, 台北: 巨流图书股份有限公司。

〔法〕米歇尔·福柯(2003):《规训与惩罚: 监狱的诞生》, 刘北成等译, 三联书店。

——(2001):《临床医学的诞生》, 刘北成等译, 译林出版社。

——(2003):《疯癫与文明》, 刘北成等译, 三联书店。

〔英〕约翰·厄里等(2016):《游客的凝视》, 第三版, 黄宛瑜译, 上海人民出版社。

陈佳利(2003):《博物馆、多元文化与社会参与平等——以英国的经验为例》,《博物馆学季刊》, 17(1)。

——(2009):《社区互动与文化参与新取径: 探莱斯特郡开放博物馆的理念与实务》, 23(2)。

陈其南(1996):《社区总体营造与文化产业发展》, 载朱兴亚等编《"文化·产业"研讨会暨社区总体营造中日交流展会议记录》, 台湾省手工业研究所。

胡家瑜(1994):《博物馆的观光文化——现代脉络下"传统"的变形》,《博物馆学季刊》, 8(2)。

李莎莉(1996):《博物馆教育推广与资源整合——台湾地区的实践典例》,《博物馆学季刊》, 16(4)。

刘大和(2006),《文化与文化创意产业(二): 实践构思》, 台北书林出版有限公司。

刘丹萍(2007):《旅游凝视: 从福柯到厄里》,《旅游学刊》, 22(6)。

盛洁桦(2016):《浪漫凝视与集体凝视》,《中国博物馆》, (2)。

文建会(1995):《社区总体营造整合规划分析工作手册》, 台北文建会。

许功明(1994):《文化、观光与博物馆》,《博物馆学季刊》, 8(2)。

杨增泉(2006):《启动共生: 无尾港生态社区的地方记忆与想象》, 硕士学位论文, 台北艺术大学传统艺术研究所。

张誉腾(2004):《生态博物馆: 一个文化运动的兴起》, 台北五观艺术管理有限公司。

Between Community Construction and Urban Tourism: An Analysis of Museum Exhibition from the Perspective of Tourism Anthropology

Liu Fan

Abstract: As a symbol of culture, museums have become an indispensable part of the city. It is a bridge and link between tourists and destinations, and an important part of tourism system and tourism anthropology research system. This paper analyzes community construction in the museum space, the relationship between cultural tourism and the museum symbolic economics and discusses the mediator effect of museums which is neglected in the traditional tourists and the host research, the relationship between the museum and the tourist gaze, and proposed solutions aiming at the problems and the current situation of domestic museums from the perspective of tourism anthropology.

Keywords: Tourism Anthropology; Museums; Community Construction; Urban Tourism

About the Author: Liu Fan, Ph. D. , Professor at Wuhan Textile University. Research interests and specialties: art theory, ethnology, museology. E-mail: liufanfan2003@ 163. com.

效仿与革新：20 世纪 50 年代的中国展览会

冯 玮　张 凡*

【摘　要】 展览业是构建现代市场体系和开放型经济体系的一个重要平台。展览业通过展示、展销、广告、交流等多种综合性的商贸活动，对经济、社会、文化的发展起到了很强的促进作用。作为工业化和城市化的产物，经贸展览在中国，如果从 1851 年中国商人徐荣村自费参加伦敦世界博览会算起，已有 160 多年的历史。新中国成立后，经济、社会和文化呈现出特有的面貌。在此时代背景下，中国展览会在办展目的、办展方式、展馆建设方面呈现出新的发展特点。展览会举办的目的多元，出境展、入境展特色鲜明，展馆建设初显成效。20 世纪 50 年代举办的展览会肩负着重要的政治、经济和文化使命，其时展览事业发展与新中国成立之初计划经济体制下的社会主义改造实践息息相关，也得到了党和国家领导人的高度重视，这一时期举办的展览会，刻上了浓厚的时代烙印，如规模宏大的农业展览会、宣传“大跃进”思想的展览会、基于严格计划经济的展览

* 冯玮（1971～），博士，湖北大学旅游发展研究院旅游管理系副教授。主要研究方向为展览会史、会展管理。电子邮箱：fw_hubu@126.com。张凡（1951～），中国会展经济研究会统计委员会副主任、湖北省会展业商会副会长，广州大学客座教授。著有《会展策划》，撰写会展业文章 500 余篇。电子邮箱：ff1951@163.com。

会。这一时期举办的展览会也体现了展览会的综合效应，发挥了展览会的多重功能，如促进产业发展、服务政治宣传、展示发展成就、促进技术交流与传播和增进国家友谊。对 20 世纪 50 年代中国展览会的考察，有助于整体把握新中国成立后中国展览事业发展的背景、历程和特点，以及新中国展览业发展的历史轨迹。

【关键词】 效仿 革新 展览会 广交会

自 1851 年中国商人徐荣村参加英国伦敦万国工业大博览会以来，中国人参展、办展的历史已百年有余，其间既有参展商出境参展，亦有在国内举办的各种类型之展览会，如清末时期的 1906 年天津劝工展览会、1909 年武汉劝业奖进会、1910 年南洋劝业会等以劝工劝业、振兴实业为目的的展览会；民国时期举办的 1915 年北京国货展览会、1928 年中华国货展览会、1929 年西湖博览会等以振兴实业、提倡国货为主旨的展览会。可以说，中国展览会在不同历史时期的特点与那个时代的政治、经济、社会和文化背景密切相关，不同时代的展览会呈现出不同的历史文化面貌。1949 年新中国成立以后，中国的展览会也进入了新时代，中国展览会在办展目的、办展方式、展馆建设方面呈现出新的发展特点。对 20 世纪 50 年代展览会的综合考察是我们理解新中国成立十年后中国经济、社会和文化的一个重要窗口。

一 展览会举办之时代背景

1949 年新中国成立后，中国的经济、社会和文化呈现出新的面貌。20 世纪 50 年代是中国进行社会主义建设的重要阶段，向苏联学习，进行社会主义改造是这一时期社会主义建设的主旋律。中国共产党在 1953 年 6 月确定了过渡时期的总路线，明确提出："要沿着苏联所胜利地走过的社会主义工业化和国民经济的社会主义改造的光荣道路前进。"（中央档案馆，1982：77）毛泽东指出："我们要进行伟大的国家建设"（毛泽东，1953a），"我们要认真学习苏联的先进经验"（毛泽东，1953b，

1989：615）。

1958年5月5日至23日，中国共产党第八次全国代表大会第二次会议在北京举行，大会正式通过了“鼓足干劲、力争上游、多快好省地建设社会主义”的总路线及其基本点。在全国如火如荼地进行社会主义改造的背景下，各种类型的展览会如雨后春笋，党和政府为了加快社会主义改造进程，推动工农业生产、对外贸易和各项社会事业又快又好发展，举办了一系列展览会，这些展览会的举办，成为新中国社会主义建设成就的缩影，为后期特别是改革开放后展览业的快速发展奠定了坚实的基础、提供了有益的借鉴。

二 展览会举办之目的

（一）促进产业发展

促进产业发展是展览会举办的主要目的之一。新中国成立伊始，面临着恢复国民经济的艰巨任务，中共中央从农业大国的现状出发，将恢复和发展农业生产摆在了恢复国民经济工作的首位。在恢复和发展农业生产的诸多要素中，农具和农机作为生产工具，具有主要意义。新中国建立之初，全国农村农具严重缺乏。1950年至1952年，全国发放农具贷款1万亿元（旧币），增补农具5900万件。在大力增补旧式农具的同时，国家开始大量推广效率高、轻便省力、耕作质量好的新型农具。东北新农具展览会成为有益于新型农具推广的知名农业类展览会。

（二）服务政治宣传

20世纪50年代举办的展览会，不仅有着促进产业发展的历史使命，也肩负着重要的政治使命。一些展览会举办就是为了服务政治宣传。

20世纪50年代后期，中国政府连续举办了三届规模宏大的全国农业展览会，展览会规模之大、展期之长，在新中国展览史上罕见。1956

年的展览会举办是为了宣传合作化的成就，通过展览会反映新中国成立以来，特别是 1956 年以来农民的生产积极性，向中央汇报生产成果，戳穿帝国主义宣传中国缺吃少穿的谎言。1958 年 12 月 25 日举办的第二届农业展览会的宗旨是宣传和鼓动“大跃进”。农业部就办展方式特别召开会议，希望以省为单位参展，以凸显“大跃进”的气势。展览面积 7000 平方米，外加优良畜禽陈列场 2500 平方米和农机具广场 6000 平方米。展览会的主题为九个字：“总路线、大跃进、公社化”。此届展览会持续到 1959 年 5 月，参观者达 200 万人次。

当时的媒体对于展览会的报道，亦具有明显的宣传“大跃进”的时代特色。《公路》杂志特别关注了 1958 年全国工业交通展览会：“许多展品生动地告诉人们，我们正在经历着伟大的马克思所预言的 1 天等于 20 年的时代。黑龙江省明水县用 10 昼夜时间完成全县公路网的事实就是一例。这个县原来计划 5 年修建 450 公里公路，以后跃进到 4 年完成 602 公里，再跃进 1 年完成 602 公里。最后，明水县人民用冲天的干劲，把时间老人远远甩在后边，仅仅在 10 昼夜内就建成了 602 公里的道路网。”

（三）促进技术交流

以展览促交流一直是展览会举办的主要目的之一。20 世纪 50 年代举办的展览会亦有促进技术交流的特点。

1957 年 2 月 20 日，第一届全国农业展览会在北京苏联展览馆开幕。展览会盛况空前，受到了各方关注，来自全国各省、区、市的展品有十几万种，参展观众达 56 万人次。浙江奉化尚田镇是远近闻名的“鳗竹之乡”，该地送展的一株高 25 米、重 125 千克的毛竹王令参展观众惊叹不已，国家林业部于 1958 年 8 月在奉化石门村召开全国毛竹丰产现场会，推广该村培育大毛竹的先进经验，还在该村拍摄电影科教片，向全国推广大毛竹培育经验。国务院授予石门村“全国毛竹生产红旗单位”称号。

（四）展示经济发展成就

通过展览来展示经济发展成就，是世界展览业发展之传统。1851 年英国伦敦万国工业大博览会举办的一个重要目的就是向世界展示英国工业革命的成就。20 世纪 50 年代举办的展览会也不例外，一些大型展览会举办的主要目的就是展示行业发展成就。

1958 年 10 月，第一届全国工业交通展览会在北京展览馆举行。这次展览会是根据中共中央建议，由国家计委、国家经委和工业交通部门共同筹办。展览会共设 15 个分馆，包括冶金、机械、原子能、石油、地质、煤炭、电子、化学、森林、纺织、轻工、建筑、铁道、交通、邮电等展馆，展品达 5 万多件，用大量的图片和实物展示了新中国成立以后工业交通战线上所取得的成就。在冶金工业馆，观众首先看到一条巨大的横幅，上面写着："八年胜过四十九年"。从这个展馆陈列内容可知我国冶金工业在过去八年里所取得的巨大成就。第一个五年计划期间，钢产量平均每年增长的速度达 31.7%，远远超过了美、英、法、日和西德的速度。展览资料显示：1958 年"大跃进"以后，我国不论在速度方面还是在冶金技术方面都获得了空前的提高；1958 年，我国钢的年产量可达到 1070 万吨，比 1957 年增加 100%，铁的产量增加更快，可达 1690 万吨，比 1957 年增加 200%。展览会的资料表明，由于冶金工业的发展，我国高炉和平炉的利用系数，已经大大超过了美国，位居世界先进行列。

1959 年 9 月，继 1958 年 10 月在北京展览馆举办第一届全国工业交通展览会之后，展示新中国成立十年来工交战线上所取得的成就的第二届全国工业交通展览会在北京开幕。一进冶金馆，迎面矗立着 1959 年刚生产的巨大钢锭模型，高达 6.5 米，最大直径为 2.5 米，重量为 120 吨。《制造技术与机床》杂志评论说："从这个展览会的精湛内容可以看出：我国在短短的 10 年建设过程中，以巨人的步伐跨越了旧中国多少年所不能踏上的工业化康庄大道。在这里我们听到了祖国前进的脚步声。千万件展品，展示了我国 10 年社会主义建设的辉煌成就。"

（五）增进国际友谊

20 世纪 50 年代，展览会不仅被视为贸易的桥梁、展示成就的窗口，也被视为增进国际友谊的纽带。

日本商品展览会是新中国成立后接待的第一个西方资本主义国家来华举办的大型综合性展览会。日本国际贸易促进会于 1956 年 10 月在北京，12 月在上海举办了“日本商品展览会”。

1956 年 10 月 6 日下午，日本商品展览会在北京苏联展览馆开幕。日本商品展览会让人们看到了很多新鲜的东西。大到自动机床，小到儿童玩具，还有让年轻人爱不释手的半导体收音机。电视机更是令人感到新奇。毛泽东突然决定参观日本商品展览会，让日本主办方很意外。10 月 6 日上午 9 时，毛泽东到北京西郊机场欢送印尼总统苏加诺，在经过苏联展览馆时，看见那里挂着“日本商品展览会”的大横幅。他对这个展览会早有耳闻，便临时决定去看看，毛泽东并没有立即向随行人员说出他的想法。在送走苏加诺总统后，毛泽东乘车从西郊机场返回新街口时，想到西安食堂尝一尝羊肉泡馍，在吃饭时才告诉身边的工作人员，说饭后要返回西直门，去参观日本商品展览会。

中国最高领导人要在开幕式前单独参观日本商品展览会是一件大事，在此前举办过的社会主义阵营众多国家来华展览会中，毛泽东只在 1954 年 10 月与 1955 年 4 月分别参观过苏联和捷克斯洛伐克的经济成就展览会。得到消息后，负责展览业务的中国贸促会副主席雷任民首先赶到，随后是中国贸促会主席南汉宸等人赶到。接着，日本贸促会主席兼日本商品展览会总裁村田省藏、展览团团长宿谷荣一等日方负责人也相继赶到。南汉宸、雷任民和村田等人刚走出展馆大门，毛泽东的车便已经到展览馆门前了。毛泽东下车后径直向大门走去，同迎面走来的中日双方展览会负责人亲切握手。他头一句话便是：“我可以进去看一看吗？”村田恭敬地说：“当然当然，光荣之至！”

毛泽东没有休息，立即由村田等人陪同开始参观。刚开始，先由日方人员介绍展台及展品，再由翻译人员翻译成中文。后来为节省毛泽东的宝贵时间，就直接改由中方技术人员作讲解。毛泽东几乎走遍了总面积1.8万平方米展览会的主要展台，每到一处，便同中日双方工作人员握手致意，并不时饶有兴趣地对一些展品提出问题。

当走到二楼时，村田等人建议请毛泽东到休息室休息片刻。进了休息室，宾主依次落座后，村田再次向毛泽东致谢，表示"光荣之至"。毛泽东则称赞日本商品展办得很好，对日本朋友的努力表示感谢。毛泽东说："日本民族是一个伟大的民族，日本人民是勇敢的、勤劳的、智慧的人民。我们希望同日本建立正常的友好关系，也希望同世界各国包括美国在内，建立正常的友好关系。"村田代表日本展团当场向毛泽东赠送了两台体现日本先进生产技术的半导体袖珍收音机，毛泽东笑着表示感谢。村田请毛泽东为展览会题词，毛泽东欣然在贵宾题词簿上挥毫写道："看了日本展览会，觉得很好，祝日本人民成功！"参观结束时，毛泽东向大厅内外的群众挥手致意。村田等人送毛泽东到乘坐的汽车旁边，再次郑重致谢。

三　出境展和入境展

（一）出境参加的展览会

展览会进入中国视野最早是在1851年，当时伦敦举办了万国工业大博览会，英国维多利亚女王邀请清政府参加此次博览会，但是，清政府并未接受邀请。英国驻广州领事馆自行组织中国商人参加了博览会，上海商人徐荣村带去的展品"荣记湖丝"获得金、银两项大奖。其后，中国商人多次出境参加博览会，从1873年的维也纳博览会到1905年的法、比、列、日博览会，清政府委托海关组织了中国商民出境参加博览会多达28次。

新中国成立后，中国政府出于促进政治、经济和文化交往的目的，支持出境参加展览会，出境参加的展览会主要有1951年莱比锡国际博览会、1953年初在莫斯科举办的中华人民共和国工农业展览会、1953年莱比锡国际博览会、1954 年莱比锡国际博览会、1956 年巴黎国际博览会等。由于篇幅所限，本文仅对 1953 年的莫斯科中国工农业展览会和 1956 年中国参加的巴黎国际博览会进行介绍。

1953 年 5 月，中苏首次签订在两国首都互办展览会的协议。1952 年 10 月，为了筹备 1953 年在苏联举办的大型展览会，政务院指定中国贸促会、对外贸易部、外交部、文化部、建筑工程部、对外文化联络部、中央美术学院等有关部门，组成赴苏联展览筹备委员会。经过积极的筹备，展览会在北京进行了两次预展。新中国成立之初，北京没有一个正规的大型展览馆，赴苏展览预展的地点是北京广安门外一个条件简陋的货运火车站仓库。

由于各参展单位都缺乏办展览会的经验，第一次预展并不成功。总结经验后，又进行了第二次预展。第二次预展很成功，获得通过。1953 年 5 月 29 日清晨，首批赴苏展团人员从北京启程。苏方提供给中国的展览场地在莫斯科高尔基中央文化休息公园里，面积 100 公顷。展览馆分五部分：序厅、中苏友好馆、重工业馆、纺织工艺馆、农林食品馆。经过 1 个多月的紧张筹备，在中国驻苏使馆及留学生的大力协助下，中华人民共和国工农业展览会于 1953 年 7 月 11 日在莫斯科开幕。展览会原计划展出 20 天，后应苏方要求延长 5 天，于 8 月 4 日闭幕，观众达 60 万人次，盛况空前。这次展览会轰动了莫斯科，给观众留下了深刻的印象。

莫斯科展览闭幕后，展团人员分批赴莱比锡筹备国际博览会。1953 年莱比锡国际博览会的中国馆，是一个 5000 平方米的单独展馆，展出了重工业机械产品、农林土特产、轻工纺织品等，展示了新中国的建设成就。中国馆展品丰富，设计独特，展出十分成功。在展览馆原建筑门前，使用了民族风格的牌楼，悬挂国徽、馆名。这种设计方式，后来被广泛用于出国展览外观门面设计。直到 20 世纪八九十年代，参加世界博览会中国馆的外观设计，仍然沿用这种方式。

1956 年，中国参加了法国巴黎国际博览会。巴黎国际博览会中国馆展出面积 1080 平方米，第一次采用可拆卸的圆钢管结构建临时展馆。在外观设计上，选用了传统的歇山式重檐屋顶（中国传统建筑的屋顶形式，是在歇山式屋顶上沿再加一层小屋檐，通常重要的建筑物多会采用这种屋顶）形式。设计师采用了现代的色彩处理方式，把传统的孔雀蓝色屋顶和土红色墙面颜色减淡，变成两种流行色，整个展馆没有中国古老建筑的沉闷感觉，既有民族特色又有现代感。展馆临街墙面的馆名用中国篆书书写并安装有霓虹灯，既传统又现代，古今合一。

（二）出境举办的展览会

除了参加境外举办的展览会，中国商品展览会亦走出国门，成为增进国际友谊的纽带。20世纪50年代，是我国出国展览事业的初创时期，先后赴世界各国举办了60多场展览会，对宣传新中国的建设成就，促进国家间相互了解，增进友谊，促进贸易，冲破帝国主义的经济封锁起到了不可估量的作用。

1953年5月，中苏首次签订了在两国首都互办展览会的协议，此后，中国相继与捷克斯洛伐克、匈牙利、保加利亚、民主德国、罗马尼亚和日本签订了两国互办展览的协议。

中国贸促会于1955年10月在东京、12月在大阪举办了“中华人民共和国商品展览会”。通过举办展览会，中国政府和日本友好人士积极开展民间交往，从经济交往发展到政治关系，以经促政，意义重大。为了确保出国办展的效果，在国内举行了预展，周恩来总理和其他中央领导审查了预展并做了重要指示，提出了宝贵意见，保证了赴日办展的成功。

1956年，国务院对出国办展又做了重要指示：“应着重研究各国及展览会中其他国家的经济情况和技术水平。”由此可见，其时出境办展亦是学习和交流国际先进技术的一个重要渠道。

为了配合办好出境展，中央各部委相应成立了展览办公室，以协同办展工作。周恩来总理还为出境办展制定了方针政策，明确了出国办展的三大任务：宣传我国社会主义建设的伟大成就；促进我国与展出所在国的相互了解和增进友谊；促进国家间经济贸易的进一步发展。

（三）外国来华举办的展览会

中国贸促会关于来华办展的汇编资料显示，接待来华展览是中国贸促会的主要任务之一。20 世纪 50 年代，中国相继接待了民主德国、苏联、捷克斯洛伐克、日本、印度、罗马尼亚和匈牙利在华举办展览会。

1953 年，德意志民主共和国在中国举办了工业展览会。这是新中国成立后中国贸促会接待的第一个来华展览会。

1954 年 10 月 2 日，为了展示苏联经济和文化建设的辉煌成果，苏联经济及文化建设成就展览会在北京举办。展会期间，先后有 276 万人次前去参观，毛泽东、刘少奇、周恩来、朱德、陈云、林伯渠、董必武、彭德怀、彭真、邓小平等党和国家领导人前去参观。为了纪念这次展出，邮电部发行了一套纪念邮票。毛泽东题词“我们要在全国范围内掀起学习苏联的高潮，来建设我们的国家”。展览会分为三大部分。一为工业馆，是整个展览会的中心。馆内陈列着苏联机器制造、冶金、煤炭、石油、化工、纺织和其他工业部门的展品共 3380 件，馆外陈列着各种汽车、采矿机械、筑路机械、活动发电站及农业机械等。二为农业馆。陈列着各类农机、农药、农产品及农业科研成果等展品，共 350 多件。三为文化馆，包括出版和职业教育馆、高等教育馆、油画雕塑和版画馆等，陈列着各种图书、期刊、珍贵油画以及苏联的大集邮簿。其中有纪念马克思、恩格斯、列宁、斯大林的邮票，还有许多邮票分别反映了苏联的历史、经济建设、文化体育及各类卓有建树的人物，成为苏联经济和文化建设成就的一个缩影。展览馆内还有莫斯科新式的露天剧场和装饰华丽的电影馆。

1955 年 4 月，捷克斯洛伐克 10 年社会主义建设成就展览会在华举行。展览面积有 2 万余平方米，观众达 123 万人次。展览期间，毛泽东、周恩来、陈云等领导人参观了展览会。毛泽东等中央领导还为展览会题词。

1955 年 5 月，匈牙利纺织试验仪器展览会在北京举行。这是外国在华举办的第一个专业性展览会，开后来举办专业性展览会的先河。展览期间举行专题讲座13次，听众达3000余人次，观众达9300人次。

1957年，印度展览会和民主德国塑料展览会先后在中国举行。印度展览会接待观众108万人次，毛泽东、朱德、刘少奇、周恩来参观了展览会。民主德国塑料展览会接待观众9.3万人次。1958年，罗马尼亚经济展览会在北京举行，接待观众47万人次，周恩来、朱德参观了展览会。1959年，民主德国精密仪器和电子器材展览会在北京举行，接待观众6.4万人次。

四 典型俄罗斯风格的展馆建设风潮

1952年，在政务院经济委员会副主任李富春同志访问苏联期间，苏方提出赴华展出苏联在经济、文化、科学、建筑技术、建筑艺术等领域取得的社会主义建设成就的想法。为此，中共中央决定在北京、上海建设苏联展览馆，用以学习、借鉴苏联的社会主义建设经验。

（一）俄罗斯风格的北京“苏联展览馆”

1953年10月15日，北京“苏联展览馆”工程动工，1954年9月竣工。展馆筹建、建设阶段，苏联派出建筑专家来我国帮助选址、设计、指导施工；全国20多个省份在人力、物力上给予了展馆建设大力支援。工程由中央财政部投资2700万元（包括建西苑大旅社、西郊商场）。工程实际耗资2400万元。建成后的展馆占地面积约13.2万平方米，主要建筑物占地面积8.85万平方米，建筑面积5.04万平方米。展馆主体建筑以中央大厅为中心，附设有影剧场、餐厅、电影馆及1条专用铁路支线。中央大厅正面大门上面镶有毛泽东主席亲笔题写的“苏联展览馆”5个镏金大字。

“苏联展览馆”建筑特征鲜明。主体结构采用俄罗斯古典主义建筑风格，外部装饰兼用罗马式、哥特式造型元素，使建筑本身具有了象征意义——建筑外形与当时位于苏联列宁格勒（现俄罗斯圣彼得堡）的海军部大厦（于 1806 ~ 1823 年修建）相似，体现“中苏友好”的主题。展馆内部大量运用巴洛克装饰和造型艺术，给人典雅、华贵、稳健、庄重之感。

展馆落成后，1954 年 10 月 2 日至 12 月 26 日，“苏联经济及文化建设成就展览会”在此展馆举办，中国党和国家领导人以及外国领导人和使节出席了开幕仪式。出席开幕式的国内外政要有周恩来、刘少奇、赫鲁晓夫、米高扬等。1958 年由周恩来提议，“苏联展览馆”更名为“北京展览馆”。

（二）古典俄罗斯风格的中苏友好大厦

中苏友好大厦旧址在延安中路与南京西路之间，延安中路铜仁路口，静安区南京西路高档商圈内，北面隔南京西路面对上海商城、恒隆广场，东邻锦沧文华大酒店，西边对街是中欣大厦。

大厦是 20 世纪 50 年代上海建成的规模最大、气势最雄伟的俄式建筑，充满俄罗斯古典主义建筑风格，有人说是典型的俄罗斯巴洛克式建筑。今为上海展览中心、友谊会堂。全市性重要会议都在这里召开。该建筑是中苏两国建交后，由苏联专家帮助设计兴建的上海第一幢展览馆。

新中国成立后不久，中央为介绍世界上第一个社会主义国家——苏联的经济和文化建设成就，要在上海举办一个关于苏联的大型展览，并决定建造一幢与之相适应的展览馆。1953 年 12 月 6 日，上海市副市长潘汉年致函政务院总理周恩来，请示展览馆的选址。苏联方面特派了展览会负责人鲍利辛柯、工程师郭赫曼到上海勘察。当时提供的地址一是文化广场（原跑狗场旧址），二是大华农场，三是哈同花园。根据多方分析比较，最终选择了哈同花园。哈同花园——爱俪园，是犹太大商人哈同的私家园林。园中有楼 80 幢、台 12 座、阁 8 个、池沼 8 处、小榭 4 所，还有 10 大院落、9 条马路，及无数小桥、小屋、小亭、小道，占地 200 多亩。据说园内景观是依照《红楼梦》里的大观园设计的，共有 83 景。1954 年 5 月 4 日，中苏友好大厦在哈同花园旧址动工兴建，至 1955

年 3 月建成，费时 10 个月。建造期间经历了连续 2 个月的雨季，8 级至 9 级台风，以及几十年未遇的潮汛和零下 10℃的严寒，中苏两国建筑工程师及工人克服重重困难，按时完成任务。大厦建好后正式命名为“中苏友好大厦”，成为新中国成立后上海标志性建筑之一。

（三）俄罗斯风格的“中苏友好宫”在武汉建成

1956 年 3 月 25 日，“中苏友好宫”（后改称“武汉展览馆”）在武汉建成，这是为承办“苏联经济文化建设成就展览”，继北京、上海、广州之后设计建造的第四个展馆设施。该工程于 1955 年 12 月 16 日开工，仅用百余天就完成了，占地 11 公顷，建筑总面积达 2.3 万平方米，是俄罗斯古建筑风格，与北京“苏联展览馆”和上海“中苏友好大厦”相似。

（四）中国出口商品陈列馆竣工

1958 年 4 月 10 日，中国出口商品陈列馆竣工。该馆位于广州市侨光路，楼高五层，占地面积 3600 平方米，建筑面积 1.45 万平方米，室内可供展览面积 1.3 万平方米。国务院副总理陈毅题写了“中国出口商品陈列馆”馆名。该馆建成后，第 3 届广交会由原中苏友好大厦迁至此新馆举办。

（五）“广交会”新馆竣工

1959 年 8 月，“广交会”新馆竣工。新馆位于广州市起义路，占地面积 1.09 万平方米，建筑面积 4.02 万平方米，室内可供展览面积 3.45 万平方米，为侨光路陈列馆的 2.65 倍，是当时国内室内可供展览面积最大的展馆。作为广东国庆 10 周年献礼项目之一，此新馆于 1958 年 11 月 1 日开始投入建设，工程仅用了 9 个月的时间，竣工后第 6 届广交会便迁至此展馆举办，这是广交会第二次迁址举办。自此直至 1973 年，第 6 届至第 34 届广交会都在这里举办。

五　特色展览会

（一）在中南海举办的展览会

1950 年 3 月 1 日，毛泽东访苏回国途经沈阳时，观看了沈阳举办的东北新农具展览会，立即指示将半机械化农具和改良农具各选一套送北京展览。5 月 18～26 日，东北局将展出的 32 件农具连同华北农业机械总厂送去的 21 件机械化农具和改良农具送到北京中南海展出，这场在北京中南海举办的小型农具展，吸引了党和国家领导人、各民主党派领导人和各大区党政领导人 1000 余人参观。

（二）由周总理亲临指导的广交会

20 世纪 50 年代，中国展览会最大的创举和亮点就是于 1957 年 4 月 25 日至 5 月 2 日在广州中苏友好大厦创办的中国出口商品交易会（广交会）。广交会自诞生之日起，就成为我国发展国际贸易和展示中国经济建设成就的重要窗口。今天的广交会每年春秋两季在广州举行，已成为中国历史最长、规模最大、层次最高、商品种类最齐全、到会客商人数最多、成交效果最好的综合性国际贸易盛会。

1957～1965 年，是广交会起步和打基础的阶段。这期间广交会经受了重重考验，展出面积由 9600 平方米，发展到 4.7 万平方米；参展商品由 1.09 万种，增至 3 万种；到会客商由来自 19 个国家和地区的 1223 人，增至 56 个国家和地区的 5691 人；出口成交额由 1754 万美元，增至 4.32 亿美元。由此奠定了广交会在我国展览业发展史和外贸史上的重要地位。

值得注意的是，广交会从筹备到发展初期，都得到了周恩来总理的高度关注和大力支持。

1957 年 4 月，第 1 届中国出口商品交易会盛大开幕，周恩来总理在交易会刚开幕就亲临视察，他仔细地查看每个展馆的展出商品，边看边说："广交会不单要发展同外国的贸易，还要展览我国工农业新产品，宣传社会主义优越性，发展和增进我国和世界各国的友好关系。"当时的广交会《每日动态》都直接报送北京中南海。

1958年4月，第3届广交会举办，在周恩来总理的指示下，广交会首次采取进出兼营方针，有买有卖，以进带出，在做出口贸易的同时也做进口贸易。

1958年底，受到"大跃进"中"浮夸风"的影响，诸多出口商品贸易合同不能按时、保质交货。周恩来总理反复强调，重合同，守信用。凡是对外已签合同，宁可自己不吃或少吃，不用或少用，也要履行合同。在周总理的关注下，第5届广交会对1000余份合同进行了清理，通过协商、撤销、更换和赔款等方式，全面清理合同，涉及货款达1961万美元。

在周恩来总理关怀下创办的广交会，无疑是那个时代的伟大创举，自诞生之日起，广交会就肩负着重要的政治和经济使命。第4届广交会工作总结中指出：商品陈列和展览应包括政治性、商品性和艺术性。中共中央也曾如此评价广交会："广交会既是一个定期的国际贸易的交易场所，又是我国对外政策和社会主义建设成就的一个宣传场所。因此，办好广交会，在政治和经济上都有着重大的意义。"

六 创立展览专业组织

（一）创立"中国国际贸易促进委员会"

1952年5月，中国国际贸易促进委员会成立。主席为南汉宸，秘书长为冀朝鼎。该委员会是由中国经济贸易界有代表性的人士、企业和团体组成的全国民间对外经贸组织。此为新中国最早成立的与经贸展览事业相关的半官方的商会组织。1950年7月，对外贸易部在京召开全国进出口贸易会议，决定筹备成立中国贸促会。1951年1月，外贸部召开全国对外贸易管理会议，议定《中国国际贸易促进委员会章程》。

（二）创立“国外来华经济展览委员会”

20 世纪 50 年代，来华举办的展览会离不开外交部、对外贸易部、北京市人民政府和一些工业部门的指导与配合。为了更好地接待来华展览，1953 年 2 月 12 日，政务院决定由对外贸易部、重工业部、北京市政府组成“国外来华经济展览委员会”，负责外国来华经济展览的接待工作。中国贸促会会长南汉宸、秘书长冀朝鼎分任主任委员和副主任委员。1956 年，该委员会改组为中国贸促会来华展览部。

结　语

对 20 世纪 50 年代中国展览会的考察表明，此历史时期的展览事业发展与新中国成立之初的计划经济体制下的社会主义改造实践息息相关，这一时期举办的展览会，刻上了浓厚的时代烙印，“大跃进”“工业化”“计划经济”“农业机械化”成为与展览会密切相关的主题词。此阶段举办的展览会也体现了展览会的综合效应，发挥了展览会的多重功能：促进产业发展、进行政治宣传、展示发展成就、促进技术交流与传播、增进国家间友谊。20 世纪 50 年代的展览会亦得到了党和国家领导人的高度重视，毛泽东、周恩来的身影频频出现在展览会上。20 世纪 50 年代中国展览会的最大亮点，无疑是有着“中国第一展”之美誉的“广交会”。在周总理支持和指导下创办的广交会，是中国目前历史最长、规模最大、层次最高、商品种类最齐全、到会客商人数最多、成交效果最好的综合性国际贸易盛会，是新中国展览业发展史上最为重要的创举，有着划时代的重要意义。

新中国成立后，在政府的支持下，出境参加展览会和来华举办的展览会比较活跃。除了在国内举办各类展览会，政府依然支持海外参展和组展，包括 1951 年莱比锡国际博览会、1953 年初在莫斯科举办的中华人民共和国工农业展览会、1953 年莱比锡国际博览会、1954 年莱比锡国际博览会、1956 年巴黎国际博览会等。从展馆建设来看，模仿苏联模式成为主流，在北京、上海和武汉分别建造了俄罗斯风格的展览场馆。

总之，对 20 世纪 50 年代中国展览会的考察，有助于整体把握新中国成立后中国展览事业发展的背景、历程和特点，以及新中国展览业发展的历史轨迹。总体而言，效仿和革新是这个时代展览会的主旋律，社会转型和文化转型是展览会革新的驱动力，严格的计划经济体制、社会主义改造的核心任务以及重要产业成就都可以借展览会充分展现。与民国时期的展览会相比，新中国成立最初十年的展览会在经济属性和文化属性方面已呈现重要转型：展览会的经济属性体现在产业促进、技术交流和贸易发展方面，文化属性体现在国际交往和文化交流方面。今天，我国的展览业已实现跨越式发展，我国也成为世界展览业大国。尽管与今天的展览业相比，新中国成立初期的展览会在办展规模、展会类型、办展方式方面存在较大差距，但不容置疑的是，20 世纪 50 年代的展览会，是新中国展览业发展的起步阶段，其时新中国的展览业刚刚迈开探索与革新的脚步，此后经过逾半个世纪的奋进和努力，中国一步一步地从展览业弱国转向展览业大国，逐步走上了有中国特色的跨越式发展之路。

参考文献

毛泽东（1953a）：《在政协一届四次会议上的讲话》，《人民日报》，02－08。

——（1953b）：《祝贺苏联十月革命三十六周年给马林科夫的电报》，《人民日报》，11－07。

——（1989）：《建国以来毛泽东文稿》，第 3 册，中央文献出版社。

中央档案馆（1982）：《中共中央文件选集》，第 1 册，中共中央党校出版社。

Imitation and Innovation: Chinese Exhibitions in the 1950s

Feng Wei Zhang Fan

Abstract: The exhibition industry is an important platform for constructing modern market system and opening-up economy system. Through display, sales, advertising, communication and other comprehensive business activities, the exhibition industry has played a very important role in economic, social and cultural development. As a product of industrialization and urbanization, the trade exhibition in China has a history of more than 160 years since Xu Rongcun, a Chinese businessman, participated in the Great Exhibition of the Works of Industry of All Nations held in London at its own expense in 1851. After the founding of New China, China's economy, society and culture showed its unique features. Under the background of this era, the purpose, mode and construction of Chinese exhibition presented new characteristics. The purpose of the exhibition was diverse, the exhibitions held within and outside China showed distinctive characteristics, and the construction of exhibition hall began to thrive. The exhibition held in 1950s was shouldering an important political, economic and cultural mission. At that time, the development of the exhibition was closely related to the socialist transformation practice under the planned economic system in the early days of the founding of New China. The Chinese government leaders also paid great attention to development of exhibition industry. The exhibitions held during this period was branded with historical imprints, the large-scale agricultural exhibitions, the exhibition functioned as propaganda of the Great Leap Forward ideas, and the exhibitions based on a strictly planned economy are typical exhibition of this period. The exhibition held during this period also reflects the comprehensive effect of the exhibition, giving full play to the multiple functions of the exhibition, such as promoting industrial development, serving political propaganda, showing development achievements, promoting technology exchange and communication and increasing national friendship. The investigation of the China Exhibition in 1950s will help to grasp the background, history and characteristics of the development of China's exhibition industry after the founding of the people's Republic of China, as well as the historical track of the development of the exhibition industry in New China.

Keywords: 1950s; Imitation; Innovation; Exhibition; China Import and Export Fair

About the Authors: Feng Wei, Ph. D. , Associate Professor in Institute of Tourism Development, Department of Tourism Management, Hubei University. Research interests and specialties: exhibition history, convention and exhibition management. E-mail: fw_hubu@ 126. com .

Zhang Fan, Vice President of Hubei Provincial Chamber of Commerce of Convention and Exhibition, Visiting Professor at Guangzhou University, Ambassador of Conference and Exhibition, Hanyang District, Wuhan City. E-mail: ff1951@ 163. com.

乡村和城市：楚剧戏班的形成与早期发展

叶 萍*

【摘 要】 楚剧早期的戏班形成于乡村，但乡村落后的经济以及简单的生活环境，无法为楚剧戏班的进一步发展提供必要的物质基础。直到清末进入汉口之后，得益于商业的繁荣、人口的激增以及公共空间茶馆的拓展，楚剧戏班在组织结构上得以规范，在分配制度上趋于合理，名班、名角在激烈的竞争中脱颖而出，代表了楚剧在这一时期的发展高峰。

【关键词】 乡村和城市 楚剧戏班 花鼓戏班 城市茶园

【基金项目】 文化部文化艺术科学研究项目“社会变迁中楚剧的历史与现状研究”（13DB15）

戏班，是戏曲生产与传播的载体。一个剧种在表现形式、剧目内容、艺人技艺等方面的成熟，离不开戏班的发展与壮大。因此，本文将楚剧戏班作为研究对象，试图对其形成与发展的历程进行考察，从不同角度来理解楚剧早期的状况。受资料所限，本文未能对楚剧戏班的组织、人

* 叶萍（1974～），武汉市艺术创作研究中心三级编剧，主要研究方向为地方戏曲、楚剧史、楚剧与民俗，代表性论文有《晚清至民国汉口地方政府戏曲管理方式的嬗变——以楚剧为中心的考察》，获第七届王国维戏曲论文奖二等奖。电子邮箱：449071872@ qq. com。

员、管理、运营等方面做详尽的描述，仅依托乡村和城市两个不同的生活场域来观察其变化。需要说明的是，楚剧戏班形成于乡村，成熟于城市，但楚剧班社及艺人从未停止过在乡村的活动。也就是说，自楚剧于清末进入城市之后，乡村和城市的演出便成为其存在的两种样态。

一 花鼓戏班的形成及乡村生活

清代中叶，在鄂东北的广大地区，对于终日与泥土为伴的乡民来讲，在一年一度的元宵灯节享受“百日之劳，一日之乐”的欢愉，已无法填补日常精神生活的贫乏。于是，灯会上打灯科的学员或能歌擅演的农人，开始被邀请到其他的民俗节日中演出，借酬神、还愿之名，丰富乡村生活内容。与此同时，乡间也渐渐出现农闲时的“麦黄班”、“四季班”或常年演出的“江湖班”，这些戏班活跃在各个乡镇，有的成为楚剧历史上最早的职业或半职业班社。

楚剧早期的乡班，规模小、行当少，较为原始，从人员到行头都非常简单。一般来讲，每个班有一个班头，称为头人或老板，主要负责对外联系活路、对内管理杂物。班子多数为七人。这七人中三个唱外角、四个唱内角，既是演员，又兼当场面，故有“七紧八松九偷闲”之说。“七个人的活路是这样分配的：三个搞场面（锣鼓），四个人唱。搞场面的三个人，一个打鼓，一个打小锣，一个打夹沙。夹沙是由一个人既打大锣，同时也打钵子，把锣吊在一个用木制的架子上，把钹的一面放在草制的垫圈上面，其面朝上。另一面拿在左手，用右手打锣，左手打钹……搞场面的一面打锣鼓，一面还得帮腔。”（武汉市楚剧团艺术研究室，1985b：3）因而，演出的剧目大多数为情节简单的对子戏或三小戏。当然，也有较为特殊的情况，有时也会演五个角色的戏，如《骂囚犯》，则由扮演主角的演员站在最前面唱，其余的四个囚犯中轮到谁唱即上前唱，而不唱的配合演员就在后面打锣鼓，轮到打“家业”的唱囚犯一角时，就暂时把“家业”交给另一个囚犯打，先到台前去唱，唱完了再回来打。（武汉市楚剧团艺术研究室，1985b：3）这种极简的组班方式以及带有明显说唱艺术特征的表演，适应了乡村简单落后的小农经济，在自然条件及生活环境极其恶劣的社会结构中，耗费低，便于组织，也便于流动、聚散。

1902 年前后，无论哪种乡班，统统都叫“灯戏”或“灯戏班”，鄂东的各路花鼓，也都是如此叫法。（武汉市文化局史志办公室，永 5 卷 1）老艺人涂月卿在光绪三四年（1877～1878），看到在彭家冲、喻周陈、涂家巷三处有唱灯戏的，是由几个玩灯的人联合组织的，借道士的衣服做行头，这是他所知道的花鼓戏起根发苗的情况。（武汉市楚剧团艺术研究室，1985a：16）或者说，“灯戏”和“灯班”是花鼓戏和花鼓戏班的前身。

灯戏或者灯班，是依托元宵灯节发展起来的。一般来讲，灯班是秋收后，以各个自然村（或某姓的宗族）为单位，由村正（即村长）或族长，或如《县志》中所说的“灯会”中“分班值年”的“领首人”负责，“挨户敛钱”，筵师设班，向本村（族）中的青少年传授各种歌舞，演唱技艺，以能在灯节中演出为目的。（武汉市文化局史志办公室，永 5 卷 1）“楚北武汉各乡间如值岁收稔丰，农民每于上元节敛钱玩灯，演唱花鼓等戏，谓可保一方平安，此风由来久矣。兹届上元，乡人复挨户捐钱，兴办迎灯演戏，极形热闹。”（《申报》，1882a）这种以“祈福赈灾”为目的的公演，据有关文献记载，从元、明、清以来，历代统治阶级从中央到各级地方政权，在明令中都规定为“例所不禁”。黄孝的灯班，就是在这样的历史背景下产生的。

元宵灯节上，由族内子弟展演“灯戏”发展到邀请乡班唱“灯戏”，被称为“卖灯”。从“卖灯”开始，灯戏就具有了商品的属性。此时，雇主会向灯班承诺一定的报酬。虽然官府禁止民间演戏，但“这种交易一般是不会遇到被禁演或被逮捕受责的风险的。因为雇主，一般说来，都是拥有一定势力的人。至于演出方式，自‘卖灯’开始，就产生了从灯节期间的就地演唱而发展到上台演唱了”。（武汉市文化局史志办公室，永 5 卷 1）

“江湖班”或“麦黄班”虽然也称作“灯班”，可一旦演出场合及演出性质发生根本变化，便会因缺少乡绅头人的庇护，而难以获得官方认可的合法身份。加之，为了谋生这类灯班常依附赌场唱“厅子戏”，或演出时唱些《挖鳝鱼》《张监生调情》之类的淫戏，“淫声艳曲，足坏人心”。因此，在四处流动的演出中，其常常遭到官府的查禁。清同治十三年（1874 年）的一则报道称：“花鼓淫戏，夤夜扮演，最易伤风败俗。”（《申报》，1874）光绪八年（1882 年），在江夏县北乡还有花鼓戏子与当地民女私通，被兄发现，民女羞愧难当，投缳自尽之事。（《申报》，1882b）所以，官府一再告诫“严禁演唱花鼓，如犯重责，枷号示众”。（《申报》，1886）

楚剧艺人陶古鹏回忆乡班生活时，讲到被官府追拿的情形：

> 流动在农村演唱的花鼓戏乡班，不仅生活困苦，形同乞丐，而且，时时刻刻处于紧张警戒之中。每走一村，求得该村乡绅的允准上演，还要躲避官府的追捕，在农村演出，不时可以看到衙役押着满脸胭脂花粉被反绑着双手的花鼓戏演员向县城走去。当台上演唱正精彩的时候，有的演员突然从后台溜走，观众莫名其妙，原来衙役在前面出现了。（陶古鹏，1983：250）

即便楚剧在城市获得合法身份之后，乡班的演出仍然是官方盘剥的对象：

> 楚、汉剧在乡间演“草台戏”，竟被乡公所（甚至有县府的黑吏）勒索，稍一不遂，即毁物抓人，且对女伶肆意侮辱，此类情事，时有所闻，使人不知“天有多高”，“皇帝”有多远也。（《罗宾汉报》，1946）

乡班在长期的发展中，积累了应付官府严查的经验，乡班艺人也练就了一身“打游击战”的本事。熊剑啸，楚剧名丑，生于 1909 年，他回忆小时候随父玩乡班，遇上抓班子的情形，“我们就拿冲担和长矛来反抗，还对他们说我们手上有机关枪，竟然把他们全吓回去了。不仅我父

亲的乡班是用这种方式和当时地方政府作斗争，其他乡班大都也是如此”。（熊剑啸，2003：292）

恶劣的生存环境，并未给花鼓戏班带来致命的打击，花鼓戏在民间深受广大乡民喜爱。“演唱花鼓戏，至三月则尤甚，通宵达旦男女杂沓”（《申报》，1898），乡班的演出有时候“从中午一点钟要唱到下午六点钟再去就餐，晚上从七点钟要唱到深夜十二点钟才演完。到了这时，农民还嫌不足，要求再找一出（即加演一出），一直唱到凌晨一两点钟方罢”。（熊剑啸，2003：291）正是因为它极大地丰富了乡村生活，受到广大乡民的支持与厚爱，黄孝地区的乡班如雨后春笋。据资料记载，仅从民国二十年（1931 年）到三十年（1941 年），黄孝地区当过乡班老板的就超过了 50 人（武汉市楚剧团艺术研究室，1985a：3），这还不算民国前后的一些乡班。

1900 年以前，“黄陂花鼓班子极少，而且都是半职业或纯业余性的组织。它们只在黄孝一带，逢年过节作短期演出”。（刘正惟，1963：14）但另有资料表明：当时已经出现职业化的戏班。黄陂彭家冲艾九爹（又名艾光裕）的班子是有文字记载的较早的职业戏班，该班组班时间长，从光绪时起班，到宣统时就交给他的徒弟彭北岩领班，到宣统末年，因为班里的名角彭雨香死了，散了班。在彭雨香死之前，曾计划搞“三斗班”（即汉剧、花鼓、北路子三小剧种合班），后来未成功就散了。（武汉市楚剧团艺术研究室，1985a：16）

“三斗班”或者是“两斗班”“雨夹雪”，是乡班一种常见的组班方式，是将两种或三种不同的剧种混在一个班子里演出。例如，花鼓戏可以与汉剧合班、不同路子的花鼓戏也可合在一起。孝感老艺人彭梅生说：“我们孝感、云梦、安陆一带，过去唱混合班子的多得很，我是唱西路花鼓（即楚剧）的，府河路子、沔阳路子的都可以搭班唱戏，如沔阳花鼓艺人沈三、一朵云、白菜心等，我就和他们唱过，他们都向西路子靠，都唱楚剧。”（武汉市楚剧团艺术研究室，1985a：2）

由不同流派的灯班或兄弟剧种合演的班子，被称为“江湖班”，这种班子常年在外演出，流动范围较大。据说，咸同年间“江湖班”的数量虽然不多，但是除鄂东各县之外，河南的信阳、驻马店、周家口、光山、礼山、罗田、新县、商城、固始，安徽的金寨、六安、霍山、怀宁、宿松、望江，江西的九江、彭泽、湖口、屏风等地，都有黄孝“江湖班”艺人的足迹。（武汉市文化局史志办公室，永5卷1）一般来讲，这种班子不少于七人，多的达到十余人。艺人有灯班出身的，更多的是跟班出身（即授业于父、兄或其他亲友，从小跟随父、兄或其他亲友在戏班长期生活的艺人）。

乡间唱草台的班子根据其性质在演出酬劳上有所不同。业余班子大多是由爱好唱戏的农民临时组建，受邀到村里搭台唱戏，村子一般不给报酬，只招待吃喝便可。而职业或半职业班社，除了依靠农民给点米、油、面等生活物品过活以外，还会通过“点戏”来获得一点收入。一般而言，“每点一出戏给一百文钱，也有给二百文的，最多的也有给三百文钱的”。（陶古鹏，1983：249）如果无人“点戏”，就要靠“打彩”来进账。

“点戏”和“打彩”是灯节中的演出习俗。自灯班与灯节中的踩高跷、玩龙灯、划莲船等民间文艺活动分离，发展为独立的戏班之后，这种习俗便被保留下来。

戏曲中出现“点戏”，最早可追溯至唐崔令钦《教坊记》中所称的“点进”，“凡欲出戏，所司先进曲名，上以墨点者即舞，不点者否，谓之‘进点’”。（焦循，1817）到了明清时期已经形成了一套不成文的“点戏”俗规，对戏单、点戏人、点戏时间等都有要求。（刘怀堂、李道明，2010）花鼓戏班的“点戏”，虽然循俗成规，却没有太严格的规定，这自然与戏班处于发展期、组织化程度不高有一定关系。

“彩钱”的本意是“送恭贺”，在现实场景中还有“讨要”的意思，它需借助演员与观众在演出过程中的互动来完成。一般来讲，“接彩”由一个外角（多是丑角）先唱一段四平腔，如“玩了一场又一场，刘秀十二走南阳，岑彭马武双救驾，二十八宿闹昆阳……”等彩词。旦角接唱“四平腔”，后转“十姊妹腔”，唱些点戏的内容，唱完后，若没有人继续点戏，就进行“谢彩”。“谢彩”是旦角上唱“十姊妹腔”，如“彩钱不住往上仰，好比当年赵玄表（即赵匡胤）……”等向人讨好要钱的内容。“接彩”“谢彩”的词，都是演员随口编的，有顺口溜的意味。除了“接彩”“谢彩”之外，还有“打彩”。“打彩”在演出中进行，当一个演员特别是旦角在备受观众欢迎时，往往结合《逃水荒》《喻老四打瓦》《郭丁香赶子》《放牛》等几出戏中的剧情“打彩”，这几出戏的剧情都是跪在街上乞食或乞求盘费的。“打彩”的人大都是乡间的小商民、小手工业者等。“打彩”的用意有两个，一是可怜剧中人物的遭遇，二是借此机会来捧演员，也有戏弄演员的。（陶古鹏，1983：249）“彩钱”的出现，对演员的即兴表演能力提出了更高的要求，也使得乡班更加重视艺人的“技艺”。表现在收入分配上，“不论是戏价，点戏，打彩得来的钱，统统归全班收后，统一分配，按股分账”“如只会唱，而不会打锣鼓，就不能得整股，但分账又以唱花旦的为主，因为他们最受欢迎”“折账最多的是整股，最少的是半股，一般唱生角、旦角的都是整股。吃股的多少，由演员的艺术声望结合资历而定”。（陶古鹏，1983：250）这也应当是乡班得以发展的重要原因之一。

由于乡班主要是在农村和小的集市做流动演出，观众和演出的草台都是临时性的，如果遇到人为的干扰，或“天公不作美”，演出常常无法正常进行，加之，乡村经济较为落后，难以形成演出的长效机制，因此，楚剧戏班真正得到发展是在城市。

二 城市茶园、戏院与戏班的发展

早在清道光年间，游走在鄂地乡村的花鼓戏，就已经向居于省府地位的汉口镇渗透。终因“诲淫诲盗、有伤风化”，遭到官府的一再打压，或退守乡村，或游离在城市边缘。直到清末，凭着租界“治外法权”的庇护，进入德租界的“清正茶园”才做公开演出。由于花鼓戏极受汉口市民的追捧，茶园生意兴隆，于是，各租界纷纷效仿。到民国初年，英租界有双桂茶园、春桂茶园、天一茶园；俄租界有东记茶园、怡红院茶园；日租界有金谷茶园；法租界有丹桂茶园、共和升平楼、天仙茶园、玉壶春、福朗茶园、福和茶园 、临汉茶园；等等。1926 年，已经更名为楚剧的花鼓戏上“本地街”演出之后，汉口新市场以及永乐戏院、满春戏院、美成戏院、天仙茶园、宁汉戏院、大智舞台、和平剧场、乃园、天声大舞台、民乐戏院等，都成为楚剧的主要演出场所。

茶园、戏园、戏院乃至舞台这些不同称谓，反映出汉口戏曲演出场所的变化。1900 年前后，戏曲主要在茶园演出。辛亥革命之后，一些演戏的茶园逐渐过渡为戏园或戏院。到了 20 世纪 20 年代，戏院成为汉口戏曲演出的主要场所。

茶园与戏园、戏院虽然都可演戏，却有很大区别。

首先，营业的侧重点不同。茶馆的主业是卖茶，演戏是兼营。茶客凭一壶茶钱，就既能喝茶又可看戏。而戏园，则需观众购买门票才能入内。看戏为主，顺带喝茶，茶钱另算。楚剧刚入租界时，每壶茶卖到“两百四十文，生意好到极点，每夜满堂，卖两百几十壶茶到三百壶茶”。(王若愚，1983：180) 而后来发展为戏园的“春仙”，则“每客一壶茶一百文，戏票二百文”。(陶古鹏，1983：251) 可见，戏曲演出与茶水业的依附关系发生了变化。

其次，演出场所不同。楚剧入租界茶馆时，为“挂衣”演出。茶馆内很少有舞台，即便有，也多数在堂屋分出一小块场地，做平地演出，观众围坐三方，靠“台”的一方往往不坐人。当然，条件稍好的茶馆，会用木板或土搭一个尺把高的小台子。而戏园则“取消了茶馆的‘八仙桌’，改用了面向戏台的长条木板桌椅”。(武汉市楚剧团艺术研究室，1985a：37) 共和升平楼是楚剧最早的戏园，它在“舞台建筑、观众座席等方面作过很大的革新，并率先彻底废除泡茶、实行对号入座等办法”。(黄金周，1994) 满春戏院在 20 世纪 30 年代座位甚至发展出不同的等次——特座、楼座、包厢、厢座，票价也高低有别。建于 40 年代的新世界戏院，依照当时的建筑图纸来看，与当下的剧院格局基本相同，走进戏院大门，有两层台阶，左方为售票处，售票处旁为茶务处。大门右方设有账房、糖果房和太平门。观众席有七百余座位，划分为三片，用走廊隔开。最前方正中央为舞台，舞台左侧为化妆室，右侧有太平门和男女厕所各一。戏院管理人员除了经理田庆堂之外，还设有专人司账、售票、验票、交际、收票。

不管是茶园还是戏院，都是近代以来商品经济高度发展的产物，既不同于具有民俗性和临时性特征的乡村草台，也不同于以家庭为单元或以人际经营为主的堂会演出，而是以纯粹的商业手段构建了一个日常性的活动空间。社会上的各色人等，不管是文人、商贾，还是挑夫、走贩、苦力，只要有正当的娱乐需求，有能力进行消费，就能自由选择艺人、选择剧目，并能够毫不避讳地对艺人的表演评头论足。在这种极其商业化的市场运作之下，楚剧进一步走向市场化，楚剧班社也得到一定的发展。

确立戏神是楚剧班社最显著的变化之一。

在湖北省境内，清戏、汉剧、越调等剧种都有供奉“老郎神”的习俗。楚剧的戏神也是“老郎神”。楚剧将每年夏历三月十八日定为“老郎爷诞辰”。“每逢三月，各戏班都热烈筹备，大家热心捐钱来点缀这个盛典，十七夜晚‘暖寿’，大家通宵达旦，各种杂耍，各种反串，可说是百戏杂陈。最难看的丑角，扮成花旦；最漂亮的花旦，装成小丑。终年娱乐旁人，唯独这一天能够尽情作乐”“十八日，所有同行都集中‘做会’，预备着酒席，彼此都要道恭喜”。（王若愚，1983）每逢朔望（每月初一、十五）两日清晨，用黄表纸书写“大唐敕封老郎王横风倒火之神位”，左写“琴音童子”，右写“鼓板郎君”。全班齐集后台跪地升表（烧黄表纸），纸灰飘落的方向，便被认为是菩萨指引戏班行动的方向，大家口称“恭喜”，次日戏班便照此方向“打场”。（樊启祥，1993：155）

实际上，在进入汉口之前，楚剧是没有上述习俗的。老艺人王若愚在《楚剧奋斗史》中谈道：“花鼓戏班在乡下唱草台的时候，就根本无所谓老郎，更谈不上坐会，到了职业化以后，就有了团体观念，理发师有雷祖会，木作坊有参班会，我们唱戏的自然有个老郎会。”楚剧戏班比照大戏将“老郎神”奉为戏神，自然是为了对行业身份进行确认，以强化自身的职业属性。同时，楚剧戏班还试图通过周期性的典礼仪式，来加强组织内部的团结，增强艺人对戏班的认同意识，化解和调和戏班内部的矛盾，以便更好地对戏班进行管理。此外，“老郎神”被赋予的神性力量，具有趋吉避祸的效果，能够起到一定的精神抚慰作用，可帮助艺人树立信心和勇气，去面对未来不确定的生活前景。

如果将戏神崇拜看作从精神层面对艺人加以约束的办法的话，那么，还有一些条例和禁忌，则是对艺人的具体行为予以规范。如不可酗酒上台、不得见场不救、不得临场罢戏、不得见班跳班、不得夜不归宿，忌泼饭、忌打狗、忌上树等。此外，针对花旦艺人，还做出特别的规定：“旦角们到了初一、十五这两天，要亲手泡好糖茶，送到老师们床前，口称‘恭喜、恭喜’；唱旦角的一律先上装，穿戴整齐，其余的人可以临时扮戏，旦角不管有戏无戏，都得到戏完人散才卸妆；开码头到一个生地方，借油借盥借用具，也是旦行的差使，有人请客，一定要派个丑角跟着去。”（王若愚，1983：178）这或许是因为楚剧戏班的盈利主要仰仗花旦艺人，因此，他们在人品和艺品上的优劣，将直接影响戏班的生存状况。加之，花旦行在社会上极易招惹闲言碎语与事端，有些花旦一旦成名又难免自视甚高，不服管教，所以，才有了这种种规定。

自楚剧由乡间流动售艺，转为在茶园、戏院驻场演出，便与其他剧种一样，与演出场所之间结成“前后台”的合作关系。“前后台”是一种市场化的演出机制。前台为剧场，后台为戏班，各由一名经理主事。前台经理主要负责管理剧场及对外营销、宣传、外交等事务；后台经理则负责戏班的每日演出及杂务，双方各施其责、互相配合。“民乐剧院，前后台由夏荫梧、徐俗文领导，精诚合作，又以沈云陔，高月楼，关啸彬等戏艺娴熟、专心致志于改善求进也，故成就极多。”（《楚声报》，1947）

由于戏院为个人独资或多方合资而建，追逐丰厚的利润是其经营的目的，因此戏院老板会按照市场需求的变化，灵活机动地选择与不同班社合作。

凌霄游艺场，此次组织可以说是很健全，内部办事人员为老手，故对于一切布置和设备，极为周到，但该场的汉戏，在情势上观察，很失去号召的能力。此事据各方面的证实，以该场汉剧不能叫座的原因，除角儿配搭不整齐以外，同时因与长乐及新市场新舞台这两处汉班毗连太近，故此很受影响。昨据该场某君谈，全班演员除红氏姊妹（艳琴、艳芳）等三数人，尚有一部分号召力以外，其余殊不足道，所以该场欲谋业务的发展起见，不得不别开生面，邀聘比较具有号召的艺术来代替汉戏。闻最近已拟定计划，待汉班一月的合同满期（国历三月三日届满），决不再续约，并已邀妥楚班接演，准于三月四日登台。闻该场在楚戏登台的时候，亦不加售戏票云。（《罗宾汉报》，1935）

正是这种优胜劣汰、以票房为导向的演出制度，催生出一批楚剧“鼎杠”的艺人：江秋屏、江南蓉、余文君、李百川、张玉魂、严楠芳、陶古鹏、沈云陔、王若愚、高月楼、章炳炎、关啸彬、袁壁玉、李雅樵、钟慧然、鲁小山、熊剑啸等。也正是因为这一批楚剧艺人的成长，乡村时的“班主制”很快被“名角挑班制”取代。“没有一个能叫座的名演员，你那剧团就立不住，唱不长久”（熊剑啸，2003：301），报纸上也开始有了以名角为号召的报道：

本市大华饭店，向有剧场之设，初演四文戏，继映电影，不久以前，更演绍兴戏，忽改群芳会唱，均以故停顿，乃昨过其门，则见已悬演唱楚剧之牌，定今（二十二）开幕，角一方面，旦行有严楠芳、陈金花、刘艳秋、李金和，小生为王醒民，扮相之雅，身法之佳，匪特楚剧所无，即京汉剧中亦所鲜有，渠胸无点墨，而方巾蓝衫，一登舞台，则书卷之气，溢满全身。（《新快报》，1937）

黄金之楚剧，前已上演，头牌为严楠芳，后台与前台所订之约仅一个月，亦系试探性质，料决不致如汉剧在天仙之夭折，盖楚剧现颇具有叫座魔力也。（《汉口导报》，1946）

到20世纪30年代，在汉口的娱乐市场上，楚剧除了有众多不成规模、时打时散的小戏班外，还出现了人员相对稳定、角色齐整、实力雄厚的大班社。名角名班的出现，标志着楚剧的发展掀开了新的一页。

沈云陔，是楚剧发展历程中的灵魂人物，早年在乡村唱戏时，就已小有名气，人称“十岁红”。进入汉口后，在租界内的“玉壶春”“春仙”搭过班，与李百川、章炳炎等艺人共事。之后，沈云陔因人品艺品俱佳，在班内声名鹊起，李百川主动让贤于沈云陔，由他在戏班内挂头牌。在沈云陔的带领下，戏班获得迅速发展，成为名震汉口的楚剧大班社。先后受邀到“天仙”“美成”“满春”等大戏院演出，并在激烈的市场竞争中一直占据着绝对优势。

1930年，武汉淹大水，水退后，沈云陔所在的“天仙”与江南蓉所在的“共和”，集中到老圃游乐场演出，双方打擂台。“共和”的班底阵容强大，实力雄厚。而“天仙”的演员阵容除李百川等几位名老艺人外，其他人员难以与之抗衡。但“天仙”的几位名角凭着细腻丰富的表演、相互间的密切配合以及不断更新的剧目，渐而更胜一筹，最终，江南蓉转向小剧场演出，而沈云陔的戏班则进入可容纳近两千观众的美成戏院，其票房号召力非同一般。（武汉市楚剧团艺术研究室，1985b：10）

由于沈云陔及其班底在汉口娱乐市场上名声大震，比美成更大的演出场所满春戏院也力邀其出演。1932～1936年，沈云陔所在戏班与满春戏院共签订了五年的合约。“满春自由沈云陔等组演以来，因能吸引低级观众，迎合妇女之心理，故其营业比较他家迥异，闻略存盈余。”（惠民，1932）演出场所长期稳定，加上经济上有一定积累，满春戏院在沈云陔的主持以及徐俗文、王若愚的内外辅佐之下，集中了大批楚剧人才。同时，广泛结交艺术造诣精深的艺术家和有一定影响力的文人，不断向各个艺术门类学习，不拘一格地在艺术上大胆创新，以丰富本剧种的表演手段。（武汉市楚剧团艺术研究室，1985b：21）可以说，在这一阶段，由沈云陔主持的戏班代表了楚剧发展的高峰，其社会影响力也得到极大的提升。

楚剧和汉剧，作为湖北的两个地方剧种，其历史地位及艺术造诣本是不可相提并论的。然而，随着楚剧在汉口的立足与发展，两者在市场上的竞争呈现出楚剧一路领先而汉剧节节败退之势。到 20 世纪 40 年代中叶，“武汉两市之锣鼓剧院，楚剧竟占十分之五强，汉剧仅有新市场一隅之地。”（《罗宾汉报》，1946）青年剧作家戴琢璋对楚剧之兴原因进行了归纳，他认为“楚剧之兴，绝非偶然”：

> 一、楚剧同人头脑清醒，鉴于时代进展，本身力弱，乃不惜厚礼重聘，物色剧本，尊重文化人剧作家，虚心求教；二、团体坚固，后台采分账制，每日收入，除场面衣箱饰景等人付给包银外，演员均为分账，头二牌角，次等角分账数额俱相差无几，小杂角之即京班零碎之待遇，亦足维持日常生活，业务偶有不佳，大角即分文俱无，师友包银仍照发给，故班底均乐于拥护大角；三、领导负责人对外善于应付，对内主持有方，颇少权力之争（但也有少数自私辈），已成名者精益求精，未成名者，勤学不倦。楚剧之有今日，盖由其本身努力而得也。（《罗宾汉报》，1946）

与汉剧同人“恃祖辈遗技尚佳，剧目充实，以为足以横行艺坛”相比，楚剧艺人整体呈现出力争上游、勤学不倦的面貌。就连其班社的分配制度，也与汉剧班社的“包银制”大相径庭，是包银、分账兼而有之。

包银制是依据艺人才能大小在合同期内支付固定的酬劳的制度。由于名角在市场上拥有叫座能力，能为戏班和戏院带来丰厚的收入，因此与一般角色的酬劳悬殊。汉剧“大角包银，动辄日索数万，次等角硬里子与主角之包银数字相差过远，贴补角逐日所得，不够一饱”，这种分配制度，虽然符合市场的经济规律，在一定程度上调动了艺人的积极性，推动了名角的成长，但同时也为戏班内部的团结带来一定的隐患，毕竟演戏不能仅凭名角单打独斗，舞台上需要各种角色相互配合。汉剧“主角不顾班底，班底不拥护主角，背道而驰，感情日趋恶劣，遂致团体涣

散”。(《罗宾汉报》,1946)

分账制也是依据艺人能力的大小进行收入分配的制度。所不同的是,个人按照一定的比例从戏班当日的演出收入中提取演出所得。也就是说,艺人的收入不仅与个人的艺术成就有关,还与戏班、戏院的整体利益挂靠在一起,与动态的市场发生联系。从以上论述可知,楚剧大小角采用分账制,且额度相差无几,场面等则付给包银,明显带有一定的“集体主义”色彩。这种分配制度,可能减少了名艺人的收入,但从戏班的长远发展来看,团结了一般艺人,加强了成员对戏班的认同感与归属感,有利于演员间的长期合作。“高月楼与沈云陔又是将近二十年的老搭档”(《汉口导报》,1948),较为固定的人员搭配,以及稳定的班底,为演员们在舞台实践中,创造了无数次互相切磋技艺的机会,使他们能够在表演上不断磨合、适应,形成默契,最终保证了演出质量,赢得了市场和观众。

结 语

由乡村走向城市,是近代以来楚剧戏班得以成长的必由之路。乡村中的节日民俗、宗族典礼,孕育出具有地方风味的楚剧,并使一个以兜售技艺为主的群体从“以农为本”的社会结构中独立出来,走上了职业化的道路。城市,尤其是晚清以后的汉口,具有极强的接纳、汇聚与流通能力。人口的膨胀,商业的发达,茶市的兴盛,以及公共空间茶园、戏院的极大拓展,为楚剧戏班的成长提供了乡村所不具备的物质条件。在城市商业化特质的影响下,汉口的演艺市场呈现出激烈的竞争态势。楚剧艺人为了生存抱团取暖,除了刻苦磨炼技艺之外,还优化了戏班的内部结构,订立了适宜的分配制度。楚剧的名班由此产生,代表了楚剧在这一时期的发展高峰。

参考文献

《楚声报》(1947):《两楚剧院力争上乘》,《楚声报》,09-25。

樊启祥（1993）：《楚剧志》，中国戏剧出版社。

《汉口导报》（1948）：《民乐少壮派与元老派对垒》，《汉口导报》，09－19。

黄金周（1994）：《汉口的旧剧场》，《武汉文史资料》，（2）。

惠民（1932）：《本市各剧场电影院之概况》，《戏世界》，04－07。

（清）焦循（1817）：《罗庵遗集》，清嘉庆二十二年陆贞一刻本。

刘怀堂、李道明（2010）：《明清堂戏中的戏俗：点戏与参堂》，《运城学院学报》，（6）。

刘正惟（1963）：《谈谈楚剧音乐的发展问题》，载武汉市文化局戏曲研究室编《戏曲研究资料（4）》。

《罗宾汉报》（1935）：《凌霄楚歌乐升平汉班停演改楚剧·三月四日登台不另售戏票》，《罗宾汉报》，03－02。

——（1946）：《楚汉剧兴衰今昔感大汉原音将成广陵潮散》，《罗宾汉报》11－15。

《申报》（1874）：《汉镇花鼓戏禁革案》，《申报》，06－20。

——（1882a）：《禁演淫戏》，《申报》，03－ 21。

——（1882b）：《淫戏害人》，《申报》，07－17。

——（1886）：《武昌府示》，《申报》，05－28。

——（1898）《汉皋杂俎》，《申报》，04－22。

陶古鹏（1983）：《楚剧演员生活五十年》，载湖北省志文艺志编辑室编《文艺志资料选辑（二）》，未出版。

王若愚（1983）：《楚剧奋斗史》，载湖北省志文艺志编辑室编《文艺志资料选辑（二）》，未出版。

武汉市楚剧团艺术研究室（1985a）：《楚剧志资料汇编》，第1册第1部分，湖北省戏剧研究所、武汉市艺术研究所印刷（内部资料）。

——（1985b）：《楚剧志资料汇编》，第2册第4部分，湖北省戏剧研究所、武汉市艺术研究所印刷（内部资料）。

武汉市档案馆：《新世界大戏院申请营业及市公共娱乐所员工清册》，40－13－396。

武汉市文化局史志办公室（1993）：《楚剧志》，中国戏剧出版社。

《新快报》（1937）：《大华饭店演楚剧（今晚开幕）》，《新快报》，07－22。

熊剑啸（2003）：《站着睡的葛麻——我与楚剧》，载李志高等编《汉皋三丑》，武汉出版社。

Country and City: The Formation and Early Development of Chu Opera Troupe

Ye Ping

Abstract: The early Chu opera troupe formed in the country. But the backward economy and the simple living environment in rural areas could not provide the necessary material basis for the further development of Chu opera troupe. Since the Chu opera troupe entered the Hankou at the end of the Qing Dynasty, due to the commercial prosperity, population explosion and the expansion of public teahouses, Chu opera troupe has had a normative structure of organization, more reasonable distribution system, and class names and star talents have stood out in the fierce competition. Therefore, during this period, all of these have shown the development peak of Chu opera.

Keywords: Country and City; Chu Opera Troupe; Flower Drum Opera Troupe; City Teahouses

About the Author: Ye Ping, Third-level Screenwriter at Wuhan Art Creation Research Center. Research interests and specialties: local opera, Chu opera history, Chu opera and folk custom. Representative essay: *The Evolution of Hankou Local Government's Management of Opera from Late Qing Dynasty to the Republic of China: A Study of Chu Opera*. E-mail: 449071872@ qq. com.

卢梭对文明社会的批判：真、美与善

陶文佳*

【摘　要】 本文通过分析卢梭《论科学与艺术的复兴是否有助于使风俗日趋淳朴》一文中批判科学与艺术的思路，梳理该文的论证逻辑，澄清卢梭批判科学与艺术的目的。笔者认为，该文并非如启蒙哲学家们所说提倡回到原始社会，而只是强调道德与风俗在国家和社会中的重要性。卢梭批判科学和艺术的核心论点是，科学和艺术会强化人们的自我中心倾向，扩大甚至扭曲人与人之间的不平等，导致人们追求假知识、坏审美，而将道德与风俗抛到一边，最终使社会堕落和国家覆灭。在真、美与善之间，卢梭选择了善。

【关键词】 卢梭　文明社会　批判　真　善　美

【基金项目】 湖北大学青年科学基金项目“卢梭政治哲学思想整体性研究”

我看见他在一棵橡树下心满意足，悠然自得；哪里有水就在哪里喝，在向他提供食物的树下吃饱了就睡；他的需要全都满足了。

——卢梭

* 陶文佳（1981～），博士，湖北大学哲学学院讲师，湖北省道德与文明研究中心研究员，中华文化发展湖北省协同创新中心副研究员。主要研究方向为西方哲学、政治哲学、伦理学，译有《培根随笔》。电子邮箱：tao.wenjia@qq.com。

18世纪从法国开始并逐步席卷欧洲的启蒙运动，使思想界和科学界都有极大进步。如果说文艺复兴时代是欧洲文化界和思想界试图努力摆脱宗教神学的枷锁，重新树立人的重要性的时期，那么启蒙运动就是思想家们高举理性大旗，不断推动科学和艺术进步，并对科学、艺术和哲学将会极大改善人类生活充满信心的时期。因此，汉金斯才会说："我们的世纪被称为……卓越的哲学世纪。"（汉金斯等，2000：1）

在这种崇尚理性、科学、艺术的思想浪潮之中，卢梭却对科学进步能够带来道德进步、实现人类幸福的乐观主义提出了挑战。他的论文《论科学与艺术的复兴是否有助于使风俗日趋淳朴》（以下简称《论科学与艺术》）虽然令他声名鹊起，却也为他招致了众多批评，甚至可以看作他与百科全书派决裂的标志。因为在这篇论文中，卢梭论述了与其他启蒙哲学家全然相反的观点：在人类迈入文明社会之后，科学、文学和艺术的进步只是给他们身上的枷锁装点了花环，使他们变成了"文明人"，却一点美德也没有。（卢梭，2012a：382）乍看之下，这种看法所能引申出来的结论似乎真如伏尔泰所说，是要"巴不得希望用四肢爬行"，要回到动物的状态之中去。① 美国学者M. 怀特（Michael White）也认为，正是卢梭论证了科学和艺术腐化的效果，才让人们误以为他是浪漫主义的尚古主义者。（White，2003：162）

然而，卢梭对科学与艺术、对文明社会的批判真的是提倡人们回到自然状态下，去做一个高贵的野蛮人吗？如果是这样，他又为何会去写一本《社会契约论》为政府行为寻找某种合法而妥当的规则？为何要在《爱弥儿》中不厌其烦、长篇累牍地讨论如何才能将一个自然的人教育成一个理想共和国的公民呢？就连在引发大量争议的《论科学与艺术》中，卢梭也仍不惜笔墨将苏格拉底作为哲学家的楷模、将古希腊的斯巴达共和国作为国家的典型来热情赞颂。

① 参见伏尔泰书信"On the Advantages of Civilisation and Literature, To J. J. Rousseau,"转引自The National Library of Russian，http：//expositions. nlr. ru/eng/ex_rare/Voltaire_Rousseau/index. php，1999年8月。原信写于1755年8月30日，中文为笔者自译。

遗憾的是，不论是在卢梭所处的时代还是之后，不少学者都仅将这篇论文看作一部说理不足、热情有余甚至是妄语的作品，与卢梭的《社会契约论》和《爱弥儿》相比，学界对该文的关注和重视还远远不够①，对文中观点的逻辑梳理和分析也有可商榷之处②。卢梭通过批判科学和艺术来批判文明社会的相关论述，出发点究竟是对文明社会之前的原始生活的浪漫向往，还是对当时社会以及人类文明的反思和批判，要找到这个问题的答案，我们仍需要重新回到文本，从卢梭充满激情和想象的文字之中剥离出他批判科学与艺术的真正目的：批判他所处时代道德的堕落和社会风尚的荡然无存。

一 文明社会的问题：科学和艺术越发展，风俗和道德越腐化

《论科学与艺术》一文是卢梭的成名之作，获得了第戎科学院有奖征文的最佳论文奖。卢梭的研究者李平沤教授认为第戎科学院设计这个题目的初衷是纪念文艺复兴中科学和艺术的复兴，并不是赞赏卢梭的立场，而只是看中他的辩才和文章的清新笔法。（李平沤，2012：373）不论科学院出题的初衷为何，卢梭的论文一出，便掀起了一场持久的论战，为此，卢梭还借自己写的喜剧《纳尔西斯》出版的机会，专门在序言中对各方批评做了回应，并进一步阐明了自己的看法。

正如卢梭本人在《论科学与艺术》的小引中所说：“我谴责的不是科学本身；而是要在有道德的人面前捍卫美德。”（卢梭，2012a：379）他对科学、艺术乃至文艺复兴之后的欧洲社会的反思，并不是要批评科学和艺术本身，而是要在科学和艺术虽然复兴，人的美德却逐渐丧失的社会中强调道德对于人、社会良俗对于国家的重要性。通过对历史的追

① 仅以中文文献为例，在知网以“社会契约论”为关键词搜索，文献有1000多条，而与《论科学与艺术》相关的论文包括硕博论文在内仅有数十篇。

② 施特劳斯在《论卢梭的意图》一文中也认为《论科学与艺术》体现了卢梭思想的要旨，但施特劳斯认为卢梭的论文中存在自相矛盾的地方。（施特劳斯，2012）这一点笔者并不赞同。

溯和对不同国度的横向比较，卢梭指出，越是科学艺术兴盛的国度，他们的人民越是柔弱而虚荣，虽然有彬彬君子之外表，却没有美德的内在；风俗逐渐腐败，军队勇敢不再，一国之内纵使有各种科学家、文学家、艺术家，却再也没有真正的公民。只能靠法律约束坏人，却不能让坏人变成好人。对于这一现象，卢梭认为，正是闲暇产生了科学和艺术，而科学和艺术又助长了闲逸之风和奢侈之风，科学和艺术的成就让人们产生虚荣、竞相取悦，这样，人们的心灵日益腐败、道德日益败坏，风俗再也无法恢复。

乍看之下，这些内容即便是放在当代，也与人们相信科学和艺术能够改变生活、提升精神世界的普遍认知相矛盾，就更不用说在刚刚挣脱了宗教枷锁、科学和艺术正欣欣向荣、知识和审美正向普罗大众不断传播和普及的 18 世纪。[①] 难怪他的论文一经发表，便遭到了无数批评。然而，与人们的普遍想法相悖并不意味着卢梭就一定错了。当他站在旁观者的角度，反思 18 世纪的欧洲这个看似繁荣兴盛的文明社会时，他的确为我们提供了一个完全不同的视野。他尖锐地指出，18 世纪的欧洲“文明人”虽然看似拥有完美的艺术，彬彬有礼、一团和气，却早已变得虚伪、矫饰，泯灭了天性和对自由的爱，而这样的文明人组成的社会看上去虽然风俗良好，其实却腐朽不堪。风俗看上去淳朴了，人们看上去似乎也都是好人，但一切都只是伪装。这便是卢梭想要批判的核心问题。

在进入具体分析之前，需要先澄清几个概念。卢梭在写作此文时并未清晰地区分科学和哲学，这与 18 世纪仍然将科学纳入自然哲学的学术传统有很大的关系[②]，他有时用“科学”一词，有时又用“哲学”一词，两者所指的内容实无严格区分，均为研究关于自然和社会的相关知识的学问。另外，虽然“科学”与“艺术”在卢梭看来都会有导致道德和风俗腐败的效果，但两者仍然有所区分，科学是与知识相关的，而艺术则

① 百科全书派做出的重要贡献之一就是用百科全书的方式向普通人传播知识，审美判断成为大众讨论的话题，参见哈贝马斯（1999：44～45）的有关研究。

② 关于启蒙时期科学与哲学的关系问题，可参见汉金斯（2000）的有关研究。

与审美相关，对道德和风俗的影响既有相似之处，但也有所不同，后面笔者将按照以下方式写作：在科学与艺术的影响相似时，将两者一并提出；若有差别，则分别进行讨论。

通过古埃及、古希腊、古罗马和东罗马的衰亡和中国的例子，卢梭试图证明各个时代、各个地方都出现了科学和艺术的进步越大，道德越堕落的现象。与之相反，少数几个国家“人民没有受那些无用的知识的浸染，用他们的美德铸造了他们的幸福，从而成为其他国家的楷模”。（卢梭，2012a：388）在卢梭看来，埃及正是在成为哲学和美术的发源地之后，才开始由一个不断四处征讨的国度变为常常被其他民族征服的国度。希腊曾英雄辈出，甚至抵抗住了文学的诱惑，但艺术一兴盛，希腊的风尚便一落千丈。古罗马和东罗马也一样，文明越是发展，道德就越沦丧。

值得注意的是，在选择与18世纪欧洲同一时代的反面例子时，卢梭看中了中国，与18世纪欧洲知识界对中国的积极态度全然相反[①]，在他的笔下，中国人在文学和科学领域的成就虽然出色，却缺乏高尚的德性和对祖国的热爱：“在这个国家里，只要文章写得好，就可以当高官。如果科学可以使风俗日趋淳朴，如果科学能教导人们为祖国流血牺牲，能鼓舞人的勇气，中国人民早就成为贤明的、自由的和不可战胜的人民了。如果他们不是满身的恶习，如果罪恶之事在他们中间不是司空见惯，如果大臣们都有见识、法律都很严明，如果这个庞大帝国的众多居民能保证自己不受愚昧和粗野的鞑靼人的羁轭：如果这样的话，这个国家的那些饱学之士对它又有什么用处呢？他们满身的荣誉能给它带来什么好处？让它处处都是奴隶和坏人吗？”（卢梭，2012a：388）

这里暂且不论卢梭的理解是否准确，需要关注的是在他的描述之下，这些古代和同一时代例证的共性究竟何在。在卢梭眼中，这些国家及其居民的共性在于：第一，知识的获得，或曰科学的发展，并不能够为民

① 关于18世纪欧洲的“中国热”及著名哲学家莱布尼茨、伏尔泰等人对中国的看法，参见许明龙（1999）的研究。

众的个人道德带来好处，而只会腐蚀他们的道德；第二，文学艺术的兴盛带来的并不是风俗的进步，而是对它的败坏。为证明这一点，他还举出了斯巴达人、瑞士人和日耳曼人等的例子，认为他们正是还未受到文明的沾染，才保持着淳朴、道德和忠诚的德性。这也正是卢梭批判文明社会的科学和艺术的出发点——从历史和现实两个层面来看，道德与风俗的水平似乎和科学与艺术的水平成反比。

当然，我们也知道，即便事实的确如此，要得出他论文的核心结论，这种负相关也仍然不够充分，还需要进一步论证，为何科学和艺术的进步必然会导致风俗的腐化，这正是卢梭在论文的第二部分试图证明的内容。

二 科学的发展对道德的腐蚀

卢梭首先对科学进行了分析，他认为，知识从源头上来说，其产生就缺乏正当的理由。“天文学诞生于人的迷信，雄辩术是由于人们的野心、仇恨、谄媚和谎言产生的，数学产生于人们的贪心，物理学是由于某种好奇心引发的。”（卢梭，2012a：395）在他看来，人类想要获得这些不同科学知识的目的本身就不单纯，并不是为了获得知识本身而去追寻它，从根源上说，这些知识只是人类出于一些并不道德的目的才产生的。而人文类的知识如法学和历史，也正是因为本已有了道德的腐朽和风俗的败坏，才需要对其进行研究，从而产生这样的学问。

我们注意到，卢梭并未继承西方哲学传统中对于追寻智慧和真理的褒扬，相反，他认为如果人们能够安心尽力完成自己的天职、满足自然的需要，同时，能够忠于祖国，愿意帮助穷人和朋友，这就够了，根本就不需要通过科学和哲学研究来获取知识。在他的笔下，真理似乎并没有那么重要，也没有那么值得追求。“难道我们生来就是为了死也要死在那口深藏着真理的水井的井边吗?”（卢梭，2012a：396）这句话对自古希腊以来为追求真理而穷尽毕生精力的哲学家们来说，简直就是“冒天下之大不韪”。

不仅如此，卢梭还进一步陈述，科学探索过程本身就隐藏着无数危险，会引导人们误入歧途。因为在他看来，首先，科学的追寻者们不一定全是真诚地为了科学知识而来的，即便他们抱着诚心，我们也没有办法识别他们的真心。其次，有那么多关于同一件事情的不同看法，似乎也无法找出某一个能用来评判其他看法的标准。再次，即便真的有幸发现了真理，人们能否好好应用真理，又是一个大问题。

光批判科学产生的根源和追寻真理产生的过程还不够，卢梭又指出，科学产生的后果极为危险，因为它会“助长人的闲逸”，是“无法弥补的时间的损失”，但归根结底，在于那些深奥知识对于国家和公民的贡献微乎其微，甚至在很多情况下，这些“爱摇唇鼓舌的人却……到处宣扬他们荒唐的奇谈怪论，破坏人们的信仰的基础，败坏人们的道德”。（卢梭，2012a：397）他们不仅不能为国家的强盛和公民的美德做出贡献，反而通过哗众取宠的言论去损坏信仰和道德的基石。

这样看来，卢梭的确并非科学发展的拥护者，他担心人们进行科学探索想要达到的目的并不道德，又担心在探索的过程中人们会不断遇到各种危险，走入独断的歧途，但他最为警惕的，还是借着知识之名行不道德、有损风俗之事。不得不承认的是，这些质疑并非毫无根据。纵观科学技术的发展史，关于科学和道德关系的讨论一直存在，但直到 19、20 世纪才更趋激烈。而卢梭在 18 世纪就已经很有预见性地提出了科学发展对道德和社会影响的担忧。他敏锐地看到：第一，科学研究的初衷应有道德与否之分，爱智慧、追求真理本身不一定必然具有善的属性；第二，不论是对于真诚的研究初衷还是真理，都很难找到普遍性的判断标准；第三，“人们愈是所知甚少，反而自以为所知甚多”。（卢梭，2012a：396）有了一点知识就到处宣扬自己的荒谬见解的人才是对道德和风俗的真正威胁。

即便如此，前文所提到的必然性问题仍然没有得到解决。卢梭能否论证科学的发展必然导致道德的败坏？他阐述了两个根本理由：第一，知识教不会美德，反而会削弱人的道德；第二，才能的差异形成人与人之间的不平等，而这种不平等才是一切不道德之源。

苏格拉底是《论科学与艺术》中为数不多的获得卢梭肯定的哲学家

之一，在卢梭看来，苏格拉底最大的贡献就在于对无知的赞美，因为他“只把他一生行事的记录和美德流传给他的学生和后人”（卢梭，2012a：391），也就是说，苏格拉底关注的是道德而不是知识。卢梭相信，渊博的知识并非社会发展的必要因素，道德才是人人都该拥有的，而知识并不能够教会人们美德，相反，还会导致美德的缺失。

对知识的追求之所以容易导致道德的败坏，一个重要的原因是一旦思考的是关于自然和人类命运的内容，就会按照人的价值去评判具体的、个别的人，这样，他便不那么尊重人，也不容易对他们产生深厚的爱了。（卢梭，2012b：427）因为如果一个人沉迷于对知识的追求，他所研究的往往是星云的运动、人类的发展和命运等宏观的命题，当你习惯以总体的眼光去看待自然和人类时，与每一个个体及自己的社会联系便会松散。也就是说，人们在追寻知识时容易忘记自己脚下的根基，自视甚高，缺乏对他人的同情和爱，而这些最自然朴素的感情，才是卢梭眼中人与人之间联系的基础，也是社会关系和对祖国热爱之情的基础。也就难怪在他看来，知识渊博者会对别人少有关心，缺乏对社会和国家的归属感。

另外，“我们把一知半解的假知识和洞察事物本质的真知识混为一谈了”（卢梭，2012b：423），卢梭真正担忧的是，在当时的社会教育过程中，孩子们从童年起所学到的“知识”很多是无意义的，能让孩子显得聪明，却并没有培养他们的判断力。这也就意味着他们没有办法区分真理和谬误。更严重的问题在于，没有人去教导这些孩子成人之后该怎么做，导致他们不知道“做人的天职”（duties）（卢梭，2012a：405）是什么，也不清楚道德与祖国为何物。这种强调科学研究的教育教给学生许多用不上的知识，却并未教会他们该怎么做才算得上是一个好的公民。[①] 所以，科学知识无法培养人们的道德。

卢梭对科学的发展最根本的质疑则在于，科学研究容易激发人的攀

① 关于教育问题，卢梭虽然在《论人与人之间不平等的起因和基础》中只有寥寥一段话的陈述，之后却写了《爱弥儿》来论述能够培养出独立自主、有道德的共和国公民的教育应该是什么样子的。该书不仅是一部教育著作，更是卢梭哲学体系中不可或缺的组成部分。

比之心，研究者们往往喜欢自我标榜，虽然不在乎他人的研究，却很享受他人的称赞和追捧。也正因如此，他们才会如前所述，不断地提出各种稀奇古怪的新论点，为了哗众取宠，不惜削弱人们的道德和信仰之根基。这种由攀比之心而起的渴望，真正的根源在于，知识成为炫耀的资本，让一些人显得比另一些人聪明，而这种才能的差异在人与人之间形成了不平等——这才是道德和风俗堕落的根源所在。强调人与人之间的差异，让人们更关注自己和他人之间的界限和区分，有才能的人更能得到他人的积极评价，这样一来，人人都以他人的评价作为自己行事的准则，既丧失了个体的独立性，又导致天然的自爱（amour de soi）和怜悯之心被相互竞争的自我中心（amour propre）所代替。[①] “对于有才的人，我们滥加奖励，而对于有德的人，我们却一点也不尊敬。”（卢梭，2012a：407）因此，学术研究最危险的后果就是促使人们自然禀赋的不平等演变成社会地位的不平等，最终导致道德的败坏。由此，卢梭论证了科学知识对道德的负面影响。

三　艺术的进步如何败坏风俗

卢梭认为，文学与艺术的发展造成的危害甚于科学的发展。一方面，科学只是产生了使人们追寻无用知识、浪费时间、道德水平不高的问题，文学和艺术则会极大地腐蚀一个国家的风俗，助长贪图安逸、奢侈和虚荣的习气，消磨人民的勇敢精神，使能够为国献身的人越来越少，最终导致国家的覆灭。另一方面，与科学一样，对艺术的爱好让人爱出风头，最终让这些艺术家为了成功、为了迎合众人的口味而不择手段，为了获得他人的赞誉而放弃自己的艺术品位和天赋，只会进一步拉低公民的审美水平。正因为如此，才会出现卢梭所说的虽然充斥着文学家、艺术家却没有几个真正公民的社会。

① 关于从自爱心转化到自我中心的问题，可参见卢梭的《论人与人之间不平等的起因和基础》一文第二部分。（卢梭，2012c：270－276）

卢梭认为，奢侈之风是艺术发展的必然趋势，两者相辅相成。“没有科学和艺术，奢侈之风就很难盛行；而没有奢侈之风，科学和艺术也无由发展。”（卢梭，2012a：398）需要注意的是，虽然在此处卢梭并未区分科学和艺术，但通过他随后的论述我们可以看出，与奢侈之风联系更加紧密的是艺术的发展和社会对艺术的推崇。在这里，卢梭并没有具体论证为何艺术与奢侈之风有如此紧密的联系，但不可否认的一点是，艺术的发展的确与经济状况有密切的关系，如文艺复兴时期最著名的作品都是由当时十分富足的银行家、大公、国王和教会资助的。[①]

当然，问题的关键不在于艺术与奢侈之风的关系，而在于艺术所推动的奢侈之风是如何腐蚀一国风俗的，这也是卢梭论证的重点。通过历史上诸多国家的例子可以发现，奢侈只会让人们更加注重金钱，甚至用金钱来衡量人的价值，这样一来，人就不再是独立的、有主体性的存在了，在一些国家，人被像牲口一样估价，这样的社会自然不会重视每一个个体作为一国公民的存在，也不可能有什么道德和风尚可言了。对于金钱和奢华的追求导致的最坏结果是，人们成为利害关系的共同体，“使所有的人都互相依赖、互相需要，有共同的利益，从而使每一个人都必须为他人的幸福做出努力，才能取得自己的幸福”。（卢梭，2012b：428）这种想法看上去很美好，但在卢梭看来，利益并不是人与人之间关系的可靠基础，因为任何利益一致的人，都可能有千百种相互冲突的利益。“一切暴力、背叛、忘恩负义和种种恐怖事情的可怕的根源，就在于此。”也就是说，艺术离不开奢侈，更会在社会中助长奢侈之风，而奢侈令人追逐金钱而非道德和高尚，这样的社会只会人人相互倾轧，充满算计和虚伪，良好风俗荡然无存。

同时，文学与艺术还会毁掉人们的勇敢精神，使他们不再骁勇善战，更不可能保卫自己的祖国。在《论科学和艺术》中，卢梭指出了艺术的发展之所以让人的勇气荡然无存，是因为艺术家这种坐在屋子里悠闲工作的职业“有伤身体和消磨意志”。（卢梭，2012a：403）在他看来，悠

① 关于艺术与经济的关系问题，参见丹纳（2000：108～119）的有关研究。

闲的工作不能锻炼人的体魄，不能强身健体，又因为这些工作不用担心受冻挨饿，也无法让人练就不怕劳累和死亡的精神，他们只会一碰到艰苦和危险的工作就躲得远远的。在《〈纳尔西斯〉序言》中，卢梭还进一步对此加以解释："书斋生活将使人变得很娇气，体质很虚弱。身体一旦失去体力，脑筋也就很难保持脑力了……将使身躯这部机器遭到磨损，枯竭我们的精神，耗尽我们的体力，摧毁我们的勇气。"（卢梭，2012b：426）

简单说来，艺术之类的工作不能培养人的毅力和勇气，只会让他们的身心都虚弱无力。如此，即便培养出来的国民还有勇气，也缺乏为国作战的能力。他们无法成为祖国的保护者，也不能成为以自己的高尚品德为祖国争光的伟人。当一个国家的良好风俗荡然无存时，这个国家也便走到了灭亡的边缘。

除此之外，科学研究还容易让人产生攀比之心，艺术让人爱出风头，喜欢受人吹捧。如果能够得到人们的称赞，那就是他们能够获得的最高的回报。在卢梭看来，艺术所应该追求的伟大目标不应该只是获得称赞，然而，风尚的堕落导致人们"放弃了他们自己的追求，男人只敢赞美女人的娇柔，杰出的诗句被人遗忘，美好的音乐遭人鄙弃"（卢梭，2012a：400），在这样的社会中，艺术家们往往会选择迎合自己的观众而不愿为了真正的艺术放弃盛名。

值得一提的是，从这里可以看出卢梭对艺术进行了一定的区分，一种是真正的艺术，而另外一种是为了迎合他人的品位、获得盛名的艺术，他想要批判的实为后者。他对不趋炎附势、不制造无聊作品的艺术家仍然持肯定态度，只是，在已经败坏的社会风俗之中，人们的审美能力因受到了不好的影响，也不会懂得欣赏这样的艺术作品。在这样的恶性循环之中，能够坚持艺术的崇高的人将穷困潦倒，而懂得讨好观众的人才能出名，并用他的作品进一步腐蚀社会风尚和审美能力。

如果说科学还只是能够刺激人的自我中心倾向，让人变得自利、虚伪的话，那么放弃真正的艺术追求而不断迎合社会潮流的艺术家，则是真正为社会的奢靡浪费、矫饰虚伪、软弱胆小的风尚助了一臂之力。如果说科学让人与人之间产生智力差距还仅仅是凸显了自然的不平等，那么艺术家们不攀比真实的才华，只攀比能够讨人喜欢、顺应潮流的能力，就是将可能存在的才华上的不平等完全扭曲，由此产生的社会地位不平等才更值得批判。

总体说来，卢梭对科学和艺术的发展，以及以这些发展为傲的“文明”社会的批判，最主要的落脚点在于以下几点。第一，科学和艺术的产生缺乏道德性的目的，它们的发展只会助长对闲暇的追求和奢侈之风，而这样的风气反过来又会影响人的身心健康和道德状况，进一步导致社会原本的风俗被腐蚀，国家虽然有所谓的科学家和艺术家，却失去了有责任感、骁勇善战的公民。第二，科学和艺术只会放大人们由于才能不同而导致的不平等，并鼓励这样的不平等差距不断增加，这是导致社会不平等的根源。第三，大部分科学家和艺术家有爱出风头的毛病，为了得到更多赞誉、获得更多认可，不惜牺牲真正的科学和艺术，而通过迎合观众甚至哗众取宠的方式来获得成功，这抹杀了真理和真正的审美，影响了人们的判断力。

不过，在《〈纳尔西斯〉序言》的最后，卢梭还是做了最后一点澄清，即尽管科学和艺术的发展对社会的道德和风俗有很坏的影响，但“我们还需要用科学和艺术才能防治坏事变成作奸犯科的罪行，科学和艺术至少可以给坏事抹上一层涂料，使毒气不至于那么容易散发出来。它们败坏了道德，但它们使道德的外衣还留在人民中间，这总是一件好事”。（卢梭，2012b：432）虽然科学和艺术有诸多坏处，但对一个道德和风俗已然败坏的社会来说，仍然还是可以继续存在甚至加以扶持的，因为卢梭认为至少艺术能让人快活，而科学也能让人满足于这些活动而不至于去做更坏的事情。“文明”社会虽然从本质上已经毫无良俗可言，但至少还有个文明外衣，总比连道德外衣都没有的社会好。之所以有这个澄清，就是想证明卢梭并不像人们所批评的那样想要关掉科学和艺术的大门，使人类重新返回不文明的状态之中，更不是要表达对于原始社会的向往，他的最终目的只是尖锐地指出那个时代“文明”的弊病。

从以上分析可以看出，卢梭《论科学与艺术》一文的主旨并非要求人们放弃文明社会的一切，回到原始状态之中，他对于科学与艺术的批判，准确地说，也并不是对科学与艺术本身、对真和美这两种东西本身的批判，而是对被异化、被扭曲的科学与艺术、对不关心道德与风俗甚至败坏道德与风俗的真理观和审美观的批判。我们可以看到，在卢梭看来，一个强盛的国家最关键的要素并非文明社会的发展，而在于其国民的道德品质和一国之风俗。对道德的关注、对祖国之爱的强调既是卢梭《论科学与艺术》一文的最终落脚点，也贯穿于他之后的所有著作之中，该文中的许多思想在他的其他文章中有了更加详尽的论述，可以说，这篇论文既是卢梭作为思想家声名鹊起的起点，也是他整体思想的逻辑起点。另外，卢梭作为社会批判理论和异化理论的开创者，对于科学、艺术与道德关系的论证既早于他的时代，也有很深刻的见解，甚至对当今这个科学技术高速发展、文化成果不断涌现，却面临着重重道德危机的世界都仍具有借鉴意义。

参考文献

White, M. (2003): *Political Philosophy: An Historical Introduction*, The Cambridge University Press.

〔德〕哈贝马斯（1999）：《公共领域的结构转型》，曹卫东等译，学林出版社。

〔美〕汉金斯，托马斯·L.（2000）：《科学与启蒙运动》，任定成、张爱珍译，复旦大学出版社。

〔法〕丹纳（2000）：《艺术哲学》，傅雷译，广西师范大学出版社。

〔法〕卢梭（2012a）：《论科学与艺术的复兴是否有助于使风俗日趋淳朴》，李平沤译，载《卢梭全集》第四卷，商务印书馆。

——（2012b）：《〈纳尔西斯〉序言》，李平沤译，载《卢梭全集》第四卷，商务印书馆。

——（2012c）：《论人与人之间不平等的起因和基础》，李平沤译，载《卢梭全集》第四卷，商务印书馆。

〔法〕施特劳斯（2013）：《论卢梭的意图》，冯克利译，载刘小枫《设计共和——施特劳斯〈论卢梭的意图〉绎读》，华夏出版社。

李平沤（2012）：《译者前言》，载《卢梭全集》第四卷，商务印书馆。

许明龙（1999）：《欧洲十八世纪中国热》，山西教育出版社。

Rousseau's Criticism on the Civilized Society: Truth, Beauty and Good

Tao Wenjia

Abstract: This paper intends to analyze Rousseau's logic of criticizing science and arts in "Discourse on the Sciences and Arts" to clarify Rousseau's intention for this criticism. The author argues that Rousseau's discourse is not to urge people to go back to the primitive natural state, but to emphasize the significance of morality and mores in a society. Rousseau's main argument is that science and arts would strengthen the egocentric tendency, expand and even twist the natural inequality of man. Finally, it would lead to the pursuit of fake knowledge and bad aesthetic judgment, as well as the corruption of morality and mores, which would eventually cause the corruption of the society and the downfall of the state. Among truth, beauty and good, Rousseau chose good.

Keywords: Criticism; Science; Arts; Morality; Mores

About the Author: Tao Wenjia (1981 –), Ph. D., Lecturer at School of Philosophy in Hubei University, Researcher of the Hubei Research Center on Ethics and Culture, Junior Researcher of the Hubei Collaboration and Innovation Center of the Development of Chinese Culture. Research interests and specialties: western philosophy, political philosophy, ethics. Magnum opuses: Translation: *Francis Bacon: The Essays*. E-mail: tao.wenjia@qq.com.

图书在版编目(CIP)数据

文化发展论丛. 2018 年. 第 1 卷 / 江畅主编. -- 北京：社会科学文献出版社，2018.8
ISBN 978 - 7 - 5201 - 3055 - 4

Ⅰ. ①文… Ⅱ. ①江… Ⅲ. ①文化发展 - 世界 - 文集 Ⅳ. ①G11 - 53

中国版本图书馆 CIP 数据核字（2018）第 155299 号

文化发展论丛 2018 年第 1 卷

主　　编 / 江　畅
执行主编 / 聂运伟
副 主 编 / 强以华　吴成国　周海春

出 版 人 / 谢寿光
项目统筹 / 周　琼
责任编辑 / 周　琼　刘　翠

出　　版 / 社会科学文献出版社 · 社会政法分社(010) 59367156
地址：北京市北三环中路甲 29 号院华龙大厦　邮编：100029
网址：www.ssap.com.cn
发　　行 / 市场营销中心（010）59367081　59367018
印　　装 / 三河市尚艺印装有限公司

规　　格 / 开 本：787mm × 1092mm　1/16
印 张：20.75　字 数：297 千字
版　　次 / 2018 年 8 月第 1 版　2018 年 8 月第 1 次印刷
书　　号 / ISBN 978 - 7 - 5201 - 3055 - 4
定　　价 / 98.00 元